Georg Landau
Die hessischen Ritterburgen und ihre Besitzer

Erster Band

Hrsg. von Dieter Carl
Vellmar 2000

Dieter Carl (Hrsg.):
Die hessischen Ritterburgen und ihre Besitzer
von
Georg Landau
Erster Band
Faksimile-Nachdruck der Ausgabe von 1832
Verlag: Historische Edition Dieter Carl GbR
Vellmar 2000
Alle Rechte vorbehalten
Herstellung: Druckwerkstatt Bräuning + Rudert, Espenau
Printed in Germany
ISBN 3-9806580-5-8

Die hessischen Ritterburgen und ihre Besitzer

von

G. Landau.

Haselstein.

Erster Band,

Mit 4 Ansichten.

CASSEL.
In der Luckhardschen Hofbuchhandlung.
1832.

Die hessischen Ritterburgen und ihre Besitzer.

———

HANSTEIN

Woher des Geschehenen Strom?
Wann versieget die Zeit, die enteilt?
Wo birgt sein Doppelhaupt der Tag?
Im Nebel, der langsam und dicht,
Bunt die Seiten von Thaten der Helden,
Mein Blick ruht auf entschwundnen Geschlechtsreihn.
Nur spärlich erscheinen sie mir,
Gleich dämmerndem Lichte des Monds
Am thaldurchschneidenden See.
Hier erhebt sich das Wetter der Feldschlacht,
Dort wohnt unerfreuet der Feige.
Nie sendet er Thaten hinab
Zur Zeit, die ihn preise mit Ruhm.

(Ossian's Cath Loduinn nach Ahlwardt.)

Den

Freunden

der

vaterländischen Geschichtskunde

geweiht.

Vorwort.

Wie ein Gebäude, wenn es fest und dauerhaft seyn soll, einen festen Grund bedingt, so erheischt auch die allgemeine Geschichte eines Landes, als durchaus nothwendige Grundlage, eine in allen ihren Feldern möglichst ausgebaute Specialgeschichte. Viel ist hierin schon geschehen und insbesondere in den letzten Jahrzehnten, in denen der Druck unnatürlicher, das geistige Leben des Volkes fesselnder, Censurgesetze, den Deutschen aus der Gegenwart hinweg in die Vergangenheit verscheuchte und ihn bewog, mit all' dem seinem Charakter eignen Ernste, in das Dunkel seiner, früher nur zu sehr vernachlässigten, vaterländischen Geschichte einzudringen und dieses nach allen Seiten hin zu erleuchten. In allen Fächern wurden historische Untersuchungen angestellt, die früher mit lächerlicher Geheimnißthuerei bewachten Archive gelichtet und jedes Bestehenden Ursprung und Entwicklung nachgeforscht. Sowie man früher nur den griechischen und römischen Alterthümern Interesse abzugewinnen vermochte, so waren es jetzt die, uns ohnedem näher liegenden, Denkmäler unserer vaterländischen Vorzeit, welche den Fleiß des Deutschen in Anspruch nahmen.

Obgleich auch für die Geschichte des Hessenlandes in dieser, man könnte sagen historischen, Zeit Manches geschehen, so läßt sich dennoch nicht läugnen, daß dasselbe gegen die meisten seiner Bruderstaaten darin zurückgeblieben sey. Während es in dieser Zeit mit einigen allgemeinen Geschichtswerken bereichert wurde, blieb seine Specialgeschichte doch noch immer sehr vernachlässigt und noch Vieles in derselben zu thun übrig. Um diesem Mangel wenigstens einigermaßen abzuhelfen, entschloß ich mich zur Bearbeitung einer Geschichte der hessischen Ritterburgen und mit derselben zugleich eine der mächtigern Edelgeschlechter zu verbinden. Die ersten Proben meiner Bemühungen liefere ich in diesem Bande.

Wohl übersehe ich ganz das Schwierige und Mühevolle meines Unternehmens und das Mißverhältniß desselben zu meinen schwachen Kräften; nur der Wunsch, meinem geliebten Vaterlande nützlich zu werden, vermag mich in dem Streben nach dem mir vorgesteckten Ziele zu ermuthigen. Freilich wird meine Arbeit vieles zu wünschen übrig lassen und weit von dem, was man Vorzüglich nennt, zurückbleiben. Aber, breche ich nur die Bahn für manchen künftigen Bearbeiter, habe ich demselben doch wenigstens eine Masse von Nachrichten gesammelt, gebe ich Veranlassung zu genauern Forschungen, zur Berichtigung verjährter Irrthümer, so lebe ich der Hoffnung, doch einigen Nutzen gestiftet zu haben, und die Anerkennung desselben wird mir hinlänglicher Lohn seyn.

Man wird mich hoffentlich nicht tadeln, daß ich in dem Plane meines Werkes, mich eben so wenig an die politischen Grenzen der Gegenwart, als der Vergangenheit, gehalten habe. Während das großherzoglich hessische Oberhessen unzertrennbar von der hessischen Geschichte ist, so sind die Provinzen Fulda und Hanau, wenn auch erstere erst seit Jahrzehnten, letztere doch schon seit beinahe einem Jahrhunderte mit Kurhessen verbunden und ihre Geschichte knüpft sich mannichfach an die des nachbarlichen Althessens. Aus diesem Grunde habe ich auch noch einige andere, den hessischen Grenzen nahe liegende, mit der hessi=

schen Geschichte innig verbundene, Burgen zur Aufnahme bestimmt.

Schon mehrfach ist der Wunsch ausgesprochen worden, die Beschreibungen von Ritterburgen eines Landes geographisch folgen zu lassen. Gern würde ich auch diesem Wunsche zu entsprechen versucht haben, wären der Hindernisse bei der Ausführung nicht zu viele gewesen. Bei einer weniger ins Einzelne gehenden Bearbeitung, oder wenn schon mehr Vorarbeiten zu einer solchen vorhanden wären, würde die Ausführung weniger Schwierigkeiten haben. Ich muß deshalb auch jede einzelne Burgbeschreibung, als ein für sich bestehendes Ganzes betrachten, und wenn ich auch Wiederholungen möglichst zu vermeiden suchen werde, so werde ich diese, um der Deutlichkeit keinen Eintrag zu thun, doch nicht immer ganz umgehen können.

In der Regel werde ich nur die Geschichtsbeschreibung der Bergschlösser und nur ausnahmsweise, auch die von Thalburgen liefern, wenn dieselben entweder durch merkwürdige Ereignisse oder, als der Stammsitz mächtiger Familien, besonderes Interesse haben. Wo die Nachrichten ausreichen, werde ich stets die Geschlechtsfolge der einzelnen Familien berücksichtigen, aber dieselbe höchstens nur bis zum sechzehnten Jahrhundert ausführen. Mit der Ausbreitung der Reformation verschwindet das eigentlich historische Interesse an der Geschichte des Adels und geht in ein bloses Familien-Interesse über.

Eine Specialgeschichte wird, auch bei dem größten Reichthum der Quellen, nie wirkliche Vollständigkeit erlangen und nur erst nach Oeffnung aller Archive, kann eine solche zum Theil erreicht werden. Während ich deshalb diesen ersten Band nur als einen Versuch zu betrachten bitte, hoffe ich mit Sicherheit, dem folgenden schon mehr Gediegenheit geben zu können. Das kurhessische Haus- und Staats-Archiv, dessen Benutzung mir durch die Güte des Herrn Archiv-Directors Dr. von Rommel erlaubt wurde, dem ich dafür hier meinen wärmsten Dank ausspreche, setzt mich dazu in den Stand. Schon bei diesem Bande habe ich die reiche Urkunden-Sammlung desselben theilweise, besonders gegen das Ende, benutzt. Die übrigen Nachrichten, nebst den aus denselben hervorgehenden Berichtigungen, werde ich dem nächsten Bande in einem Anhange zugeben.

Indem ich auch noch die Unterstützung einiger andern Gönner dankbar anzuerkennen, mich gedrungen fühle, kann ich nicht umhin, noch den Wunsch auszusprechen, daß meine Bemühungen mit Nachsicht beurtheilt werden möchten.

Sobald sich die Hoffnung zu einer einigermaßen genügenden Abnahme darbietet, wird der zweite, in der Handschrift beinahe schon vollendete, Band dem Drucke übergeben werden.

Im Februar 1832.

G. Landau.

Inhaltsverzeichniß.

I.	Bilstein	Seite	1.
II.	Hanstein, mit einer Ansicht	,	25.
III.	Burghaune	,	87.
IV.	Hauneck	,	121.
V.	Löwenstein	,	129.
VI.	Romrod	,	173.
VII.	Reichenbach	,	197.
VIII.	Steinau	,	207.
IX.	Schweinsberg, mit einer Ansicht	,	229.
X.	Friedewald	,	279.
XI.	Haselstein, m. einer Ansicht (s. d. Titelvign.)	,	293.
XII.	Brandenfels, mit einer Ansicht	,	305.
XIII.	Weidelberg, mit einer Ansicht	,	325.
XIV.	Schartenberg	,	353.
XV.	Rauschenberg	,	373.

I.
Bilstein.

Auch die keinen Frieden kannten,
Aber Muth und Stärke sandten
Ueber leichenvolles Feld
In die halbentschlaf'ne Welt:
Alle, die von hinnen schieden,
Alle Seelen ruh'n in Frieden.
      Jakobi.

1.

Bilstein.

An dem östlichen Fuße des, nicht weniger durch sein mythisches Alterthum, als auch durch seine großartigen Naturschönheiten merkwürdigen und berühmten Weißners, breitet sich zwischen den Ufern der Werra und den Dörfern Albungen, Hitzerode, Frankershausen und Wellingerode, das enge romantische Höllenthal aus, in dessen Mitte von einer steilen Felsenkuppe die letzten spärlichen Reste der alten Burg Bilstein herabblicken. Oft wird dieses Thal von Freunden der Natur besucht; denn seine schroffen, theils kahlen, theils mit dem frischesten Grüne gezierten Felsenwände, die tiefe heilige Ruhe, die nur unterbrochen wird von dem sanften, rieselnden Rauschen eines, zwischen den üppigsten Matten hinwogenden, Baches, und dem tausendtönigen Hall der lieblichen Gesänge zahlreicher Nachtigallen, machen dieses Thal zu einem wahrhaft erhebenden, den edelsten Genuß bietenden, Aufenthalte. Da, wo gegen Westen durch die Vereinigung zweier Bäche, die beide aus den Klüften des Weißners herabkommen, der Kupferbach entsteht, öffnet sich der westliche Eingang des Thales, das sich in mancherlei Krümmungen, ohne jedoch die Hauptrichtung gegen Osten zu verlieren, von jenem Bache durchflossen, nach einer halben Stunde an dem Ufer der Werra bei dem Dorfe Albungen, endet. Die nördliche und höchste Thalwand, an der ein wilder Gebirgsweg herabführt, wird durch die Abhänge der Hochebene des Dorfes Hitzerode gebildet; die südlichen Thalwände sind dagegen weder so hoch, noch so zusammenhängend, als diese.

In der Mitte des Thales, da wo der Kupferbach eine große Insel bildet und die Höllenmühle treibt, erhebt sich der kegelförmige Felsen des Bilsteins bis zu einer Höhe von 925 Fuß über die Meeresfläche. Der Pfad, der an dem steilen Abhange hinan führt, hat anfänglich die Breite eines Fahrwegs, doch bald verliert er diese und wird so enge, daß kaum zwei Personen neben einander hinaufzusteigen vermögen. Wie früher in der Tiefe, so hier in der Höhe, verliert sich der Geist in dem großartigen Bilde der Gegend und den lieblichen Aussichten, die sich zwischen den schroffen Felsenwänden hindurch öffnen. Oestlich blitzen die glänzenden Wellen der Werra herauf und hoch über ihnen erhebt sich der Fürstenstein; südöstlich erblickt man das heitere Eschwege und die Höhen des Hundsrückens mit den Trümmern der Boineburg und westlich den hohen Weißner mit dem freundlichen Schwalbenthale.

Nur noch wenige Mauerreste haben sich von der ehemaligen Burg erhalten; Zeit und Menschen standen im

Wettstreite in ihrer Zerstörung. An der westlichen Seite, dicht am Abhange, steht ein wohl noch 30 Fuß hohes und 12 Fuß breites Mauerstück; doch, in der Mitte von einander gespalten, droht es jeden Augenblick mit dem Herabsturz. Auch westlich steht noch ein, wenn auch kleines, aber noch sehr festes Stück Mauer mit einer Thüröffnung. Eben so am Abhange selbst, wo dieser einen kleinen Vorsprung macht, stehen noch einige Trümmer, die von einem Thurme oder andern Befestigungswerken herrühren mögen, da dieser Ort die minder steile Seite und auch den Weg zur Burg beherrscht. Der Mörtel an diesen Mauern ist von der weißesten Farbe und fest wie die Steine, die er verbindet.

Ueber die Form läßt sich jetzt nicht mehr urtheilen; nur der Eingang läßt sich noch bestimmen, da dieser durch den Felsen gehauen ist. Auch die Keller sind zerfallen; Menschen, die hier von Schätzen träumten, waren ihre Zerstörer; ihre ehemalige Oeffnung, die jetzt noch eine mit Gestrüppe bewachsene Vertiefung bezeichnet, liegt in der Mitte des ziemlich ebenen, doch nicht großen Burgstättels. Wie es scheint, waren sie aus dem Felsen gehauen, der ganz aus Kieselbreccia besteht und besonders an der Westseite seine Klippen hervorstreckt.

Der Name Bil oder Biel soll von einem Gotte der alten Germanen herrühren, bei denen Biel der Gott der Wälder, ähnlich dem Pane der Griechen und Römer, gewesen seyn soll. Ob der Bilstein diesem seinen Namen zu danken hat, möchte schwer zu untersuchen seyn; der Name Bilstein findet sich sehr häufig als Bergname;

in Niederhessen allein, so viel nur mir bekannt, bei Helsa, Fahrenbach, Ropperhausen, Besse, Naumburg, unfern der Malsburg und bei Weimar (der Beil).

Das Daseyn des Schlosses Bilstein verliert sich in die frühesten Zeiten, in denen es der Stammsitz eines mächtigen Grafengeschlechts war, welches das Gaugrafen-Amt über die Germarmark bekleidete. Die Gaue (Pagi) oder, wie hier, Marken, waren schon den Römern bekannt und Amtsbezirke, denen eigene Grafen (Gaugrafen, Comes) vorstanden. Anfänglich lag diesen nur die Hegung der Gerichte und die Führung des Heerbanns ob; doch später, nachdem sich das Königthum begründet, hatten sie auch über die Hoheitsrechte, über Wälder, Gewässer, Straßen ꝛc. und die Erhebung der königlichen sowohl, als auch anderer Abgaben zu wachen. Hessen war in verschiedene solcher Grafschaften getheilt; doch die Germarmark war eigentlich ein thüringischer Gau, der mit seinen Unterabtheilungen, dem Altgau, dem Westgau, der Hunathermark ꝛc. von den linken Ufern der Werra aus, sich über das Eichsfeld bis zu den Ufern der Unstruth und das Schwarzburg-Sondershäusische und südlich bis zum Buchenlande, ausdehnte. Ueber diesen großen Bezirk übten die Grafen von Bilstein das Richteramt. Zwar mag die Germarmark im Anfange nicht so bedeutend gewesen seyn, sie scheint vielmehr erst seit dem zehnten Jahrhundert diese Ausdehnung erhalten zu haben, indem die Grafen alle die Gaue, die sie erwarben, mit derselben vereinten, um so den ganzen Bezirk ihrer Gerichtsbarkeit unter einem Namen begreifen zu können.

Die älteste Geschichte der Grafen von Bilstein umhüllt ein tiefes Dunkel, das sich besonders erst im dreizehnten Jahrhundert aufhellt.

Ob schon ein im Jahre 860, zur Zeit Ludwig des Frommen verstorbener Graf Erb oder Erpho [1]), dessen Freigebigkeit die Kirchen zu Fulda und Würzburg nicht wenig bereicherte, ein Ahn der Grafen von Bilstein gewesen, läßt sich nicht erweisen; denn nur aus dem, in deren Familie häufig vorkommenden, Namen und seinem Güterbesitze auf dem Eichsfeld und in Thüringen hat man es vermuthet. Erst Graf Wigger läßt sich mit Gewißheit zu ihnen zählen. Ob unter ihm schon die Burg Bilstein vorhanden war, ist, wenn auch nicht unwahrscheinlich, doch ungewiß und nirgends durch eine Nachricht bezeugt. Wigger findet sich zuerst im Jahre 966 in einer Urkunde Kaiser Otto I. [2]). Als im Jahr 973 Kaiser Otto II. seiner Gemahlin, der griechischen Prinzessin Theophanta, verschiedene Güter in der Germarmark (in regione Thuringia in Germarenemarcu) schenkte, wird Wigger als der Graf dieses Gaues bezeichnet [3]). Im J. 975 wird er als Graf in Thüringen und 977 wieder als Graf des Altgaues genannt [4]). Im J. 987 weihte der mainzische Erzbischof Willigis auf Graf Wiggers Bitte die Kirche in Dorla ein [5]). Er mochte also im Besitze der Mark Dorla seyn. Im J. 997 findet er sich zuletzt und zwar als Graf im Westergau und Watergau (?) [6]).

Graf Sigo, vermuthlich Wiggers Bruder, erscheint 979 als Graf des Untergaues Winidun (Uuinidon)[7]. Im Jahre 994 nennt ihn Kaiser Otto III. als Grafen der Germarmark[8].

Lüdiger wird 1035 vom Kaiser Konrad als Graf der Germarmark genannt, bei der Gelegenheit einer Schenkung verschiedener Güter dieses Gaues an die Abtei Fulda[9].

Graf Rüdiger (Rutger, Rogger, Ruokerus) ist der erste, den man unter seinem Familien-Namen findet. Im Jahre 1070 lernen wir ihn zuerst und zwar als Anhänger Kaiser Heinrich IV. kennen.

Graf Otto von Nordheim, Herzog von Baiern, angeklagt des beabsichtigten Kaisermordes, wurde von einem niedergesetzten Fürstengerichte des Hochverraths schuldig, in die Acht und seiner Güter für verlustig erklärt. Sein Herzogthum bekam sein Eidam, und seine Stammgüter (wie der Desenberg und Hanstein) verwüsteten kaiserliche Truppen. Otto, im Gefühle seiner Unschuld, rächte sich dafür durch Verwüstung der königlichen Güter in Thüringen, welches er mit 3000 Kriegern durchzog. Viel mußten hierbei die Bewohner dieser Gegenden leiden und Graf Rüdiger von Bilstein bot deshalb den Heerbann auf, folgte dem erbitterten Herzoge und traf bei Eschwege mit ihm zusammen. Es war am 2. September 1070. Nachdem Rüdiger seine Krieger durch eine Rede zur Tapferkeit ermahnt, kam es hinter dem Leuchtberge zur Schlacht. Otto's schneller, wilder Angriff mit seinen krieggewohnten Schaaren brachte Unordnung in die

Reihen der ungeübten Landleute. Kaum gewahrte Rü:
diger die traurige Wendung des Kampfes, so bemeisterte
sich auch seiner verzagende Feigheit; statt durch eigenes
Beispiel den schwindenden Muth seiner Kämpfer von
Neuem zu beleben, suchte er, vergessend des Ritters hei:
ligstes Palladium, die Ehre und Pflicht, in schändlicher
Flucht seine Rettung aus dem blutigen Streite! So der
erste der Flüchtigen, riß er die Nächsten mit fort und
brachte volles Verzagen und endlich grauße Verwirrung
in seine Schaaren. Was nicht floh, ereilte das mordende
Schwert der zürnenden Feinde, die, selbst nur einen ge:
ringen Verlust erleidend, an 300 erschlugen. Der nächste
Preis dieses schnellen und wohlfeilen Sieges war die Ein:
nahme der Reichsstadt Eschwege. — Wahrscheinlich ist es,
daß auch der Bilstein erobert wurde, denn es ist nicht
denkbar, daß Otto diese nahe Burg seines besiegten Fein:
des unbeachtet gelassen haben sollte. Die Chronisten ge:
denken ihrer jedoch nicht [10].

Im folgenden Jahre war Graf Rüdiger im Ge:
folge des Kaisers zu Hersfeld, wo ihn dieser in einer da:
selbst ausgestellten Urkunde als Graf der Germarmark be:
zeichnet [11]. Im Jahre 1073 hielt er ein Gericht auf der
Malstätte des Gaues; diese lag an dem Waldessaume
bei dem Dorfe Vierbach (jetzt Wüstung) zwischen Reichen:
sachsen und Niddawitzhausen. Der hersfeldische Burggraf
Sigebodo hatte der Abtei Hersfeld das Gut Vierbach ge:
gen die lebenslängliche Nutznießung der Dörfer Eltmanns:
hausen und Niddawitzhausen übertragen. Um diesen Ver:
trag zu sichern, ließ Abt Hartwig von Hersfeld die Sa:

che durch den Grafen Rüdiger als Gerichtsherrn verhandeln; wobei auch Rüdigers Bruder, Graf Eberhard, gegenwärtig war[12]). Auch am 27. July 1075 wurde auf derselben Gerichtsstätte vor Rüdigern (Comes et Advocatus) ein ähnlicher Vertrag geschlossen. Jenes Sigebodo's Witwe, Irmengard, gab hier gegen einen jährlichen Aussatz dem hersfeldschen Abte Güter zu Ober- und Niederhohne. Bei dieser Verhandlung war außer dem hersfeldschen Vogte Grafen Udo, auch jener Graf Eberhard wieder gegenwärtig[13]).

Beide Brüder erscheinen hier zuletzt; im Jahre 1095 waren sie schon zu ihren Voreltern gegangen. Auch Abt Hartwig war gestorben und jenes Sigebodo's Erben suchten das veräußerte Gut zu Vierbach wieder an sich zu ziehen. Zur Schlichtung des darüber entstandenen Streites erschien am 10. July 1095 Graf Erb von Padberg auf der Malstätte von Vierbach und ließ als Vormund der noch minderjährigen Kinder Rüdigers — eines Sohnes und einer Tochter — den Grafen Meginfried von Felsberg mit noch zwölf andern Zeugen schwören, daß jenes Gut der Abtei Hersfeld übergeben worden sey; worauf er auch die Grenzen desselben bestimmte[14]).

Jener Eberhard hatte eine Tochter Mathilde, welche sich mit Kuno von Arnsburg vermählte. Dieser Kuno war früher bei Heinrich IV. Edelknabe gewesen und später einer seiner Günstlinge; so genoß er denn auch der Freigebigkeit dieses Kaisers und erhielt von demselben Güter in der Wetterau, über welche derselbe auch seiner Gattin Miteigenthums-Rechte einräumte.[15]).

11

Graf Rüdiger war, wie vermuthet wird, mit einer Gräfin von Padberg vermählt. Sein Sohn war Rüdiger II. Im Jahre 1143 findet sich dieser zuerst in einer das Kloster Weißenstein betreffenden Urkunde[16]). Im Jahre 1145 befand er sich in dem Gefolge des Erzbischofs von Mainz[17]) und begleitete denselben 1151 nach Erfurt, wo auch die Landgrafen von Thüringen mit vielen Grafen und Herren hinkamen[18]). Dieser Rüdiger stiftete das Kloster Germerode am Fuße des Weißners, welches er der heil. Jungfrau heiligte und mit Nonnen aus dem Orden der Prämonstratenser besetzte. Pabst Lucius bestätigte dasselbe zuerst und später 1195 nahm es auch Cölestin in seinen Schutz[19]).

Graf Heinrich wird 1074 in einer Urkunde Heinrich IV. und zwar als Graf des Gaues, in welchem Eschwege gelegen, dessen Namen aber nicht gedacht wird, genannt[20]). Es läßt sich deshalb nicht mit völliger Gewißheit bestimmen, ob er ein Graf von Bilstein gewesen.

Im Jahre 1093 wird eines jungen, jedoch schon verstorbenen Grafen Christian v. B., als in Oberhessen begütert, gedacht. Es geschieht dieses in einer Urkunde, in der jene Mechthilde dem Kloster St. Alban bei Mainz ihr Gut zu Odenhausen bei Nordeck zum Seelenheile des Sohnes ihres Vatersbruders, Christian, von dem sie solches ererbt, schenkte[21]). Christian, der hier insbesondere als ein Brudersohn von Eberhard genannt wird, kann kein Bruder Rüdigers II. gewesen seyn, weil wohl sonst in jener vierbacher Urkunde nicht

Ein, sondern zwei Söhne Rüdigers I. aufgeführt worden wären. Man muß deshalb noch einen dritten Bruder zu den beiden ersten, Rüdiger I. und Eberhard, annehmen, und dieser könnte wohl jener vorgenannte Graf Heinrich gewesen seyn.

In der Stiftungsurkunde des Klosters Kamberg vom Jahre 1090 findet sich ein Graf Wigger, den man wegen seines Namens zu den Grafen von Bilstein aufgenommen hat [22]). Diese Annahme ist jedoch zu gewagt, da der Name Wigger nicht so selten war, als daß ihn nur die bilsteinschen Grafen geführt hätten.

Erpo und Wigger Gr. v. B. findet man 1148 im Gefolge des Erzbischofs Heinrich von Mainz auf der Burg Rüsteberg [23]).

Giso, Graf v. B., wahrscheinlich in der Gegend von Hamelburg begütert, schenkte 1153 dem Stifte Fulda ein Gut zu Unterriede, nördlich vom Bilstein [24]). Im Jahre 1156 findet er sich als Zeuge in einer Urkunde des Bischofs Gerhard von Würzburg [25]).

Gebhard Gr. v. B. war 1158 zu Würzburg und bezeugte die daselbst vom Kaiser Friedrich I. für das Kloster Bildhausen im Hennebergschen ausgestellte Bestätigungs-Urkunde [26]).

Antonius Gr. v. B. findet sich 1188, als Kaiser Friedrich I. die Kapelle auf der Boineburg stiftete [27]).

Wigger (Wikerus, Swickerus) bezeugte 1182 eine Urkunde des Landgrafen Ludwig III. von Thüringen für das Kloster Hasungen, so wie später 1189 eine andere Urkunde desselben Landgrafen für das Kloster Hildewartshausen[28]). Im vorhergehenden Jahre findet man ihn in dem zahlreichen Gefolge des Kaiser Friedrich I., als dieser sich damals auf der Boineburg aufhielt und bei dieser Gelegenheit einen Streit zwischen der Aebtissin Gertrud zu Eschwege und dem Vogte ihres Klosters Grafen Ludwig von Lare, ausglich. Er lebte noch 1205, wo er in einer Urkunde des Grafen Heinrich von Ziegenhain erscheint[29]).

Im Anfange des dreizehnten Jahrhunderts lebte ein Graf Widekind v. B. mit vier Söhnen: Erpo, Widekind, Burghard und Otto. Erpo bekannte 1200 für sich und seine Brüder, daß sein Vater Graf Widekind, der, wie es scheint, damals noch lebte, für die Tochter eines seiner Vasallen, Ulrichs von Raboldesrothe, im Kloster Lippoldsberg eine Präbende erlangt und sie deshalb diesem Kloster eine Schenkung gemacht hätten, zu deren Ersatze ihnen der genannte Vasall Güter in Heiderod, welche er bisher von ihnen zu Lehn besessen, eröffnet habe[30]).

Jener Graf Erpo hatte die Wittwe Bernhard II. Herrn von Plesse, Adelheid, und sein Bruder Burghard die Tochter dieser Adelheid, Helwig, also seines Bruders Stieftochter, zur Gattin. Diese Helwig war schon 1236 an Burghard vermählt; in diesem Jahre gaben beide, nebst ihrem Verwandten Poppo Herrn von Plesse und dessen Gattin Güter in Heymingehausen dem Kloster Amelunxenborn[31]). Am 27. Februar 1240 befand sich Burghard mit seinem Bruder Erpo in einer zahlreichen Versammlung von Fürsten, Grafen und Herren[32]).

14

Am 27. Juny d. J. bestätigte Graf Burghard mit seiner Gattin Helwig einen Güterverkauf Poppo's Hrn. v. Plesse an das St. Blasienstift zu Nordheim. Später im July desselben Jahres gaben jene beiden Brüder mit ihren Gattinnen demselben Stifte mehrere Leibeigene. Am 14. März 1241 wohnten dieselben Brüder einem vom Herzoge Otto von Braunschweig auf dem Leinenberge bei Göttingen gehaltenen Gerichte bei [33]); später findet man sie auch im Kloster Steina bei der Aussöhnung der Herren von Plesse mit dem Stifte Nordheim, welches diese überfallen und geplündert hatten [34]). Im Jahre 1247 befanden sie sich beide zu Cassel, gleichwie 1248 Erpo allein, indem sie die daselbst ausgestellte Urkunde als Zeugen unterschrieben [35]). Im Jahre 1258 gab Burghard mit Genehmigung seiner Brüder die Hälfte des Dorfes Ziegenbach zum Seelenheile seiner verstorbenen Gattin Helwig an das Kloster Germerode.

Graf Widekind findet sich im Jahre 1218 zweimal, im October und December, im Gefolge des Erzbischofs Sifried von Mainz zu Fritzlar [36]). 1221 bezeugte er eine Urkunde der Grafen von Scharzfeld und Lutterberg [37]). Im J. 1223 findet man ihn wieder zu Fritzlar, bei der Vereinigung des vorgenannten Prälaten mit den Grafen von Wittgenstein [38]), so wie 1233 und 1234 in dem Gefolge der Landgrafen Heinrich und Conrad von Thüringen [39]). Am 11. August 1238 bezeugte er auf dem Schlosse Plesse eine Urkunde Gottschalks v. Plesse [40]). Im Jahre 1243 gab er dem Kloster Germerode mehrere Vergünstigungen; so befreite er alle seinem Hause zuste-

henden Lehngüter, welche das Kloster von den Lehnträ=
gern erwerben würde, von jedem Lehnsverbande und gab
durch eine andere Urkunde dem Probste die volle Gewalt
den jedesmaligen Vogt des Klosters selbst zu wählen, wo=
bei er zugleich auf alle Gerichtsbarkeit zu Germerode ver=
zichtete; er wollte dadurch dem Kloster wieder aufhelfen,
das durch die „Satelliten des Satans" mancher=
lei Schaden erlitten hatte. Auch verzichtete er zu einer
andern Zeit, auf die Bitte des Klosters, auf seine An=
sprüche an einen Bauern genannt Hardein, welcher ein
colonus desselben war. Im Jahre 1268 bezeugte er eine
zu Rotenburg von den von Treffurt ausgestellte Urkun=
de[41] und überließ noch 1269 mit seinen Brüdern Erpo
und Otto einem Mühlhäuser Bürger, Gernod von
Brunna, 6 Mansen in Holenbach als Eigenthum, mit
denen er und Erpo diesen und Ernst von Kranichfeld
früher im J. 1262 beliehen hatten. Mit seiner Gemah=
lin Mechthilde hatte Widekind einen Sohn Erpo,
der schon im J. 1236 lebte.

Im Jahre 1242 lebten die beiden Brüder Albert
und Ludwig Gr. v. B., deren Schwester einen Gra=
fen Widekind zum Gemahl hatte. Sie waren durch Erb=
schaft zu dem Besitze eines Viertels des Hofs Offenhau=
sen bei Merxhausen gekommen, von dem der Graf Ludwig
von Wildungen, Graf Hermann von Schaumburg und
Stephan von Schartenberg die andern Theile besaßen.

Burghard Gr. v. B. stellte 1272 eine Verzicht=
leistung gegen das Kloster Hasungen wegen verschiedener
Ansprüche, welche er an dasselbe gehabt, aus; nur die

jährliche Abgabe von zwei Paar Schuhen (duo paria bottorum), eines für einen Mann und das andere für eine Frau, welche das Kloster dem Aeltesten seines Geschlechts darreichen mußte, nahm er davon aus.

Im Jahre 1273 erscheinen Burghard und sein Sohn Albert, Otto, dessen Bruder und Ludolph und Werner, deren Brudersföhne. Sie übergaben in diesem Jahre die ihnen von ihren Vasallen, Johannes v. Cappel und dessen Brudersfohne Eckhard, eröffneten Vogteien und Gerichte Wolfstein, Eisenrode, Hasselbach, Schendorf und Librichsdorf, der deutschen Ordens-Commende zu Reichenbach[42]). Burghard bezeugte 1275 eine boineburgsche Urkunde und belieh 1288 mit seinem Bruder Otto, den Heinrich villicum von Sontra mit Gütern zu Obernhone, welche Heinrich v. Treffurt ihnen aufgesagt hatte. Im J. 1289 verkaufte Burghard mit seinem Sohne Albert diejenigen Güter zu Vorschütz, welche die von Helfenberg und von Rengotshausen von ihnen als Lehn besessen, an Thammo von Elenhausen und dessen Kinder und gab denselben zugleich einen Zehnten zu Neuenhagen (im Kaufunger Walde) zu Lehn.

Graf Ludolph bestätigte 1277 die Gerechtsame und Besitzungen des Klosters Germerode[43]). Im Jahre 1284 schenkten die Gebrüder Grafen Burghard, Otto und Ludolph mit Bewilligung der Grafen Otto in Abterode, Helbold und Albert, so wie ihrer andern Verwandten, dem Kloster Germerode ein Gut zu Albungen, welches der Ritter Ditmar von Vierbach von ihnen zu Lehn getragen.

Graf Heinrich v. B. gab 1293 die Vogtei über das Dorf Aue, welche sein Lehnträger Ritter Hugo von Stein dem St. Cyriaxkloster zu Eschwege verkauft, diesem Stifte mit voller Freiheit.

Graf Otto war der letzte seines Geschlechtes. Er verzichtete 1301 auf alle Rechte an der Präpositur zu Abterode 44) und verkaufte auch in demselben Jahre noch einen großen Theil seiner Activlehen an den Landgrafen Heinrich I. von Hessen 45). Dieser Verkauf giebt einen, wenn auch nicht vollkommenen, doch theilweisen, Ueberblick der Besitzungen der Grafen von Bilstein. Man lernt bei dieser Gelegenheit als Vasallen derselben kennen: die von Schwarzenberg, Helfenberg, Frohnhausen, Felsberg, Cappel, Reichenbach, Boineburg, Bonsten, Lichsberg, Aue, Eselskop, Hundelshausen, Vierbach, Hohne, Jude, Tuttleben, Harstall, Rogelderode, Frankershausen, Wichardesa, Stein, Haus, Weberstätt, Kreuzberg, Weidenhausen, Stein, Schlutwingsdorf u. m. a., zusammen über funfzig verschiedene Familien. Die Lehngüter, welche diese besaßen, lagen zerstreut in Cassel, Waldau, Voltshagen, Krumbach, Melsungen, Homberg, Vorschütz, Harmuthsachsen, Arndverode, Schwebda, Bornershausen, Eschwege, Stedewartheshausen, Weidenhausen, Bornem, Grasbendorf, Ober- und Niederhohne und Waldkappel.

Kurz nach diesem Verkaufe starb Otto. Noch lebt in dem Munde des Volkes dieser Gegend von dem Tode des letzten Grafen von Bilstein eine Sage, die demnach in diese Zeit fallen würde. Der letzte Graf, so erzählt dieselbe, kam mit mehreren seiner Nachbarn in eine

Fehde; stark gerüstet zogen diese vor den Bilstein, doch alle ihre Angriffe wurden abgeschlagen, da sie die schroffen Felsen des Burgbergs nicht zu ersteigen vermochten. Da entschlossen sie sich, die Burg eng einzuschließen und durch Hunger ihren Feind zur Ergebung zu zwingen. Doch auch dieses schien ihnen nicht zu gelingen; denn schon war eine geraume Zeit verflossen und ihre Ungeduld hatte den höchsten Grad erreicht. Endlich machten sie die Entdeckung, daß der am Fuße des Burgbergs wohnende Müller das Schloß durch einen verborgenen Gang mit Lebensmitteln versorge. Schnell wurde diesem seine Beschäftigung gelegt. Bald waren nun die Lebensmittel aufgezehrt und dem Grafen blieb nur die Wahl zwischen Ergebung und dem Hungertode. Doch dieser kannte noch ein drittes Auskunftsmittel, zu welchem ihn nur übertriebener Stolz oder die höchste feindliche Erbitterung vermocht haben konnte. Kühn, wie ein Heros, besteigt er mit Weib und Tochter einen mit wilden Rossen bespannten Wagen und stürzt sich von der Höhe des Burgberges hinab in die gräßliche Tiefe.

So erzählt die Volkssage das Erlöschen dieses alten Grafenhauses, ohne jedoch Zeit und Namen aufbehalten zu haben. Immerhin mag dieselbe einigen Grund haben, wenn auch die Geschichte sie nirgends bestätigt.

Der Bilstein findet sich kurz nachher in dem Besitze der Landgrafen von Hessen, die ihn an die von Treffurt verpfändeten. Schon im Jahre 1306 hatten diese ihn inne, denn Heinrich von Treffurt nennt sich in diesem Jahre Herr von Bilstein[46]). Diese mächtige

Familie, die in diesem Jahrhundert, außer Treffurt und Bilstein, auch Spangenberg, Frauenberg und Frankenberg besaß, zeichnete sich besonders durch ihre Fehden aus, in denen sie bald mit Hessen, bald mit Thüringen oder Mainz lag, bis endlich diese drei sich vereinten und Treffurt eroberten.

Im Jahre 1343 findet man die Landgräfin Elisabeth von Hessen auf der Burg Bilstein, wo sie eine das Augustinerkloster zu Eschwege betreffende Urkunde ausstellte. Wahrscheinlich war dieser Aufenthalt nur durch einen Besuch veranlaßt.

Im Jahre 1350 erklärte Hermann von Treffurt das Schloß Bilstein vom Landgrafen von Hessen für 2000 Mark Silber in Pfandschaft zu haben, und im Falle er es zu lösen geben wolle, dieses nach einjähriger Aufkündigung geschehen sollte; erfolge dann aber die Lösung nicht, so würde er es an Mainz, Braunschweig oder Meißen verkaufen. Diese Ablösung scheint um das Jahr 1372 geschehen zu seyn, denn man findet einige Urkunden von diesem Jahre, nach denen Landgraf Heinrich II. verschiedene Summen zur Ablösung des Bilsteins erborgte. So lieh ihm zu diesem Zwecke nicht allein das Stift Hersfeld, sondern auch das Stift Fritzlar, jedes 200 Mark, welche er beide auf die Stadt Rotenburg anwies. Doch noch 1373 nennt sich Hermann von Treffurt Erbherr zu Bilstein.

Als sich Landgraf Hermann von Hessen mit dem Landgrafen Balthasar von Thüringen aussöhnte und beide die Erbeinigung, wegen der sie sich befehdet, von Neuem bestätigten, verlobte, um das Band der Freundschaft fester zu knüpfen, Balthaser seinen Sohn Friedrich mit Hermanns dreijähriger Tochter Margarethe; wenn diese 13 Jahre alt, sollte die Ehe vollzogen werden. Hermann versprach hierbei eine Mitgabe von 12000 Goldgülden und bestimmte, daß für deren Zahlung nach der Vermählung das Schloß Bilstein als Pfand dienen sollte. Da jedoch diese Verbindung der Pabst nicht zugab, so unterblieb natürlich auch jene Verpfändung.

Im Jahre 1438 nennt sich Appel Appe, Amtmann zu Bilstein, bei Gelegenheit der Schlichtung eines Streites zwischen dem Kloster Kornberg und mehreren Adeligen. Auch noch 1466 findet sich das Schloß in den Theilungsverträgen der landgräflichen Brüder Ludwig II. und Heinrich III. als unverpfändet aufgeführt[47]). Doch wenig später erhielt es mit seinem Amte und Wanfried der Graf Erwin von Gleichen verpfändet. Er sollte auf dem Schlosse stets zehn reisige Pferde und dreißig Schützen unter Geiso von Kerstlingerode halten. Dieser Erwin besaß auch die hessische Landeskrone als Pfand, die seit 1470 nicht mehr vorkommt, weil sie derselbe, dem Landgraf Ludwig für Kriegsdienste viel schuldig war, an einen Juden versetzte. Die Schuld wuchs so sehr heran, daß sich für Ludwig der Graf von Waldeck und die vornehmsten Ritter, die von Hanstein, von Berlepsch 2c. verbürgen mußten. Da auch alle Fürschreiben der Herzoge von Sachsen für Erwin nichts halfen, mahnte dieser die Bürgen auf das Heftigste und beschimpfte sie endlich durch Schandgemälde nach der rohen Weise seiner Zeiten. [48])

Im Jahre 1486 war Philipp von Hundelshausen Amtmann auf dem Bilstein, gleichwie in der Mitte des sechszehnten Jahrhunderts Jost von Eschwege.

Ob die Burg Bilstein in sich selbst verfallen oder zerstört wurde, ist nicht bekannt. Ich finde sie zuletzt in dem Testamente Landgraf Philipp des Großmüthigen vom Jahre 1567 genannt, wenn nicht vielmehr das damit verbundene Amt darunter zu verstehen ist; denn Dilich nennt sie schon (1605) als zerfallen.

Am Fuße des Bilsteins war früher ein nicht unbedeutendes Kupferschieferbergwerk, das wahrscheinlich schon von den Grafen von Bilstein betrieben wurde; obgleich sich keine geschichtliche Beweise hierüber finden, die nur bis ins sechszehnte Jahrhundert reichen. Landgraf Philipp nennt es in seiner Bergwerk-Verordnung von 1536 „ein reiches Schieferbergwerk, welches auch noch andere gute Erzgänge habe und auf einen beständigen guten Betrieb hoffen lasse"; auch Dilich und Winkelmann nennen es ein Kupfer- und Silberbergwerk, wofür auch die Stufen, welche man zuweilen auf den alten Halden gefunden, zeugen. Seit der Mitte des vorigen Jahrhunderts ist dieses Werk, besonders aus Mangel an Holze, liegen geblieben. Der vorüberfließende Kupferbach verdankt ohne Zweifel demselben seinen Namen; auch lag hier ehemals ein Dorf Kupferbach, das aber schon seit Jahrhunderten ausgegangen und jetzt nur eine Wüstung ist. Auch bei Orferode und Hilgershausen (am Roßkopf) im Amte Bilstein finden sich Spuren von Kupferbergwerken.

Schließlich erwähne ich noch des Wappens der Grafen von Bilstein. Dieses bestand in einem quergetheilten Schilde, dessen unteres Feld gewürfelt, das obere dagegen mit einem Beil versehen war. Von dem Helme erhoben sich zwei Rennfahnen, deren jede das verkleinerte Wappen enthielt. Auf den alten Siegeln der Grafen finden sich jedoch oft zwei und auch drei Beile.

Anmerkungen.

1) Schannat. Tr. Fuld. n. 489.
2) ibid. nr. 587. Schöttg. et Kreisig. S. R. Ger. I. p. 18.
3) Harenbg. H. Gandersh. p. 621. Leibnit. S. Brunsv. II. p. 375.
4) Schannat. T. F. nr. 589. et 590.
5) Marianus Scotus ad an. 987.
6) Joann. S. R. Mog. II. p. 578. u. Falkenst. thür. Chr. I. S. 137.
7) Harenbg. H. Gandersh. p. 623. Leibn. S. Brunsv. III. p. 714.
8) Harenbg. H. G. p. 625. Leibn. S. Br. II. p. 377.
9) Schannat. Trad. F. p. 249. et Schoettg. et Kreis. D. H. G. I. p. 23. Es war ein Domainengut in Germarca.
10) Lambert d. Aschaffenbg. ad a. 1070.
11) Wenk's H. L. G. III. U. S. 60.
12) Das. II. S. 47.
13) Das. II. S. 51. Scheid vom Adel. Doc. Mant. p. 374.
14) Wenk II. U. S. 51.
15) Das. I. U. S. 282.
16) Justi's hess. Denkw. IV. S. 36.

17) Ungebr. Urk. — Um die Anmerkungen möglichst zu beschränken, werde ich, da wo ich aus ungedruckten Urkunden schöpfte, die Anführung derselben unterlassen.
18) Schoettg. et Kreis. III. p. 540. Spangenb. henneb. Chr. v. Heim. II. 365.
19) Kuchenb. A. H. IX. 148. Wenk II. S. 487. Anmerk. n. — Die Grafen Wibelo und Rugger stifteten das Kloster Gerode, welches 1124 bestätigt wurde; diese Grafen glaubt Wolf in s. eichsfeldschen Kirchengesch. S. 72 für Bilsteine halten zu können, und den letztern insbesondere für Rugger oder Rüdiger I. Diese Vermuthung fällt jedoch dadurch weg, daß die Grafen von Bilstein das Kloster Germerode gründeten, welches sicher nicht geschehen, wäre durch sie schon ein anderes Kloster gestiftet gewesen; denn beinahe nie stiftete eine Familie deren zwei; eines war schon genug, ihre Freigebigkeit in Anspruch zu nehmen.
20) Würdtw. Subs. dipl. V. 252.
21) Joann. S. R. Mog. II. 739.
22) Gud. C. dipl. I. nr. 16.
23) Leyser. Hist. Com. Eberstein. p. 85.
24) Schannat. Tr. Fuld. p. 272.
25) Schultes hist. stat. Beschr. d. Grafsch. Hennebg. I. U. S. 718.
26) Das. S. 720.
27) Kuchenb. v. d. hess. Erbhofämtern Beil. S. 4.
28) Wenk II. U. S. 119.
29) Wigand's Archiv f. Gesch. u. Alterth. Kunde Westphalens 1 Bd. 2 H. S. 61.
30) Schminke Mon. Hass. IV. p. 642.
31) Falke Tr. Corbei. p. 860.
32) Leibnit. Orig. Guelf. IV. p. 73.

33) Meier orig. et antiquit. Plefs. p. 190, 191 et 192. Leibn. orig. Guelf. IV. p. 73 et 74.
34) Leukfeld Antiq. Northeim. p. 243.
35) Schminke M. H. IV. 642.
36) Wenk III. U. S. 97. u. 98.
37) Leukfeld Antiq. Poeldens. p. 72.
38) Gud. C. d. I. 488.
39) Histor. rechtsbegr. Nachr. v. d. ꝛc. Ballei Hessen Nr. 5. b. Beil. — Kopp v. d. Hrn. v. Itter Beil. S. 184.
40) Falke Trad. Corbeiens. p. 861.
41) Wenk III. U. S. 139.
42) Gud. C. d. IV. p. 921.
43) Ledderhosen's kl. Schr. IV. S. 283.
44) Schannat. Prob. Dioec. et Hierarch. Fuld. p. 300.
45) Wenk II. U. S. 248.
46) Schannat. Prob. Clientela Fuld. p. 272. Das Nähere wegen des treffurtschen Besitzes s. später in der Geschichte der v. Treffurt.
47) Kopp's Bruchst. z. Erläuterung d. deutsch. Gesch. u. Rechte II. S. 15.
48) v. Rommel's hess. Gesch. III. — Wie Erwin mit den Bürgen umging, möge die nachfolgende Stelle aus einem Mahnungsschreiben an Werner von Hanstein zeigen. Sie heißt nämlich: „eyn selbwachßin Rotbertigk Robritter „schalgk vnd beßewicht der bo truwebruchigk wert an „syme Eyde breyffe vnd segil vnd wir werdin vnterricht, „wyn daz dich eyn Hure uß der Metergaßen zcu erffurt „vewechselb habe jn der Wigin ꝛc."

II.

Hanstein.
Mit einer Ansicht.

Asche sind der Mächtigen Gebeine
Tief im dunkeln Erdenschooße nun!
Kaum daß halb versunk'ne Leichensteine
Noch die Stätte zeigen, wo sie ruh'n.
Matthisson.

2.

Hanstein.

Nirgends kann uns das Bild von dem Treiben und Streben der ehemaligen Ritterwelt lebendiger werden, als wenn wir ihre, auf wolkigen Höhen liegenden, nun meistens in Trümmer gestürzten, Wohnsitze ersteigen. Wenn uns dann die Geschichte hinaufführt in jene Zeiten, wo noch hier der Ritter in seinem Eisengewande athmete, und wenn wir dann die himmelanstrebenden Thürme, die noch trotzenden altergrauen Mauern, diese Gräben und Scharten schauen, dann muß sich das unruhevolle Leben, der nie sich endende Kampf und das stürmische Wogen der Leidenschaften klar und licht der Phantasie gleich einem Gemälde entgegenstellen, welches nur wenige heitere und freundliche Scenen zeigt.

Wenige Schloßtrümmer vermögen einen so tiefen Eindruck zu machen, als die des alten, weitbekannten Hansteins. Reich und interessant in seiner Geschichte, die Stammburg eines großen noch blühenden Geschlechtes, blickt er mit seinen hohen Thürmen und schwarzen Felsenmauern, gleich einem Mahnungszeichen der alten grauen Zeit hinaus in die bläulichte Ferne.

Diese Burg, eine der größten und schönsten in weiter Umgegend, liegt auf dem ehemals mainzischen, jetzt preußischen Eichsfelde, kaum dreiviertel Stunden von der, die hessische Grenze bildenden, Werra.

Hoch und steil ist der Schloßberg und nur von der Westseite fahrbar. Auf dieser Seite zieht sich von den Mauern der Burg das Dorf Rimbach herab und belebt mit seinen Häusern und Gärten die sonst ringsum kahlen, zum Theil felsigen Abhänge. Schon in der Ferne fesseln die stolzen Formen der Ruine das Auge des Wanderers und ziehen ihn zu sich hinauf, und wenn er dann den Gipfel des Berges nach mühevollem, doch lohnendem Steigen erreicht hat, dann steht er voll Staunen und Bewundern vor dem mächtigen Gebäude, das so ernst und fremd, als Gebild einer fernen Zeit, auf die Gegenwart herabblickt.

Schwer ist es, durch todte Worte dem Leser ein deutliches Bild zu geben, unmöglich, die Gefühle zu schildern, die den Besucher ergreifen. Nur Selbstansicht kann hier genügen. Doch um nicht ganz zu schweigen von der Form und dem Innern, will ich es versuchen, dem Leser wenigstens einen Schattenriß zu zeichnen.

Was zuerst den Blick des Besuchers anziehet, ehe er in das Burgthor tritt, ist die Grundmauer der Burg. Diese besteht aus einem ungeheueren Basaltfelsen, voll der seltsamsten Risse und Spalten; zum Theil erhebt er sich bis zu einer Höhe von 30 bis 40 Fuß und die Schloßmauern scheinen so innig mit ihm vereinigt, daß man glauben sollte, die allmächtige Hand der Natur habe ihn nur darum auf diese Höhe geschleudert, um der Burg einen unzerstörbaren Grund zu geben. Neben diesen Massen hinweg gelangt man zum äußersten Burgthore, welches von der Burg abgesondert liegt und auf jeden Fall noch ein Gebäude über sich hatte, welches den Eingang beschützte. An einem Steine dieses Thores findet sich ein sehr großer, durch die häßlichsten Züge entstellter, Menschenkopf ausgehauen. Durch dieses Thor tritt man in den äußern Schloßhof, der sehr geräumig ist. Man betrachtet hier die Befestigungswerke, welche in drei, theilweise noch gut erhaltenen Ringmauern bestehen, die die Burg in weitem Kreise umschließen. Zwischen der innersten Mauer und der mittlern liegt jener Hof, auf welchem ehemals die Oeconomie-Gebäude und die Wohnungen für die Knechte, so wie einige Windmühlen gestanden haben sollen; von allen diesen bemerkt man nichts mehr, als einige eingestürzte Kellergewölbe. Die dritte und äußerste Mauer trennt von der zweiten ein Graben und ist mit starken Rondelen und Schießscharten versehen.

Das zweite Thor, welches fast an der entgegengesetzten Seite von ersterm liegt, führt in das Innere der Burg und scheint durch ein auf seiner rechten Seite liegendes Gebäude, welches jetzt noch in seinen Außenwänden erhalten ist, geschützt worden zu seyn. Ehemals mußte man erst über eine Zugbrücke; nur noch die Mauern sieht man, auf denen sie ruhte, und wandelt jetzt über den ausgefüllten Graben hinweg, ohne an sie zu denken. Durch

dieses Thor gelangt man in einen kleinen Hof, zu dessen
beiden Seiten hohe zerfallene Wände emporstarren und
dann durch ein zweites Thor in den eigentlichen Burghof, der ein Fünfeck bildet und geräumiger als der vor-
hergehende ist.

Jede der fünf Seiten dieses Hofes enthält eine
Pforte, durch die man ehemals zu den Gemächern, jetzt
aber nur zu Räumen gelangt, die Wind und Regen
durchsaust und denen nur der Himmel zur Decke dient.

Durch die erste Thüre rechts tritt man in den leeren
Raum eines nach Süden liegenden Gebäudes, in welchem
sich der noch am besten erhaltene Thurm erhebt, der noch
jetzt eine Höhe von 84 Fuß hat; eine feste steinerne Wendeltreppe führt in ihm hinauf. Zuerst gelangt man, nachdem man über 40 Stufen erstiegen hat, zu einem Gefängnisse, an dem sich eine eichene, mit starken Banden
beschlagene Thüre befindet und das noch im vorigen Jahrhunderte zu seinem Zwecke verwendet wurde. Die Dicke
der Mauer beträgt hier an sieben Fuß. Die Treppe, die
von hier noch einige und vierzig Stufen hat, wird nun
so enge, daß zwei sich auf derselben begegnende Personen
sich nicht neben einander wegzudrängen vermögen. Am
Ende dieser Treppe, oder vielmehr da, wo sie durch Einsturz versperrt ist, tritt man in ein rundes Gemach, ehemals wahrscheinlich auch ein Gefängniß, das allem Anscheine nach noch eines über sich hatte, dessen Boden jedoch eingestürzt ist, so daß man nun den blauen Himmel
über sich sieht. Vermittelst einer Leiter steigt man auf
den obern Rand der Mauer, welcher hier an vier Fuß

Dicke hat und schaut nun in die weite blaue Ferne, über Berge und Thäler, Flüsse und Bäche, Städte und Dörfer. Doch nur der nicht Schwindelnde vermag hier zu weilen und sich an der Aussicht zu vergnügen.

Die erste Thüre links führt zu einem zweiten Thurme, der in der äußern westlichen Mauer des Schlosses steht. Schon die herabhängenden Trümmer des gebrochenen Thürsturzes drohen Gefahr, aber noch mehr die größtentheils verwüstete Wendeltreppe, deren Bauart die Bewunderung des Kenners erregt. Nur die Spindel ist noch ganz erhalten und an ihr vermag man noch etwa zwei Stockwerk hoch empor zu steigen, so daß man etwa zwanzig Fuß über dem obersten Potest eine Kuppel zu Gesichte bekommt, in deren Mitte sich eine Oeffnung von fünf Fuß Durchmesser befindet. Doch bis dahin kann man nicht, ohne sich wirklicher Lebensgefahr auszusetzen, gelangen. Dieser Thurm, gleich hoch mit dem vorherbeschriebenen, ist noch in seiner ganzen Höhe erhalten, wie sich aus dem Kranzgesimse schließen läßt. Beide Thürme hatten, außer ihren Thüren zur Erde, auch noch derselben in ihrer Höhe und standen durch dieselben mit jedem einzelnen Stockwerke der an sie stoßenden Gebäude in Verbindung.

In dem Raume, in welchem sich der letzterwähnte Thurm erhebt, befindet sich der Eingang zu den Kellern, die sich unter dem größten, besonders westlichsten Theile des Schlosses, hinziehen und doppelt sind. Da die meisten eingestürzt sind, so darf man es nur mit der größten Vorsicht wagen, in die schwarzen Räume hinabzusteigen.

Durch die nächste Thüre, die zweite links, tritt man in einen Raum, in welchem sich die meisten eingestürzten Gewölbe zeigen. Auch hier findet sich ein runder Thurm, der jedoch weit kleiner als die vorigen ist und die übrigen Mauerwände nicht übersteigt. Die Stufen, welche in demselben hinauf führten, sind ganz verwüstet und nicht ohne Gefahr zu betreten; aber die Treppe windet sich auch noch in die Erde hinab, zu einem der scheußlichsten Gemächer — zum Burgverließ, welches das Semmel: hansloch genannt wird, von einem Hans Semmelroth, der als Mörder seines Weibes noch im vorigen Jahrhunderte hier bis zu seiner Hinrichtung saß. Noch vor wenigen Jahren konnte man ohne viele Mühe hinabsteigen, doch durch den Einsturz einer Mauer wurde dasselbe zum Theil verschüttet. Am Ende der Treppe erblickt man den graußigen Eingang; durch eine kleine viereckige Oeffnung in der Mitte des Bodens wurden die Unglücklichen in die schwarze Tiefe hinabgesenkt, um in einer feuchten, moderigen Luft, dem lebenden Strahle der Sonne entzogen, wohl Jahre, wohl bis zu ihrem Tode zu schmachten. Eine kleine Heiligen=Nische, welche sich neben dem Eingange des Thurmes befindet, kann nur den üblen Eindruck erhöhen, weil man Religion und Grausamkeit hier sich so nahe sieht.

An mehreren Orten der Ruine bemerkt man noch Inschriften, die durch Wetter und Zeit mehr oder minder verwittert sind.

Die Aussicht ist, wie schon oben gesagt, weit und schön und wenige Schlösser können sich auch hierin mit dem Hanstein messen. Schon von dem Burgplatze aus genießt man eine herrliche Augenweide, aber um noch viel weiter reicht der Blick von jenem Thurme. Nur ein schönerer Vordergrund fehlt. Außer den Thälern, welche sich zunächst um den Schloßberg ziehen, reihet sich Hügel an Hügel in den mannichfaltigsten Formen und Verzweigungen, und zwischen ihnen hindurch und über sie hinaus erschaut man an vier und achtzig Orte.

Gegen Mitternacht erblickt man an fünf und zwanzig Dörfer, die Thürme Göttingens, die alten Trümmer der Plesse, der beiden Gleichen und im tiefern Hintergrunde den Altvater der norddeutschen Berge, den Brocken; ja bei heiterm Wetter und durch ein Fernrohr den Hubenberg jenseits Eimbeck mit der über ihn hin gehenden Straße.

Gegen Abend glänzt ein Streifen der Werra herauf und man schaut die noch bewohnten Burgen Ludwigstein und Arnstein und mehrere hessische Dörfer.

Gegen Mittag lassen die Berge die Werra nur einigemal dem Auge sichtbar werden, und nur der Weißner mit seinem grünen Haupte und die Trümmer der alten Boineburg, unfern Eschwege, heben sich über sie empor. Mehr gegen Morgen erblickt man den Gehülfensberg mit seiner Wallfahrtskapelle, und weiter die blauen Höhen des Thüringer Waldes, den Inselsberg, den Schneekopf und Beerberg. Nur gegen Morgen hemmt der nahe Höheberg den Blick.

Wie ein jedes Wandeln unter Denkmälern der Vorzeit ein mannichfaltig genußreiches Vergnügen gewährt, so auch in den großartigen Trümmern des Hansteins. Hier, wo jetzt das Schweigen des Todes herrscht, wo nur noch die lichtscheue Eule ihren Wohnsitz hat, lebten und freuten sich auch einst Menschen, die nun schon lange nicht mehr sind. Selbst diese Mauern, die der Ewigkeit zum Trotze entstanden zu seyn scheinen, neigen mehr und mehr ihr Haupt und eilen ihrem Ende entgegen. Laut, wie jeder Halm, wie jeder Wurm in der Natur predigen auch sie Vernichtung und Endlichkeit. — — Welchen Raum hat die Phantasie zu Bildern bei einem nächtlichen Besuche, wo groß und feierlich der Mond aus den stillen Höhen herabblickt — oder am Morgen, wenn dem leuchtenden Osten die Sonne im Glanze ihrer Herrlichkeit entsteigt und Thäler und Höhen mit ihrem Golde kleidet und die grauen Trümmer, wie die Schlösser Ariost's, gleichsam mit Rubinen besäet erglühen. — Dann durchströmt die ganze Seele ein banges, heiliges Gefühl, das weder Worte kennt, noch Worte zu beschreiben vermögen.

Noch muß ich eines Echo's erwähnen, welches besonders in der Stille der Nacht einen grausenden Eindruck macht. Am schönsten gelingt es vor dem äußersten Burgthore; der laute Ruf oder besser der Knall eines Feuergewehrs, hallt lange und hohl zwischen den benachbarten Bergen hin, gleich einer Geisterstimme oder dem Rollen des fernen Donners und verliert sich allmälig in leises Murmeln.

Ich wende mich nun zur Geschichte.

Der Hanstein ist unbezweifelt eine der ältesten

Burgen des Eichsfeldes, obgleich man die Zeit seiner ersten Begründung nicht anzugeben vermag. Schon zwischen den Jahren 826 und 853 findet sich ein Dorf Haanstedihus[1]), welches in dieser Gegend gelegen haben soll, wegen dessen Namens-Aehnlichkeit man vermuthen könnte, daß die Burg demselben ihren Namen zu danken habe. Früher findet man diesen bald **Hanenstein, Hanichstein, Haynenstein, Hainstein** und **Hohnstein** geschrieben.

Das älteste Schloß lag wahrscheinlich nicht an der Stelle der gegenwärtigen Trümmer, sondern auf dem nahen Höheberge, auf dem man die deutlichsten Spuren eines solchen, zwar keine Mauerreste, aber Graben und Wall findet, welche noch jetzt den Namen der **alten Burg** führen. Auch schon in einer Urkunde vom Jahre 1324 werden sie mit diesem Namen bezeichnet.

Als noch die Gauverfassung bestand, gehörte der **Hanstein** in die Germarmark, über welche die Grafen von Bilstein, unter dem Weißner, das Gaugrafenamt übten.

Im elften Jahrhundert gehörte der **Hanstein** zu den Stammgütern des Grafen Otto von Nordheim, Herzogen von Baiern. Wie dieser ihn erworben? — oder ob er wohl gar dessen Erbauer gewesen? — das sind unbeantwortbare Fragen. Genug, unter diesem Grafen wird uns der Name der Burg zuerst genannt. Otto's Geschichte ist bekannt. Durch schnöde Hinterlist gestürzt, mußte er sehen, wie sein erbitterter Feind, Kaiser Heinrich IV., ihm nicht allein sein Herzogthum raubte, sondern auch wie deſſen Freunde, gleich losgelaſſenen Tigern, über ſeine Stammgüter herfielen und dieſe mit grenzenloſer Wuth verwüſteten; Alles wurde verheert und verſengt, ſeine Diener und Bauern, wo ſie ihnen in die Hände fielen, wurden zerfleiſcht und erdroſſelt, ja in ihrer Trunkenheit ſchonten ſie ſelbſt nicht der Tempel und Kirchen, die er aus ſeinem Gute geſtiftet. Schon waren die Dörfer nur noch Brandſtätten und die Saaten zernichtet, da legte der König mit geſammeltem Heere die letzte Hand an das Werk der Zerſtörung; er ließ den Hanſtein, den beim erſten Schrecken die Beſatzung verlaſſen hatte, bis auf die Grundmauern zerſtören. Auch der Deſenberg bei Warburg wurde umzingelt und obwohl durch Lage unüberwindlich und mit allen Bedürfniſſen zum Kriege reichlich verſehen, zog dennoch ſeine Beſatzung eine freiwillige Uebergabe dem wandelbaren Glücke des Krieges vor. Dieſes geſchah im Jahre 1070 [2]).

Doch nun tritt die Geſchichte des Schloſſes wieder zurück ins Dunkel und über ein ganzes Jahrhundert bleiben ſeine Beſitzer und ſeine Schickſale unbekannt. Wahrſcheinlich gingen Jahre vorüber, ehe es ſich wieder aus ſeinem Schutte erhob. Erſt in der Mitte des zwölften Jahrhunderts findet ſich ſein Name in dem eines Grafen Poppo wieder, der zwiſchen den Jahren 1145 und 1170 lebte. Im Jahre 1145 findet man dieſen ohne den Grafentitel (Boppo de Hanenstein) in dem Gefolge des Erzbiſchofs Heinrich I. von Mainz; doch im Jahre 1151, wo er in deſſelben Prälaten Gefolge erſcheint, ſchon als Graf (Poppo Comes de Hansten). Als ſolcher befand er sich auch im Gefolge des Kaisers Friedrich I., als dieser im Jahre 1156, umgeben von den mächtigsten deutschen Fürsten seiner Zeit, dem Herzoge Heinrich dem Löwen, dem Herzoge Friedrich von Schwaben, dem Pfalzgrafen Conrad am Rhein, dem Herzoge Berthold von Zähringen und vieler Grafen und Edlen einige Tage auf dem Reichsschlosse Botneburg, unfern Eschwege, verweilte; gleichwie 1170 in desselben Kaisers Begleitung zu Frankfurt a. M. 3). Daß Poppo seinen Namen von unserm Schlosse entlehnt, läßt sich wohl nicht gut bezweifeln, denn nirgends findet sich ein anderes gleiches Namens. Er muß demnach auch in seinem Besitze gewesen seyn. Spricht auch hiergegen, daß die Geschichte keine Grafschaft (Comitia) oder ein Grafen-Geschlecht von Hanstein kennt, so kann dieses zu einer Aufhebung jener Annahme nicht genügen, da er immerhin in dessen Besitze seyn konnte, ohne gerade auch dessen Eigenthümer zu seyn. — Aber die Familie von Hanstein hat ihn auch zu ihrem Stammvater angenommen, aus weiter keinem andern Grunde, als weil er sich von Hanstein nennt, und hierin geht diese gewiß zu weit. Poppo war höhern Adels und diese, ohnedem schon zu Poppo's Zeit auftretend, stets niedern Adels; sie nannte sich aber damals noch nicht von Hanstein, sondern diesen Namen — und das auch nur zuerst einzelne Glieder, weil sie Burgmänner daselbst waren — führte sie erst seit dem Beginne des dreizehnten Jahrhunderts.

Im Anfange dieses Jahrhunderts finden wir den Hanstein im Besitze des welfischen Hauses. Nachdem

Herzog Heinrich der Löwe 1195 der Natur den letzten Zoll gezahlt, zerfielen seine früher königlichen, aber durch seine Kämpfe mit dem Reiche sehr geschmolzenen Besitzungen unter seine Söhne, welche im Jahre 1203 eine förmliche Theilung derselben vornahmen. In dieser fiel die Burg Hanstein dem Zweitgebornen von Heinrichs Söhnen, dem deutschen Könige Otto IV. zu. Als aber der Erzbischof Siegfried von Mainz im Jahre 1209 von einer Reise nach Italien wieder zurückkehrte, nahm er den Hanstein als Eigenthum seiner Kirche in Anspruch. Otto, der — obgleich ihn der Tod von seinem Gegner befreit und er nun alleiniger Kaiser war — dennoch der Freunde nöthig hatte und insbesondere Siegfrieden zu einigen Diensten geneigt zu machen wünschte, zeigte sich demselben sogleich bereit und schloß noch vor seinem Römerzuge in dem genannten Jahre mit dem Erzbischofe wegen der Ausmittelung ihrer Rechte an dem Schlosse Hanstein einen Vertrag. Ihre gegenseitigen Ansprüche und Rechte an demselben unterwarfen sie der Untersuchung und Entscheidung eines Austrägal-Gerichts, welches sie aus den Erzbischöfen von Cöln und Trier und den Bischöfen von Speier und Würzburg zusammensetzten. Würden diese finden, daß die Burg dem Erzstifte rechtlich zustehe, so sollte sie demselben ohne Weiteres zurückgegeben werden; so dieses aber zweifelhaft sey, sollten besondere Schiedsrichter darüber entscheiden. Ja Otto versprach endlich noch, auch selbst in dem Falle, daß die Burg ihm zuerkannt würde, sie dessenungeachtet dem Erzbischofe überlassen zu wollen [4]). Otto hielt diesem zufolge die

Ansprüche des Erzbischofs für nichts weniger als ungegründet, und das Unbekanntseyn jener Entscheidung kann deshalb auch kein wesentlicher Mangel seyn, denn in jedem Falle war dem Erzbischofe die Burg gewiß.

Auf welche Weise das Erzstift seine Rechte auf den Hanstein erworben, ist zwar nicht bekannt; aber nicht unwahrscheinlich ist es, daß nach dessen Zerstörung im Jahre 1070 Heinrich IV., der bekanntlich gegen seine Freunde, wenn auch auf fremde Kosten, sehr freigebig war, dem ihm anfänglich treu ergebenen Erzbischofe Siegfried I. von Mainz das Schloß geschenkt und dieser dasselbe von Neuem wieder aufgebaut habe. Bedenkt man dann ferner die eben nicht freundschaftlichen Verhältnisse, in denen die Welfen mit dem Erzstifte gestanden, so wird es mehr als wahrscheinlich, daß die erstern das Schloß gewaltsam an sich gerissen hatten, wie dieses auch mit andern Besitzungen der Fall war und Otto selbst gesteht, daß er dem Erzstifte das Patronatrecht der Göttinger Kirche, die Vogtei in Nordheim und die Abtei Reinhausen entzogen habe.

Das Erzstift Mainz blieb von nun an im ungestörten Besitze des Hansteins, welchen dasselbe mit Burgmannen besetzte und später der Familie von Hanstein förmlich einräumte. Im Jahre 1280 erbot sich Hermann von Spangenberg dem Erzbischofe Werner, seine schuldigen Burgdienste auf dem Hansteine auf einem andern mainzischen Schlosse zu leisten [5]). Im Jahre 1296 bestellte Erzbischof Gerhard zwei Edelleute, Friedrich von Rosdorf und Dietrich von Hardenberg, zu Beamten über die Schlösser Rüsteberg, Hanstein ꝛc. und versprach ihnen zur Erhaltung derselben 100 Mark zu zahlen. Doch schon 1299 verzichteten sie gegen die Belehnung mit dem Schlosse Mühlberg auf jene Summe [6]).

Im Jahre 1308 gelangte die jetzt noch blühende Familie von Hanstein zum wirklichen Besitze des Schlosses. Dieses war damals so sehr verfallen, daß ein neuer Aufbau nothwendig wurde, wozu sich die Gebrüder Heinrich und Lippold von Hanstein anheischig machten. Sie versprachen dem Erzbischofe, aus ihren eigenen Mitteln eine neue Burg zu erbauen, an der sie für sich und ihre männlichen Erben weiter kein Recht haben wollten, als immer Vögte und Burgmänner auf derselben zu seyn; die Burg sollte gleich Rüsteberg u. a. dem Erzstifte stets offen stehen, welches sie, die von Hanstein dagegen auch wie andere Burgmannen schützen sollte. Die Wächter und Thorhüter sollten dem Erzstifte so wie auch ihnen als Erbburgmannen huldigen und schwören, ohne dessen Vorwissen sollten sie keinen annehmen, und sollte dasselbe mit einem unzufrieden seyn, diesen alsbald, dessen etwaigen Wunsche gemäß, entlassen. Zur Unterhaltung der Burg und Besoldung der Wächter bestimmte der Erzbischof jährlich zehn Mark feinen Silbers. Auf den Fall des Aussterbens der von hansteinschen Familie sollte die Burg mit ihren Zubehörungen und Einkünften dem Erzstifte heimfallen. Zur Haltung dieses Vertrags verpflichteten sich die beiden Brüder durch Ablegung eines Eides und bei Strafe, nicht nur das Schloß, sondern auch ihre übrigen Güter einzubüßen. Auch traten sieben Ritter und drei Edelknappen als Bürgen auf⁷). Doch nicht erst seit jetzt, sondern schon seit früherer Zeit hatten die von Hanstein Burgsitze auf dem Schlosse gehabt, wie man daraus sieht, daß sie schon vor dieser Belehnung dessen Namen zum Theil als ihren Familien=Namen angenommen hatten, indem sie sich früher und auch noch später von dem Schlosse Rüsteberg (Vicedomini de Rüsteberg) schrieben.

Die von hansteinsche Familie nimmt einen **Helwig Vicedom von Rüsteberg** als ihren Stammvater an; aber schon beinahe dreißig Jahre früher, zwischen 1162 und 1190 bekleidete der Bruder desselben, **Heidenreich**, dasselbe Amt⁸).

Zu einer vollständigen Familien=Geschichte fehlen mir nicht allein die nöthigen Hülfsmittel, sondern zu einer solchen würde auch der Raum dieses Werkes zu beschränkt seyn. Ich werde deshalb nur solche Thatsachen erzählen, die das Allgemeine der Familie betreffen, und mich nur bei solchen Personen aufhalten, die wenigstens einiges geschichtliches Interesse haben.

Nach **Heidenreich** und **Helwig** folgte in dem Vicedomamte **Dietrich**, und nachdem dieser es von 1209 bis 1239 bekleidet hatte, erhielt es im Jahre 1241 **Heidenreich** für sich und seine männliche Nachkommen als Erbmannlehn⁹). Bis 1323 blieb dieses nicht unwichtige und einträgliche Amt bei der Familie, wo dasselbe **Heinrich** schon wieder dem Erzstifte mit einer Menge seiner Güter verkaufte, wofür ihm dieses jährlich 25 Mark Silber, 125 Malter Roggen, 60 Malter Hafer, 20 Pfund

Wachs und 4 Fuder Heu versprach. Aus der betreffenden Urkunde ersieht man, daß die von Hanstein auch eigene Häuser auf ihrer Burg hatten, denn unter jenen Gütern wird ein solches erwähnt (una curia in Hanstein) [10].

Heinrichs Sohn, Heinrich, wurde durch seine beiden Söhne Luppold und Ditmar der Stammvater zweier Hauptlinien. Luppold stiftete die besenhausische und Ditmar die ershausische Linie. Bald verzweigten sich diese wieder in Nebenlinien, und so entstanden nach und nach eine nicht kleine Anzahl von Linien, welche sich nach ihren Hauptbesitzungen benannten und eintheilten, so z. B. in den Linien: Hanstein-Besenhausen, -Werleshausen, -Oberella, -Henfstadt, -Eimbeck, -Ershausen des obern Hofs, -Ershausen des untern Hofs, -Geismar, -Unterstein, -Wahlhausen u. a., von denen jedoch mehrere wieder ausgestorben sind.

Im Jahre 1313 trafen die Gebrüder Heinrich d. ä. und Luppold von Hanstein, so wie Heinrich Vicedom von Rüsteberg einen Gütertausch mit dem Stifte Nörthen [11].

Noch befanden sich die von Hanstein nicht im alleinigen Besitze des Schlosses, im Gegentheil setzte das Erzstift auch noch andere als Burgmannen auf dasselbe. Als solche finden sich im Jahre 1324 namentlich Berthold von Hundelshausen, Berthold von Zwingenberg, Willikin Neuenberg, Heise Dunder, Arnold von Wartberg und Johannes von Gandern [12].

In der Fehde des Erzbischofs Balduin von Trier als Verweser des Erzstifts Mainz mit dem Landgrafen Heinrich II. von Hessen im Jahre 1328 focht Ludolph von Hanstein auf des erstern Seite, und machte Simon von Schlitz gen. Görtz und Syntram von Buttlar zu Gefangenen; doch auch er hatte das Unglück, in Gefangenschaft zu fallen¹³).

Von nun an finden wir die Familie in die mannichfaltigsten Fehden und Kämpfe verwickelt. Trotzend auf die Festigkeit ihrer Burg, zogen sie jenes adelige und unadelige Gesindel an sich, das, wo Beute zu machen ist, sich stets bereit findet, und beunruhigten nicht allein das ganze Eichsfeld, sondern streiften selbst bis nach Thüringen. Tief war der Adel jener Zeit gesunken, und ein nicht kleiner Theil trieb offen und ohne Scheu ein wildes Stegreifleben; weder der wehrlose Wanderer, noch der Bauer in seiner elenden Hütte war seines eignen Leibes, und noch weniger seiner Habe sicher vor den rohen Händen der edlen Barbaresken. Solcher Erwerb wurde für nichts weniger als unehrlich gehalten, mochte auch oft den Genossen Galgen und Rad lohnen. Ja das Sprichwort ging im Munde des Volkes:

„Reiten und rauben ist keine Schande,
„Thun es die Besten doch in dem Lande."

Die Zahl der Edelleute, die aus edlem Gefühle für das Recht sich des Raubes enthielt, war nicht groß. Sagte doch selbst ein Ritter, der einen Straßenräuber zum Galgen führen sah: „Potz Element, dem geschieht „recht, immer weg mit den Schandfesseln! wollen sie, „die losen Halunken, sich solcher Dinge auf der Straße

„unterstehen, die doch nur allein uns vom Adel gebüh=
„ren." Viele Räubereien lassen sich zwar im Geiste jener
Zeit nicht als solche betrachten, Raub und Mord und
Brand konnten in einer redlichen Fehde geschehen; denn
diese bestanden meist nur in gegenseitiger Verwüstung der
Besitzungen.

Wohl schrecklich und furchtbar ist dieses Bild, aber
von ihm auf den Charakter des ganzen damaligen Volkes
schließen zu wollen, wäre nicht allein einseitig, sondern
auch ungerecht.

Zu dem Faustrechte, diesem Uebersprudeln physischer
Kraft, trat mildernd jenes zähmende Wesen der Galan=
terie, jenes feste Halten an Wort und Treue, jene ein=
fachen Formen des Rechtes, die keinem fremd waren,
und nun jenes volksthümliche Leben. Und treten wir
nun in die Städte und sehen die Pracht derselben, ihre
schönen stolzen Tempel, die Bewunderung aller Zeiten,
und dann die Freiheit des Bürgers und sein festes Hal=
ten an derselben, die rege Gewerbthätigkeit und den blü=
henden Handel, dann muß sich das Bild uns anders ge=
stalten. Wahrlich eine Zeit, welche die heitern, lieblichen
Lieder der Minnesänger hörte, konnte im Allgemeinen
nicht ganz so roh und schlimm seyn, wie uns die nur
meistens Fehden und Räubereien erzählenden Chroniken
schließen lassen. Wo sie gegen unsere Zeit zurücktritt, da
treten auch andere Seiten wieder hervor. — Doch darf
man, wenn man über das Mittelalter spricht, nie ver=
gessen, daß dieses einen Zeitraum von mehr als einem

Jahrtausend umfaßt und daß jedes Jahrhundert ein anderes Gemälde liefert.

Im Jahre 1342 findet man die von Hanstein zuerst als Räuber. Damals im Besitze des Schlosses Arnstein, unfern Witzenhausen, beschädigten sie von hieraus die Umgegend so sehr, daß sich der Erzbischof Heinrich von Mainz mit dem Landgrafen Heinrich II. zur Eroberung des Schlosses verband, nach welcher dasselbe dem Landgrafen zufallen sollte [14]). Ob dieses den Fürsten nicht gelang oder die Sache durch einen Vergleich beigelegt wurde, ist nicht bekannt; genug, sie finden sich noch im Jahre 1377 im Besitze jenes Schlosses, wie man weiter unten sehen wird.

In der Fehde Heinrich II. Landgrafen von Hessen mit dem Erzstifte Mainz im J. 1350 fochten die von Hanstein als treue Vasallen auf des letztern Seite und erklärten 1351, die gemachten Gefangenen dem Erzbischofe überlassen zu wollen, weshalb in einer spätern Urkunde sie der Verweser des Erzstifts schadlos zu halten versprach [15]).

Im Jahre 1347 hatte Johann von Hanstein vom Erzstifte das Schloß Salza zur Bewachung und Vertheidigung wegen der damaligen Fehde erhalten; jenes versprach die Knechte zu besolden und ihm selbst für jedes Vierteljahr zwanzig Mark löth. Silbers zu zahlen [16]).

Im Jahre 1360 hatte Heinrich von Hanstein mit seinen Söhnen den mainzischen Antheil der Sababurg (im Reinhardswalde) als Pfand inne; doch nur eine kurze Zeit, da sie bald nachher diese Pfandschaft wieder veräußerten [17]).

Im Jahre 1367 versprachen Heinrich Ritter und Burghard von Hanstein dem Landgrafen Hermann, des Hermann's von Hertingshausen Feinde zu werden [18]).

Um diese Zeit trieben sie wieder besonders stark ihr Raubhandwerk und hielten zu diesem Zwecke eine Rotte der verwegensten Räuber auf dem Hansteine. Selbst bis nach Thüringen erstreckten sich ihre Streifereien. Besonders hatten die freien Städte Mühlhausen, Erfurt und Nordhausen große und schwere Ursache zur Klage. Ihr blühender Handel, das dadurch stets rege Leben auf den zu ihnen führenden Straßen und die ab- und zugehenden Güter waren zu lockende Beute, als daß die kühnen Räuber sich durch das wohl oft stärkere Geleite hätten abschrecken lassen. Deshalb mußte auch ihnen, deren Handel dabei auf dem Spiele stand, am meisten an der Steuerung dieses Unwesens gelegen seyn. Mächtig wurde sich gerüstet und im Jahre 1364, oder nach andern 1369, zogen ihre Truppen unter der Anführung des kaiserlichen Vogts, des Grafen Heinrich von Hohnstein, gegen den Hanstein. Ehe sie die Belagerung begannen, sandten sie einige Abgeordnete an den Herzog Otto von Braunschweig, dessen bekannten kriegerischen und rauflustigen Charakter sie wegen seiner freundschaftlichen Verhältnisse, in denen er mit denen von Hanstein stand, fürchteten, und ließen ihn ersuchen, sie bei der Belagerung der Burg nicht zu stören, welches er auch versprach. Von dieser Seite vermeintlich gesichert, schritt man nun rasch mit der Belagerung vorwärts. Schon waren vierzehn Tage vorüber und man hoffte nahe am Ziele zu stehen, als Otto, nicht achtend seines Wortes, die Arglosen so unvermuthet überfiel, daß kaum an eine Gegenwehr zu denken war. Viele wurden erschlagen, doch die meisten zu Gefangenen gemacht, so daß sich alle Thürme und Gefängnisse damit füllten. Nur eine kleine Zahl hatte das Glück zu entrinnen.

Dieser Treubruch kostete dem Herzoge die Achtung aller Rechtlichen; denn auch der Fürstenmantel schützte ihn nicht gegen die öffentliche Meinung. Von nun an nannte man ihn nur den Quaden (malus), auch wohl den wüthenden Hund, und diese Beinamen gingen aus dem Munde des Volkes über in die Geschichte, in welcher besonders der erstere fortlebt [19]).

Als derselbe Herzog Otto im Jahre 1370 am 6. Februar, einem Sonntage, ein Turnier zu Göttingen veranstaltete, fand sich auch ein Rabe von Hanstein dabei ein [20]).

Jene Gefahr hatte die von Hanstein so wenig geschreckt, daß sie nach wie vor ihre Räubereien fortsetzten und jene Städte sich schon nach wenigen Jahren wieder von Neuem genöthigt sahen, sich untereinander und mit mehreren benachbarten Grafen zu verbinden. Von der Stadt Nordhausen geschah dieses am 23. Februar 1371 mit den Grafen Heinrich und Ernst von Gleichen, Heinrich von Stolberg, Heinrich von Hohnstein und Johann von Schwarzburg.

In den Fasten des Jahres 1371 war es, als sie

wieder gegen den Hanstein zogen. Wie aber solche Fehden selten ihren Zweck, nämlich die Züchtigung der Räuber selbst, erreichten und nur die umliegenden Dörfer die Unthaten ihrer Herren büßen mußten, so war es auch hier. Die Belagerer suchten das Dorf Rimbach, welches sich dicht an die Mauern der Burg lehnt, zu zerstören; doch alle ihre Anstrengungen blieben fruchtlos, weil dasselbe vom Schlosse zu sehr gedeckt wurde. Dafür aber mußten die im Thale, zum Theil am Fuße des Schloßbergs liegenden Dörfer desto mehr leiden; die meisten wurden ausgeplündert und dann niedergebrannt. Die Belagerung währte nur vier Tage; alle Versuche zu Ersteigung des Schlosses waren fehlgeschlagen und man hatte ja auch sein Rachegefühl abgekühlt, wovon die traurigsten Zeugnisse vor Augen lagen; man brach deshalb am fünften Tage wieder auf, um zur Heimath zu ziehen, — doch das Schicksal wollte es anders.

Herzog Otto der Quade, benachrichtigt von der Gefahr seiner Freunde, hatte schnell an der Leine seine Mannen aufgeboten und eilte zum Entsatze des Schlosses herbei. Als er ankam, waren zwar die Belagerer schon abgezogen, doch er folgte alsbald, verbunden mit den von Hanstein, ihrem Zuge. In einem langen und engen Thale erreichten sie denselben und griffen ihn an. Auf das Geschrei des Nachzugs, der sich unerwartet von Feinden umringt sah, machte das Heer Halt und theilte sich in zwei Haufen, um wahrscheinlich so die Angreifenden zwischen sich zu bekommen und dann zu erdrücken. Doch dieses brachte Unglück; kühn stürzten sich die Verfolger in die geöffnete Lücke und richteten in dem thüringischen Heere eine blutige Verwüstung an. Todte und Verwundete bedeckten den Wahlplatz und die Anzahl der Gefangenen war so groß, daß allein die Erfurter 12000 (1200?) Mark löth. Silbers, eine für jene Zeiten ungeheuere, beinahe zu bezweifelnde Summe, gleichwie die Stadt Nordhausen 800 Mark löth. Silbers, als Lösegeld zahlen mußten, worüber Herzog Otto am 12. August eine Urkunde ausstellte [21]).

Im Jahre 1371 am 18. October hielt Herzog Otto wieder ein Turnier zu Göttingen, auf dem auch zwei von Hanstein erschienen [22]).

Lange mag das Andenken an die Hülfe des Herzogs Otto bei den von Hanstein nicht geblieben seyn, denn schon im Jahre 1373 verschrieb sich Werner von Hanstein dem Landgrafen Heinrich II. von Hessen gegen denselben Herzog Otto, so lange die Fehde — nämlich der für Hessen so traurige Krieg des Sternerbundes — anhalte, helfen zu wollen; wogegen ihm der Landgraf Theil an der Beute, nach Verhältniß der Anzahl seiner gewaffneten Knechte und Schadloshaltung wegen etwaigen Verlustes oder Gefangenschaft, versprach [23]).

Auf den Fastnachtssonntag im Jahre 1376, der auf den 13. Februar fiel, veranstaltete Herzog Otto wieder ein großes Turnier zu Göttingen, auf dem neben einer großen Zahl von Rittern sich auch Lippold und Ditmar von Hanstein einfanden. Auch viele schaulustige Frauen und Jungfrauen erschienen, deren reiche Kleidung und kostbarer Aufzug sehr gerühmt wird; sie „waren"

erzählt die Nachricht, "sehr heftig schön gezieret, mit
"herrlichen Purpurkleidern und mit klingenden silbernen
"und güldenen Gürteln und Borten, die gingen alle schur,
"schur, schur und kling, kling, kling und waren ziemlich
"breit an den hintern oder feisten [24].''

Im Anfange des Jahres 1377 hatten sich Hein=
rich von Rüsteberg (v. Hanstein), Hermann von
Gladebach und Curt von Ascha verbunden und verlang=
ten von dem Abte von Helmarshausen, Hermann von
Hardenberg, eine bedeutende Summe Geld. Wahrschein=
lich konnte dieser seine Verpflichtung hierzu nicht einsehen
und um ihm diese zu beweisen und sich der gewünschten
Summe zu vergewissern, belauerten sie seine Schritte und
als er sich einst im Januar j. J. von seiner Abtei ent=
fernte, waren die Räuber schon bereit zu seinem Em=
pfange, überfielen ihn und führten ihn auf die Burg
Arnstein, wo sie ihn, mit Ketten gefesselt, in den Ker=
ker warfen. Des Abtes Freunde, der Ritter Widekind
von Falkenberg und Arnold von Portenhagen, nahmen
sich seiner alsbald an und vermittelten mit den Räubern
einen Vertrag, in welchem der Abt versprach, sechszig
Mark Silber als Lösegeld zu zahlen, eine Urfehde gegen
sie und ihre Angehörigen zu beschwören und über alles
dieses ihnen bis zum vierten Ostertage eine schriftliche
Urkunde zukommen zu lassen. Die beiden Vermittler ver=
bürgten sich hierfür und der Abt erhielt seine Freiheit
wieder. Noch vor jener Frist sandte er die versprochene
Urkunde ein, mit der Bestimmung, dreißig Mark auf
Pfingsten und dreißig auf Michaelis zu zahlen. Dieses

hatten die Ritter Johann Spiegel zum Desenberg und Widekind von Falkenberg und die Knappen Hans von Haldessen der alte, Berthold von Asseburg und Arnold von Portenhagen als Bürgen bekräftigt. Doch die kecken Wegelagerer hatten sich besonnen und die Lösesumme kam ihnen zu gering vor; sie verlangten nun eine größere und um wahrscheinlich ihren Zweck desto eher zu erreichen, beschuldigten sie den Abt nnd seine Bürgen des Meineides. Solche Unverschämtheit brachte diese jedoch nur auf und der Abt zeigte nun die ganze Sache dem Kaiser an und bat dringend um dessen Schutz. Kaiser Carl IV. war damals zu Tangermünde und erließ, nachdem er die Sache in einem Fürstenrathe besprochen, im November das Erkenntniß, daß die räuberischen Ritter gegen geistliche und weltliche Verbote gefrevelt und, da der Abt und seine Bürgen zu Erfüllung ihres Versprechens bereit gewesen, seyen sie jetzt zu nichts mehr verpflichtet. Endlich wurde den Rittern noch bei kaiserlicher Ungnade geboten, keine Forderung mehr wegen dieser Gefangenschaft zu machen oder wegen Nichterfüllung des Versprechens den Abt und seine Bürgen in übelen Ruf zu bringen [25]. So strafte sie ihre Ungenügsamkeit.

Während sich dieses ereignete, gerieth die Familie von Hanstein, namentlich Heinrich, Thilo, Lippold, Werner und Diemar, mit dem Landgrafen Hermann in eine ernsthafte Fehde, deren Ursache das, unfern des Hansteins liegende, Schloß Altenstein gewesen zu seyn scheint, dessen Besitz sie gewaltsam an sich gerissen hatten. Schon am 11. März (III. fer. post dom. Laetar.) 1377 verband sich der Landgraf mit dem Grafen Heinrich VI. von Waldeck zur gemeinschaftlichen Bekriegung der von Hanstein. Den Hauptangriff wollten sie auf die hansteinschen Besitzungen im Waldeckschen thun, welche insbesondere in den waldeckschen Pfandschaften, den Städten und Burgen Züschen, an der hessischen Grenze, und Rohden, an der Diemel, bestanden. Mit all' ihrer Macht und vollem Ernste wollten der Landgraf und der Graf nach der Eroberung dieser Orte streben und der erstere 20 Glevener nach Wolfhagen und der letztere 10 derselben nach Landau zu täglichem Kriege legen. Auf dem Zuge gegen die gedachten Orte sollte jeder für seinen Unterhalt ꝛc. sorgen und wenn die Belagerung aufhielte, sollten Vorbaue angelegt werden. Auch für den Fall, daß sie zur Gewinnung der Festen Bestechungen — der Vertrag nennt sie nur Geschenke — anwenden wollten, sollte dieses nur mit beider Willen geschehen. Die eroberten Orte wollten sie sich dann theilen. In wie weit dieser Plan ausgeführt worden, das ist nicht bekannt. Die Fehde zog sich in die Länge, und da auch die Grafen Heinrich von Hohnstein und Günther von Schwarzburg mit denen von Hanstein Feind wurden, so verbanden sich diese noch am 7. September (vigil. nativ. St. Mariae) bei einer Zusammenkunft im Dorfe Unterrieden mit dem Landgrafen, dem zu Folge sowohl dieser, als sie, die Grafen, zusammen, jeder 20 Glevener auf das dem Hansteine zunächst liegende hessische Schloß legen sollten. Doch noch vor Ende dieses Mondes kam eine Sühne zu Stande und am 1. October gaben die von Hanstein die streitige Burg Altenstein an Bernhard von Dalwigk und Hermann von Hohnstein so lange zu treuen Händen, bis Austräge, die ernannt werden sollten, über ihr Recht an derselben entschieden hätten; auch über den sich gegenseitig zugefügten Schaden durch Gefangenschaft, Brand 2c. sollten jene sprechen [26]. Die Entscheidung dieser Richter ist zwar nicht bekannt, aber da nach einiger Zeit der Landgraf wieder im Besitze des Altensteins erscheint, so läßt sich daraus schließen, daß diese für die von Hanstein nicht nach Wunsche erfolgt seyn mag.

Zwei Jahre nach diesem Zwiste, im Jahre 1379, machte sich Lippold von Hanstein gegen Landgraf Hermann verbindlich, gegen jeden, nur das Erzstift ausgenommen, zu dienen [27]. Auch findet man in demselben Jahre Hansteine im Falknerbunde [28].

Lippold und Thilo von Hanstein erkauften 1380 das Schloß der von Weberstätt bei Wiesenfeld [29]. Auch stiftete im Jahre 1390 die Familie ein Hospital für Arme und Kranke, indem sie ihren Hof vor dem Geismarthore zu Göttingen dazu hergab [30].

Werner von Hanstein wohnte 1400 dem räuberischen Ueberfalle und der Ermordung des Herzogs Friedrich von Braunschweig bei Kleinenglis bei [31].

Bis zu dieser Zeit hatte die hansteinsche Familie das Schloß Wildungen als Pfand inne, zu dessen Ablösung aber jetzt Graf Heinrich von Waldeck vom Erzstifte Mainz 2000 Goldgülden erhalten hatte [32].

In dem Kriege von 1403 zwischen den verbündeten Fürsten und dem Erzbischofe Johannes von Mainz we=

gen der Ermordung des Herzogs Friedrich, fochten die von Hanstein, ohnedem Theilnehmer jener That, auf mainzischer Seite. Schon als der Kaiser in Hersfeld an einer Sühne arbeitete und die Fehde so lange beruhen sollte, zeigten sie noch so wenige friedliche Gesinnungen, daß sie dessen ungeachtet immer noch gegen Braunschweig streiften und selbst zwei herzogliche Diener gefangen nahmen, so daß sich die Herzöge genöthigt sahen, über Werner und Johann von Hanstein förmliche Klage zu führen [33]).

Im Jahre 1408 befand sich Berthold von Hanstein in einem Bunde gegen den Landgrafen Friedrich von Thüringen, hatte aber das Schicksal, mit einem Grafen von Anhalt, einem Herrn von Bevern und einem von Buchenau, nebst 18 ihrer Reisigen, in dessen Gefangenschaft zu gerathen [34]).

Schon oft hatte das hessische Werrathal durch die unbändige Fehde- und Raublust der Hansteine gelitten. Dieses war auch um's Jahr 1414 wieder der Fall, und Landgraf Ludwig I. beschloß durch Aufführung einer Feste demselben gegen jene Schutz zu verleihen. So erbaute er dann dicht am Werraufer auf einem steilen Berge den Ludwigstein. Er sollte wohl weniger zur Verhinderung des Werraübergangs, als zur Beobachtung der Bewegungen auf dem Hansteine, dienen. Jeder Auszug mußte, da das Thor des Hansteins gerade nach dieser Seite blickte, den Wächtern des Ludwigsteins sichtbar werden, und schnell und leicht konnte man die Bewohner der umliegenden Gegend warnen. Sehr natürlich ist es deshalb, daß sie alles Mögliche aufboten, den Bau zu stören, welches ihnen aber nicht gelang[35]).

Als im Jahre 1419 Graf Heinrich von Schwarzburg mit dem Herzoge von Braunschweig-Grubenhagen in Fehde gerieth, verschrieb sich ihm, außer den von Hardenberg und Uslar, am 27. Januar d. J. auch Lippold von Hanstein. Er wollte jenem Grafen nicht allein mit seiner Person, sondern auch mit seinem Theil am Hanstein gegen alle, nur Mainz, seine Gauerben, die von Adelepsen und von Kerstlingerode ausgenommen, dienen; wogegen ihm dieser das Burglehn von 4 Mark löth. Silbers (à 6 rheinische Gulden), welches er seinen Eltern auf die Kammer in Sondershausen angewiesen, auf 6 Mark erhöhte[36]). Erst im folgenden Jahre am 21. Mai wurde die Fehde durch eine Sühne beendet, in welcher auch Lippold mit eingeschlossen wurde[37]).

Im Jahre 1422 verschreibt sich Burghard von Hanstein, obgleich er Domherr zu Fritzlar war, zu Hülfe und Beistand dem Protz edlen Herrn zu Querfurt in dessen Fehde gegen den Grafen Heinrich von Schwarzburg, welche 1423 durch eine auf Pfingsten den 30. Mai geschlossene Sühne beendet wurde[38]). Dieser Burghard starb um's Jahr 1435[39]).

Im Jahre 1422 findet sich der obengenannte Lippold von Hanstein mit dem Landgrafen Friedrich von Thüringen und dem Grafen Heinrich von Schwarzburg verbunden. Es hatten nämlich diese und Hans von Uslar auf dem neuen Hause zu Gleichen, Burghard, Ritter und Hermann von Hardenberg, Hans von Habichtsfort, so wie jener Lippold als gemeinschaftlichen Gefangenen den Grafen Heinrich von Pirmont zu Sondershausen in Gewahrsam sitzen, aus welchem sie ihn am 20. July entließen; jedoch mußte er durch einen Eid sich vorher verbindlich machen, sich auf Michaelis zu Sondershausen wieder in seiner Herberge einzustellen und darin so lange zu verweilen, bis er sich völlig mit ihnen ausgesöhnet und vertragen habe; dieses verzog sich aber bis in das Jahr 1435, in welchem er am 24. Februar die Urfehde ausstellte [40]).

Im Jahre 1422 brannte ein großer Theil Mühlhausens ab und außerordentlich war der Schaden, den die Stadt dadurch erlitt. Sehr willkommen war ein solches Unglück dem benachbarten Adel, der hierdurch seinen Feind geschwächt sah und unedel genug war, dieses zu benutzen, um ihn vollends zu demüthigen. Unter Curts von Adelepsen Anführung zog im folgenden Jahre ein bedeutender Haufen, unter welchem auch Hansteine waren, gegen jene Stadt. Aber die Bürger waren nicht unvorbereitet; verstärkt durch den Landgrafen Friedrich von Thüringen und den Grafen Heinrich von Schwarzburg zogen sie dem Haufen der Ritter entgegen und griffen ihn muthig im Merzthale zwischen Seebach und Weberstedt an; ein hitziges Gefecht entspann sich, hartnäckig wurde von beiden Seiten gekämpft, bis endlich der stolze Adel zu weichen begann und fliehend bis an das Eichholz bei Diedorf, zwei Stunden von Wanfried, getrieben wurde. Nicht wenige bedeckten todt oder verwundet die blutige Wahlstatt und viele der Angesehensten wurden gefangen; es waren dieses Curt von Adelepsen, Burghard von Pappenheim, Heinze von Clauenberg sammt seinem Sohne, Hermann von Ollershausen, Dietrich von Stockhausen, Heinrich von Gladebeck, Hermann von Uslar, Hermann Wolf, Johann von der Widen, Gütlich von June und endlich auch Ditmar, Lippold und Heinrich von Hanstein, ohne die Reisigen, deren Zahl gewiß größer war. Graf Friedrich von Beichlingen, der Marschall Albert von Harras und Henrich von Wißsingerode nahmen sich der Gefangenen an und unterhandelten mit den Bevollmächtigten der Sieger, dem Mühlhäuser Hauptmann Hermann von Heilingen und Georg von Hertingsburg, so wie zweien Bürgern von Erfurt, Günther Bock und Burghard am Berge, wegen einer Sühne, die am 15. December auch zu Stande kam. Nachdem Curt von Adelepsen dem Landgrafen 800 Gulden gezahlt und mit seinen Mitgefangenen eine Urfehde beschworen, nämlich weder für sich noch die Ihrigen die Gefangenschaft zu rächen, erhielten sie ihre Freiheit wieder. Auch Ditmar von Hanstein hatte diesen Eid für sich und seine Vettern und Genossen dem Rathe zu Mühlhausen geleistet [41]).

Solche Unfälle vermochten den wilden Geist des Ritters nicht einzuschüchtern, der, ohne mit einem seiner Nachbarn in Fehde zu liegen, nicht leben konnte. Dieser Fall tritt auch bei denen von Hanstein ein. Kaum einige Wochen nach jener Sühne überfielen sie im Helmthale drei wehrlose Mühlhäuser Bürger, Henrich, Jakob und Hermann Keßler, und nicht zufrieden, sie beraubt zu haben, führten sie dieselben auch noch als Gefangene mit fort. Da alle gütlichen Zurückforderungen fruchtlos blieben, so kündigte ihnen endlich der Stadtrath von Mühlhausen die Fehde an. Immer gerüstet und zum Kampf bereit, ließen sie nicht auf sich warten und erschienen schon am 23. Januar vor Mühlhausen; die Stadt, zu einem offenen Kampfe wahrscheinlich nicht vorbereitet, mußte ruhig zusehen, wie ihre Umgebungen verwüstet und die Dörfer ausgeplündert und zum Theil selbst niedergebrannt wurden. Dieses Schicksal traf insbesondere die Dörfer Dörna, Holnbach und Niederdorla. Bald darauf zogen auch die Mühlhäuser gegen den Hanstein, unternahmen jedoch nichts gegen denselben, sondern ließen nur den hansteinschen Dörfern ihre Rache empfinden, von denen Mackenrode und Hauterode gänzlich zerstört wurden [42]).

In der Fehde des Landgrafen Ludwig von Hessen gegen den Erzbischof Johann von Mainz standen die von Hanstein auf des letztern Seite. Man sieht dieses aus einer Urkunde vom Jahre 1428, in welcher die Verweser des Erzstifts versprachen, daß die Gefangenen, die die von Hanstein und die Bürger von Heiligenstadt und Duderstadt gemacht hätten, binnen kurzer Frist ihre Freiheit erhalten sollten. Geschähe dieses jedoch nicht, so wollten sie nach dem Anschlage der landgräflichen Beamten dieselben mit Geld lösen [43]).

In demselben Jahre hatten sie auch wieder Händel mit Mühlhausen; es war zu Ende Novembers, als Dittmar von Hanstein mit seinen Vettern in das Mühlhäuser Gebiet einfiel, die Dörfer Weida, Lengefeld und Windeberg plünderte und niederbrannte, und so mit Beute beladen wieder nach dem Hanstein zog. Am 24. December erschienen sie schon wieder; aber dieses Mal fanden sie die Bürger gerüstet und bald sich muthig von ihnen angegriffen; nach kurzem Gefechte, in welchem sie mehrere Knechte, theils als Gefangene, theils als Todte verloren, suchten die Hansteine in eiliger Flucht ihre Rettung [44]).

Heinrich und Berthold von Hanstein und einer Namens Racke kamen 1429 zu einer Fehde mit Landgrafen Friedrich von Thüringen und Grafen Heinrich von Schwarzburg; weshalb? ist nicht bekannt. Der Landgraf und Graf Heinrich warben zu derselben Hans von Uslar d. j., welcher auf seinem Schlosse Gleichen zwölf reisige Pferde und redliche Knechte gegen jene in seiner Kost halten und dafür jährlich, so lange die Fehde währe, 200 rheinische Gulden erhalten sollte, welche Summe ihm auch für's erste sogleich ausgezahlt wurde [45]). Mit diesem steht wohl auch eine Fehde der Städte Nordhausen, Mühlhausen, Erfurt, Eimbeck und Eschwege gegen die von Hanstein in Verbindung, denn in diesem Jahre veranstalteten diese Städte wieder einen Zug gegen den Hanstein, womit sie jedoch weiter nichts ausrichteten, als die Zerstörung des Dorfes Rimbach, von dem nur 4—6 Häuser stehen blieben.

Auch Lippold von Hanstein mochte 1430 in Zwistigkeiten mit obengenanntem Grafen gerathen seyn, denn zwei seiner Knechte, Hans Kempfen und Kunz, waren mit ihren Pferden in dessen Gefangenschaft gefallen. Auf eine von Lippold am 31. October ausgestellte Urfehde erhielten sie ihre Freiheit wieder [46]).

Im Jahre 1441 bekamen die von Hanstein von Neuem Streitigkeiten mit der Stadt Nordhausen. Am 22. August d. J. erschienen Heinrich und Curt von Hanstein, Ernst von Uslar d. j. und Dietrich v. Stockhausen mit 150 Gewaffneten vor Nordhausen, erschlugen einen Bürger und machten 16 zu Gefangenen. Als sie wieder abritten, führten sie auch mehrere Kühe, Schweine und Pferde als Beute mit fort. Am 12. September zeigte deshalb die Stadt dem Erzbischof Dietrich von Mainz an, daß Heinrich und Curt von Hanstein sie aus ihrer Väter Werner und Berlt Hause beraubt hätten und sie mit ihnen darüber in Fehde gekommen sey, weshalb sie gegen ihn, den Erzbischof, ihre Ehre verwahren wollte. Aus dieser Fehde ist weiter nichts bekannt, als daß die von Hanstein am 3. October wieder einen Zug gegen Nordhausen machten, in den Grimmel fielen und einen Bürger und ein Pferd von da mit fortführten [47]).

Von nun an trat einige Jahrzehnte, wie es scheint, Ruhe ein, oder was wahrscheinlicher ist, die Chronisten haben es unterlassen, ihr Treiben in dieser Zeit uns zu erzählen, weil dieses wohl nicht, so wie früher, ins Große ging. Auch mochten die mancherlei Kriege, wie gegen die Hussiten und später den Herzog Heinrich von Braunschweig-Grubenhagen, ihrer Kampflust Beschäftigung gegeben haben. Erst in den sechziger Jahren finden wir sie wieder, denn in dieser Zeit lebte Werner von Hanstein, der berüchtigtste Fehderitter seines Geschlechts.

Dieser Werner, der sich eines bedeutenden Ansehens bei Landgraf Ludwig II. von Hessen erfreute, kam um's Jahr 1460 mit Hans von Dörnberg, dem bekannten Günstling und Beherrscher des Landgrafen Heinrich III. zu Marburg, Ludwigs Bruder, in Fehde, beide suchten sich auf jede nur mögliche Weise Schaden zuzufügen. Werner zog mit 60 Mann vor Frankershausen unter dem Weißner, Dörnbergs Stammhaus, und beschoß es mit einer Steinbüchse. Auf der Rückkehr ritt er etwas entfernt von seinem Haufen und stieß auf einige Landgräfliche, die von diesem Zuge nichts wußten; diese griffen ihn an und Gilbert von Nordeck machte ihn im Namen des Landgrafen Ludwig zum Gefangenen („fing ihn an Landgraf Ludwigs Hand"). Nachdem er, wie sich der Chronist ausdrückt, „von diesen Schlägen wieder aufkam", er war also im Gefechte verwundet worden, forderte ihn Hans von Dörnberg auf, sich als seines Bruders Bernhard von Dörnberg Gefangener zu stellen. Dieser Bernhard war nämlich bei jenem Gefechte gegenwärtig und Hans benutzte dieses zu einem Versuche, ihn in seine Gewalt zu bekommen. Wurde in jener Zeit ein Ritter gefangen, welches sehr häufig der Fall war, so nahm ihm der Sieger, sobald er ihn unfähig zur weitern Gegenwehr gemacht hatte, das Gelübde des Gefängnisses ab, d. h. das Versprechen, sein Gefangener zu seyn und sich, sobald er aufgefordert werde, als solcher zu stellen; nachdem er dieses geleistet, gab ihn jener los, erst später stellte er sich wieder ein und mußte dann gewöhnlich seine Freiheit mit einer Summe Geldes lösen. Jener Aufforderung Hansens, der in Vollmacht seines kranken Bruders auftrat, widersprach jedoch Werner, da ihn nicht Bernhard, sondern Gilbert von Nordeck an seines Herrn Hand gefangen habe. Um diesen Streit zu schlichten, wurde ein Tag nach Homberg anberaumt, auf welchem die beiden fürstlichen Brüder Ludwig und Heinrich erschienen und Hans und Werner ihre Sache persönlich führten. Hans erbot sich, durch einen Zweikampf zu beweisen, daß Werner seines Bruders Gefangener sey, doch Werner schimpfte ihn einen Lügner und sagte, „er sey ihm nicht gut genug, um sich mit ihm, einem Bauern, zu schlagen, bot jedoch, wie es scheint, einen Faustkampf an, sprang über eine Bank zurück und sagte zu Hans: „bist du nun fromm von Art, so komm her." Landgraf Ludwig hätte beide gern aneinander gehetzt und ließ sich hören, Werners mächtig zu seyn; doch nun weigerte sich auch Hans zu schlagen, denn es sey ungeziemend, sagte er, sich mit des Landgrafen Gefangenen in einen Kampf einzulassen und setzte hinzu, „sein sey er ledig und frey und ungefangen", worauf Landgraf Ludwig erwiederte: „Herr Werner ist mein Gefangener von ohngefähr worden, ich begehre weder seines Leibes noch Gutes, sondern wann ich sähe, daß die Schlacht nicht ein Ausgang, sondern ein Fortgang hätte, alsdann soll Herr Werner frei seyn"; obgleich der Landgraf hiermit Wernern seine Freiheit gab, so hatte die Sache doch weiter keine Folgen, als nur den gegenseitigen Haß erhöht zu haben [48]).

Hans von Dörnberg suchte jede Gelegenheit zur Rache, und diese fand sich nach Landgrafen Ludwigs Tode, durch welchen Heinrich wieder ganz Hessen bekam und Hansens Macht dadurch ausgebreiteter wurde; denn der Landgraf liebte mehr die Jagd und andere ritterliche Vergnügungen, als die ernsten ruhigen Geschäfte der Regierung, die er ganz seinem gewandten Hofmeister überließ.

Der Kurfürst von Mainz ernannte 1466 den jungen Grafen Heinrich von Schwarzburg zum Oberamtmann des Eichsfelds. Geboren 1445 und dem geistlichen Stande gewidmet, schon frühe, 1458, in einen Orden aufgenommen, 1462 schon mit einer Pfarre bekleidet und sofort zu den höhern geistlichen Würden gelangend, war er dennoch nichts weniger als Pfaffe. Jung, ohne Erfahrung, trotzig, eigensinnig und ohne Ruhe eignete er sich auch nicht zu einem so wichtigen Posten, als der eines Oberamtmanns war, und wurde nur die Geißel des Eichsfelds. Im Anfange stand er in gutem Vernehmen mit denen von Hanstein. Schon am 20. Mai, also kurz nach seiner Bestellung, setzte er Wernern von Hanstein zum Amtmann des Schlosses Gleichenstein — bis zum nächsten 22. Februar. Werner sollte für die Beziehung der Hälfte aller Gefälle des Schlosses dieses getreulich bewahren und ihm, dem Grafen mit allen seinen Reisigen, Knechten und Pferden dienen, wobei dieser auch allen etwaigen Schaden zu ersetzen versprach [49]. Doch bald wurde dieses Vernehmen gestört und der Grund zu den spätern Fehden gelegt. Die erste Veranlassung hierzu war die übele Behandlung der Stadt Heiligenstadt, die mit denen von Hanstein in engen Bundesverhältnissen stand. Der Oberamtmann überfiel dieselbe 1466 bei nächtlicher Weile, führte den Bürgermeister und 50 der angesehensten Bürger als Gefangene mit fort und preßte ihnen für ihre Lösung bedeutende Summen ab. Aber noch höher sollte der Groll durch ein Weib gesteigert werden.

Auf dem Eichsfeld lebte ein blinder Ritter Hans von Hain, der das Unglück hatte, ein schönes Weib zu haben; sie war eine geborne von Wildungen. Durch ihre üppige Gestalt erregte sie die Lüsternheit des Oberamtmanns so sehr, daß dieser den Pfaffen vergaß und sie dem unglücklichen Gatten entführte. Auf dem Schlosse Rüsteberg glaubte er sie in sicherm Gewahrsam; aber der junge stolze Werner von Hanstein hatte auch schon seine Augen auf dieses Weib gerichtet und, wahrscheinlich schöner als der Oberamtmann, auch Eingang bei ihr gefunden, so daß sie auf jede mögliche Weise die Zusammenkünfte mit ihm zu fördern suchte. Ob der Oberamtmann weniger Glück hatte, weiß ich nicht; genug, als ihm Werner als Nebenbuhler bekannt wurde, spornte ihn Eifersucht zur Rache, die er vorerst in der Ablösung des Gleichensteins zu befriedigen suchte. Er hatte nämlich jenen ersten Vertrag dahin erneuert, daß er Wernern 1469 einen Theil desselben für 150 Gulden verpfändete [50]). Werner hatte hier große Vorräthe aufgehäuft und mußte das Schloß nun zur Unzeit und mit Schaden räumen. Dieses verfehlte seinen Zweck nicht; Werner fühlte sich tief gekränkt und griff rasch zu den Waffen, um seinen Rachegefühlen Luft zu machen. Doch ehe die Fehde zum wirklichen Ausbruche kam, trat die eichsfeldsche Ritterschaft, Moritz von Plesse und der Rath von Duderstadt als Vermittler zwischen die Parteien und brachte es auf einem Tage zu Rengelerode dahin, daß die Entscheidung des Streites ihnen übertragen wurde. Am 2. October 1472 kamen diese auch mit den Parteien, so wie auch des Oberamtmanns Vater, Grafen Heinrich d. ä., den man besonders dazu eingeladen, in Duderstadt zusammen. Aber alle Bemühungen, die Parteien zur Güte zu bewegen, scheiterten, besonders an Werners hartnäckigem Erbieten, seinem Gegner nur zu Recht stehen zu wollen. Zwar wurden noch mehrere andere Tagsatzungen gehalten, aber eben so fruchtlos, indem Werner sich zuletzt auf seine Herren und Freunde berief, deren Rathe und Meinungen er stets folgen werde [51]).

Kurz darauf, am 13. November, brannten dem Oberamtmann auf dem Schlosse Gleichenstein zwei mit Getreide gefüllte Scheunen nieder. Wie es schien, war dieses Feuer durch Anlegen entstanden und von vielen Seiten bezeichnete man Werner als den Brandstifter. Die Furcht, den Streit hierdurch noch ärger angefacht zu sehen, bewog die eichsfeldsche Ritterschaft und den Rath zu Duderstadt schnell wieder als Vermittler aufzutreten. Schon am folgenden Tage beratheten sie sich deshalb und sandten am 15. November den Ritter Thilo von Kerstlingerode und Friedrich von Linsingen, so wie den Bürgermeister von Duderstadt, Hermann Rothe, nach Heiligenstadt zum Oberamtmann und ließen durch dieselben ihre Vermittelung anbieten. Nachdem sie diesen Auftrag ausgerichtet, sagte ihnen dieser, „daß, obgleich sie sich schon viel bemüht, seinen Zwist mit Wernern auszugleichen, ihm dieses bis jetzt wenig gefruchtet hätte und wenn man auch den Anstifter jenes Brandes nicht gewiß bestimmen könne, so hoffe er ihn dennoch bald zu entdecken; aber dessen ungeachtet wolle er es geschehen lassen, wenn sie einen Vergleich, der ihm und seinen Freunden annehmbar wäre, zu Stande brächten. Sie begaben sich hierauf sogleich zu Werner von Hanstein, um auch diesen zu einem Vergleiche geneigt zu machen; doch ist es nicht bekannt, was sie bei diesem ausgerichtet. Bei beiden Theilen mochte der gegenseitige Haß zu groß seyn, als daß sie sich hätten ernstlich aussühnen können [52])

Der Oberamtmann verband sich nun auch mit Hans von Dörnberg. Ersterer bewog hierauf Thile von Westhausen, daß dieser eine Ursache zur Feindschaft vom Zaune brach und Wernern einen großen Theil seiner Heerden raubte. Werner setzte ihm zwar nach, aber, in die Nähe von Heiligenstadt gelangt, mußte er sehen, wie dem Räuber mit seiner Beute Gräben und Schläge geöffnet, vor ihm jedoch schnell wieder geschlossen wurden. Dieses geschah auf Veranstaltung des Stadtraths, um sich dem Oberamtmann gefällig zu bezeigen, und mußte Wernern um so mehr aufbringen, da die Bürger nicht allein sehr viele Lehne von seiner Familie besaßen, sondern ihm selbst auch mannigfach verpflichtet waren. Auch Werners Sohn, Kersten von Hanstein, hatte kurz vorher mit Heiligenstadt Streit gehabt, wie sein Fehdebrief vom 23. November 1472 an dieselbe zeigt.

Wahrscheinlich zu schwach, um Heiligenstadt sogleich strafen zu können, eilte Werner zu Herzog Wilhelm von Sachsen und vermochte diesen, ihm Hülfe zuzusagen; auch die Paderbörner schickten ihm 250 Reiter. Mit diesen und Hermann und George Riedesel, die auch schon seit mehreren Jahren mit dem Oberamtmann in Fehde lagen, rannte er 1473 eines Morgens vor Heiligenstadt und trieb alle Heerden, Rindvieh allein an 1100 Stück, Pferde, Esel, Ziegen, Schweine, ja selbst die Gänse nach dem Hanstein. Werner hatte auch mit seinen Ganerben, Curt von Hanstein und dessen Söhnen Streit, und diese verweigerten ihm nun den Einlaß in das Schloß, den er sich aber zu erzwingen wußte.

Dieser Viehraub setzte das ganze Eichsfeld in Bewegung. Hans von Dörnberg, den die Geschäfte der Regierung, besonders der damalige kölnische Krieg, zu viel beschäftigten, konnte zwar keinen thätlichen Antheil an der Fehde nehmen, aber er suchte durch ein Gebot an die hessischen Werrastädte, Wernern keine Lebensmittel zu verkaufen, diesen dennoch zu drängen. Der Oberamtmann bot Alles auf, besonders mußten sich Heiligenstadt und Duderstadt rüsten und mit ihm gegen den Hanstein ziehen. Mit zwei Kanonen und einigen Steinbüchsen beschoß er das Schloß, doch die Kugeln durchlöcherten nur die Dächer; um aber auch dieses zu verhindern, ließ Werner 12 bis 14 Gefangene, die er vor Heiligenstadt gemacht hatte, auf jene binden; die List gelang, wollten die Belagerer nicht ihre eigenen Leute tödten, so mußten sie mit dem Schießen aufhören. Beschämt und voll Aerger, ihren Zweck vereitelt zu sehen, ließen sie nun ihre rohe Wuth an den hansteinschen Dörfern aus.

Hansens von Dörnberg Verbot wurde so wenig beachtet, daß er sich 1476 selbst an den Kaiser wandte und bei diesem auswirkte, daß den Bewohnern an der Werra, insbesondere den Städten Allendorf und Witzenhausen, verboten wurde, irgend etwas an Werner zu verkaufen. Aber auch dieses wurde nicht befolgt. Werner war nicht allein zu sehr gefürchtet, sondern auch beliebt; was er raubte, das theilte er wieder mit freigebigen Händen, und heimlich und öffentlich wurde er versorgt. Fehlte es ihm, so hatte er Nachbarn genug, die er berauben konnte, mochte es seyn, wer es wollte, das galt ihm gleich; er beraubte nicht allein die Städte Goslar, Eimbeck, Nordheim, sondern auch das hohnsteinsche, stolbergsche und braunschweigsche Gebiet. Gleich dem Adler flog er aus und mit Beute belastet kehrte er heim, die er dann verschwenderisch mit seinen Getreuen theilte [53].

Nach vieler Bemühung scheint endlich Graf Heinrich von Hohnstein eine Sühne zu Stande gebracht zu haben. Doch im Jahre 1476 begann die Fehde schon wieder und mit erneuertem Hasse. Am 13. September fielen Graf Hans von Hohnstein zu Klettenburg, Graf Siegmund von Gleichen, Siefart von Bilzingsleben d. j. und die von Nordhausen nebst einer Anzahl Reiter des Oberamtmanns in die Wernern zustehenden Dörfer Hebenshausen und Berge, unfern Witzenhausen, plünderten dieselben und trieben alle Kühe, Schweine und mehrere Pferde mit fort. Werner wendete sich alsbald an des Oberamtmanns Vater, Grafen Heinrich d. ä., und klagte über das Betragen jener Räuber, „die ohne Fehdebrief ihn überfallen und an „seinen armen Leuten die höchste Gewalt geübt hätten; um „keinen seiner Beschädiger habe er je ein solches verschul- „det oder verdient, ja er habe wohl früher für Graf Hans „von Hohnstein Leib und Gut dargestreckt, und Graf Steg- „mund sey gar sein Schuldner, so daß er von diesem gar „nichts befürchtet. Er habe nach jener That sich zwar an „sie gewandt, und um die Rückgabe des Geraubten gebe- „ten, indem er sich der Gebür nach zu Gleich und Recht „erboten, aber es sey vergeblich gewesen und er bitte des- „halb inständigst, daß ihm der Graf doch zu seinem Rechte „behülflich seyn möge." Was aber hierauf folgte, ist nicht bekannt [54].

Im Jahre 1477 diente Werner mit 28 Pferden dem Bischofe von Hildesheim gegen den Herzog Friedrich von Braunschweig und gerieth in diesem Jahre nicht allein mit dem Oberamtmann wieder in Fehde, sondern auch in eine neue Fehde mit dem Bischof von Paderborn. Es war im Anfange Octobers als er, verbunden mit Hans v. Stock- hausen und Burghard v. Pappenheim, in dessen Gebiet ein- fiel und vor Warburg, Borchentreich, Borchholz und Brackel alles raubte und zerstörte. Von diesem Zuge brachte er an 12000 Stück Vieh, 50 Pferde und 10 Ge- fangene zurück.

Graf Stegmund von Gleichen zerfiel um dieselbe Zeit mit dem Herzoge Wilhelm von Sachsen, der nun dessen Feinde von allen Seiten anhetzte und unterstützte. Er- wünscht war Wernern diese Gelegenheit, um sich wegen der Plünderung seiner Dörfer rächen zu können. Bald zog Werner mit seinen Genossen Wilhelm und Hans von Bischofshausen nach den Bergen Thüringens. Nachdem sie Eisleben beunruhigt, legten sie am Hörselberge, bei Eisenach, einen Hinterhalt; doch noch ehe derselbe hervorbrechen konnte, kam es bei Mechterstädt, zwischen Eisenach und Gotha, zum Gefechte, in dem von beiden Seiten mehrere Pferde getödtet und verwundet wurden.

Die Fehde zwischen Werner von Hanstein und dem Oberamtmann wurde durch eine Sühne, die der Erzbischof Diether von Mainz vermittelt, beendet oder vielmehr nur auf kurze Zeit unterdrückt, denn jene war eben so wenig, wie die frühern, von Dauer. Der Erzbischof schrieb deshalb unterm 13. November 1477 an des Oberamtmanns Vater, Grafen Heinrich d. ä. von Schwarzburg, um dessen Hülfe bei einem neuen Vergleiche in Anspruch zu nehmen. Einen Auszug dieses Schreibens will ich hier mittheilen: „Sein Sohn, der Oberamtmann, sei aber„mals mit den von Hanstein in Fehde gerathen und täglich „beschädigten sie sich durch Rauben und Brennen, so daß „auch das Hochstift darunter sehr leiden müsse. Die von „Hanstein hätten ihn schon früher in ihren Schriften ver„ständigt, daß, da der Oberamtmann die geschlossenen Ver„träge nicht erfülle, sie andere Wege und Mittel einschlagen „müßten; er habe diesen deshalb zur Rechenschaft gezogen „und darauf die Antwort erhalten, daß der Siegfried von „Bilzingsleben 100 Mark Pfennige zum Verbauen auf dem „Bischofssteine von dem vorigen Erzbischofe verschrieben „erhalten,"— da hier der Erzbischof in der Antwort des

Oberamtmanns abbricht, so bleibt der Sinn dunkel; er geht nun auf jene Verschreibung über und sagt: „daß diese ihm „unbekannt geblieben und auch in den Verhören zwischen „dem Oberamtmann und den von Hanstein verschwiegen „worden sey, es habe aber dennoch ersterer die letztern durch „Friedrich von Linsingen entbieten lassen, dem Abschiede „nachzukommen, welches, daß es hätte geschehen sollen, ihm, „dem Erzbischofe wohl billig scheine, damit seine und seines „Stiftes arme Leute nicht so erbärmlich gedrückt worden „wären; denn hätte Siegfried eine Verschreibung von „seinen Vorfahren, so hätte er an deren Fortbestehen nichts „fehlen lassen wollen, um nur das Land nicht so verwüstet „zu sehen. Es wäre nun seine Bitte an Graf Heinrich, „daß er es durch sein Ansehen dahin zu bringen suchen „möge, daß dem Vertrage (Recesse) nachgekommen und „von dem Tage dieses Schreibens bis nächste Fastnacht „ein Friede zwischen den Parteien errichtet würde."

Diesem, in ihn gesetzten Vertrauen suchte auch Graf Heinrich möglichst zu entsprechen; er ließ sich vorerst vom Erzbischofe aus der Ritterschaft und den Städten des Eichs= felds noch einige Abgeordnete beigeben, namentlich Heinrich von Hagen und Hermann Rothe, Bürgermeister zu Du= derstadt, und lud hierauf die Parteien zu einem Tage auf den 11. December nach Duderstadt. Alle Bemühungen scheiterten aber wieder an der Hartnäckigkeit der Parteien, von denen keine der andern sich nähern wollte, und beide sich auf die Entscheidung des Erzbischofs beriefen; dieses berichteten dann auch die Vermittler nach Mainz, mit der dringenden Bitte, daß der Erzbischof die Parteien vor sich laden und ihre gegenseitigen Beschwerden ausgleichen möchte, damit das Land endlich einmal wieder Ruhe bekäme. Doch auch dessen Entscheidung wurde erst bis auf Ostern des künftigen Jahres und dann nochmals, „weil man nichts in der Sache hätte vornehmen können," bis auf den 13. Juli (Margarethentag) verschoben; während dieser Zeit sollten alle Feindseligkeiten ruhen und Friede seyn. Dieses Gebot wurde jedoch von den von Hanstein nicht beachtet und das Rauben und Brennen begann von neuem. Hans, Werner's Bruder, verwüstete alles, was dieser noch übrig gelassen hatte. Nicht ferne vom Hanstein, zwischen Gleichenstein und Martinsfeld, kam es mit Asmus von Keudel, einem Verbündeten des Oberamtmanns, zum Gefechte; obgleich Keudel um den vierten Theil stärker war, so wurde er dennoch geschlagen und selbst von Hans von Schienstädt gefangen genommen; vier Knechte theilten mit ihm dieses Loos und auch fünf Pferde fielen den von Hanstein zur Beute, die nur einen Knecht, der gefangen wurde, verloren. Der Oberamtmann beschwerte sich über diesen Friedensbruch zu Mainz und unterm 30. Mai wurde es den von Hanstein ernstlich verwiesen und die Ritterschaft des Eichsfelds, so wie die Städte Duderstadt und Heiligenstadt ermahnet, den Frieden bis zur bestimmten Zeit zu halten und nachzukommen [56]). Wann und wie die Entscheidung des Erzbischofs endlich erfolgte, ist mir nicht bekannt; aber mochte sie auch seyn, wie sie wollte, nur ein gänzlicher Wechsel der bisherigen Verhältnisse vermochte die Fehde zu enden, und dieses geschah durch die Entfernung Werner's von Hanstein und die Absetzung des Oberamtmanns.

Der Ruf von Werner's Thaten war bis zu den Ufern der Ostsee gedrungen und das reiche Lübeck berief ihn zu seinem Hauptmann. Nach manchem glücklich ausgeführten gefährlichen Unternehmen, nachdem er sich Güter und die Gunst seiner Obern erworben, starb er zu Lübeck und wurde daselbst beerdigt. Jene Berufung geschah noch vor Beendigung der Fehde, die nun sein Bruder Hans fortführte [57]). Dieser Hans v. Hanstein focht 1460 in der Schlacht von Pferdesheim, in welcher Friedrich von der Pfalz verbunden mit dem Landgrafen von Hessen über den Erzbischof Diether von Mainz siegte, auf des letztern Seite; er stieß hier auf seinen persönlichen Feind Hans von Dörnberg und warf ihn im Kampfe zu Boden, doch da er, auf ihm liegend, ihm das Gelübde des Gefängnisses abnehmen wollte, kam ein Sachse von hinten und verwundete Hansen so sehr durch einen Stich in's Bein, daß er auf immer lahm blieb [58]). Aber dennoch war er rüstig zum Kampfe und focht in der hessischen Bruderfehde auf Landgrafen Ludwigs Seite; als 1468 Hans von Dörnberg einige Freibeuter ins Nassauische schickte, überfiel sie Hans von Hanstein mit mehreren landgräflichen Vasallen bei der Plünderung des Dorfes Ismerode und machte Hans von Grünberg, Helwig von Lüdershausen und Macharius von Reifenberg zu Gefangenen [59]).

Häufiger und täglich beschwerender waren die Klagen über des Oberamtmanns Bedrückungen und die Heiligenstädter seiner so überdrüßig geworden, daß sie frei geäußert, nicht länger beim Erzstifte bleiben zu können, wenn der Graf seine Stelle noch ferner behielte. Leider hatte er dieses erfahren. Es war um Martini, als er mit einigen hundert Mann die Stadt deshalb überfallen und auf eine abscheuliche Weise behandelt hatte; er hatte nicht allein die Bürger, ihm zu huldigen, gezwungen, sondern auch ihre Häuser geplündert und beraubt und an 500 (?) der wohlhabendsten als Gefangene nach Rüsteberg geführt, wo sie sich ihm mit bedeutenden Summen hatten lösen müssen; auch waren viele Bewohner bei diesem Ueberfalle verwundet und erschlagen worden. Das ganze Land hatte sich diesesmal der unglücklichen Stadt angenommen, so daß endlich, nachdem jedoch erst Adel und Städte gedroht, sich unter eines andern Fürsten Schutz zu begeben, Graf Heinrich seiner Stelle entsetzt worden war.

Im Jahre 1509 befehdete Caspar von Hanstein Rudolph von Bilzingsleben d. j. und beraubte nicht allein seine Güter, sondern überfiel auch die Stadt Worbis. Rudolph beschwerte sich deshalb bei Graf Heinrich von Schwarzburg und bat um dessen Hülfe. Da ohnedem Caspar auch diesen beraubet und sogar durch Droh- und Schimpfworte beleidigt hatte, so war derselbe sogleich bereit, und bald brachten seine Reuter Caspar'n gefangen nach Sondershausen, wo er eingekerkert wurde. Kaum hatten seine Verwandten (Oheime und Schwäger) und Freunde sein Mißgeschick erfahren, als sie sich seiner auch schon ernstlich annahmen. Giso, Otto und Hermann Hund, Friedrich und Lips von Hertingshausen, Henne von Grifte, Apel, Wilhelm Rabe und Melchior von Reckrod und Dietrich und Melchior Wiedold schrieben gemeinschaftlich an den Grafen Heinrich und baten, Casparn seiner Haft zu entlassen, indem, so er, der Graf, Ansprüche an ihn habe, er ihm zu Gleich und Recht stehen solle, wozu sie seiner mächtig wären; damit sie nicht seine Freiheit auf andern Wegen und durch andere Mittel suchen müßten; denn ihn im Stiche zu lassen, erlaube ihre Ehre nicht. Caspar erhielt hierauf auch seine Freiheit, doch erst nach einem Gelübde sich wieder einzustellen. Um ihn auch von diesem zu befreien, wandten sich jene nochmals an Graf Heinrich und nahmen selbst des Erzbischofs von Mainz Vermittelung in Anspruch. Dieser sandte dann auch seinen Marschall Frowin von Hutten und Rudolph von Schwalbach, Amtmann zu Steinheim, nach Sondershausen; nach mehreren Verhandlungen kam endlich ein Vergleich zu Stande, nach welchem der Graf zur Ehre und zu Gefallen des Erzbischofs, Caspar'n seines Gelübdes auf eine alte Urfehde entließ und die Parteien ihre etwaigen gegenseitigen Ansprüche durch vier von jeder Seite zur Hälfte gewählte Schiedsrichter und einen Obmann, Grafen Bertho von Stolberg, ausgleichen sollten [60].

Als im Jahre 1519 eine verwüstende Fehde zwischen dem Herzoge von Braunschweig und dem Bischofe von Hildesheim ausbrach, streifte auch Thilo von Hanstein gegen den letztern und zog ungestört mit seiner Beute durch Göttingen [61].

Die von Hanstein gaben auch im sechzehnten Jahrhundert einen Abt zu Hersfeld. Es war dieses Ludwig von Hanstein. Schon im Jahre 1488 findet er sich als Dechant zu Hersfeld [62], wurde später Abt zu Helmarshausen und am 15. September 1515 zum Abte von Hersfeld gewählt, in einer besonders kritischen Zeit, in welcher der Abt Hartmann von Fulda alles aufbot, die Abtei Hersfeld an sich zu reissen. Durch Ludwig's Wahl sah er alle seine Bemühungen und Hoffnungen scheitern, und faßte nun gegen denselben einen so tödtlichen Haß, daß er selbst den Meuchelmord nicht scheute. Als Abt Ludwig am 29. September 1515, einem Sonnabend, an welchem Tage schon ein heftiges Schneegestöber war, nach Helmershausen reiten wollte, ließ ihm der Abt von Fulda durch den fuldischen Hauptmann Daniel von Fischborn mit beinahe 40 Reutern an vier bis fünf Orten auflauern, um ihn entweder todt oder lebendig zu erhalten. Bei Friedlos (Frietofs) wurde er überfallen; nach kurzer Gegenwehr waren seine Begleiter Ernst Diede zum Fürstenstein und Heinrich und Caspar der Reiche von Boineburg übermannt und gefangen genommen, und er selbst vermochte nur mit genauer Noth auf den Kirchhof zu flüchten, der, wahrscheinlich nach damaliger Sitte befestigt, ihm einigen Schutz gewähren mochte; doch schon so gut als gefangen, mußte er die Schmähungen seiner Verfolger anhören. Er rief den heil. Michael, die heil. Jungfrau und alle Heiligen zu seiner Hülfe auf, doch würden ihn diese schwerlich der Gefangenschaft entzogen haben, hätten ihm nicht die Bürger Hersfelds, von der bedrängten Lage ihres Abtes benachrichtigt, durch ihr schnelles Herbeieilen Hülfe gebracht und den Feind vertrieben. Hart verfolgte diesen Abt das Schicksal; als er zu Helmarshausen anlangte, verstieß ihn der dortige Convent, weil er die Regierung eines andern Klosters übernommen hatte. Er begab sich hierauf nach Cassel, wo er schon im July 1516 starb [63]).

Im Jahre 1523 war Christian von Hanstein hessischer Hauptmann gegen Franz von Sickingen und später Statthalter zu Cassel.

Curt von Hanstein spielte in der Mitte des sechzehnten Jahrhunderts, besonders in dem schmalkaldischen Kriege, eine wichtige Rolle. Er stand zuerst in hessischen Diensten und focht in denselben als Feldmarschall in dem Kriege der schmalkaldischen Bundesgenossen gegen den Herzog Heinrich von Braunschweig. Doch später trat er als General in kaiserliche Dienste. 1552 im schmalkaldischen Kriege besetzte er mit 1000 Reutern und 17 Fähnlein Knechte (nach Dilich mit 20 Fähnlein Knechte und 300 Reisigen) Frankfurt a. M. und machte von hier aus verwüstende Züge in die Wetterau. Indessen zogen sich die Verbündeten vom Bodensee wieder zum Maine herab. Hanstein suchte den Markgrafen von Brandenburg, welcher Aschaffenburg verwüstete, bei Oldenburg (?) zu überfallen. Anfänglich glückte ihm dieses, er warf den Feind zurück und erbeutete mehrere Kanonen; doch nach dem ersten Schrecken sammelte sich der Markgraf wieder, schlug die hansteinschen Truppen zurück, nahm ihnen beinahe ihr ganzes Geschütze und 300 ledige Pferde, deren Reuter sich in den nahen Weinbergen versteckt hatten. Den 17. July kamen die Verbündeten vor Frankfurt an und die hansteinischen Truppen wurden bis unter die Stadtthore gedrängt. Die Belagerung, welche 14 Tage währte und in welcher der Herzog Georg von Mecklenburg blieb, wurde durch den Frieden aufgehoben [64].

Im Jahre 1559 zeigten die von Hanstein ein Be-

tragen, welches ein Jahrhundert vorher nicht so sehr auf=
gefallen wäre. Sie überfielen in den ersten Tagen des
July (8 Tage nach Johannis) mit etwa 50 Bewaffneten
das berlepsch'sche Dorf Wideroldshausen, plünderten dasselbe,
nahmen die meisten reifen Früchte mit und vernichteten
den Rest, den sie nicht mit fortbringen konnten. Wegen dieses
Raubes klagte Appel von Berlepsch gegen Ditmar Lip=
pold, Jost Martin, Otto und Heinrich von
Hanstein beim Reichs=Cammergericht zu Speier, worauf
am 2. Juny 1561 ein Urtheil erfolgte. Doch dieses gebot
nicht etwa, wie es wohl billig gewesen, eine Entschädigung,
nein! es bedrohte die Wiederholung eines solchen Ver=
fahrens mit der — Acht [65]).

Johann Reinhard von Hanstein starb 1719
als kaiserlicher General=Wachtmeister und Commandant
von Freiburg im Breisgau.

Rudolph von Hanstein, geboren 1661, wurde
1711 hessischer General=Major der Cavallerie. Er focht
fast in allen Kriegen seiner Zeit in Deutschland, Holland
und Italien, unter andern 1703 in der unglücklichen
Schlacht am Speierbach, 1704 bei Hochstädt, 1706 bei
Castiglione und 1707 in der blutigen Belagerung von
Toulon. Er starb im Jahre 1720.

Dietrich von Hanstein nahm 1690 als Oberst
eines hessischen Regiments den Abschied und trat 1700
als General=Major wieder in Dienste.

Auch in neuerer Zeit gab die Familie ausgezeichnete
Männer; so focht Carl von Hanstein als hessischer
General=Major in dem Revolutionskriege von 1792, führte

die dritte Colonne bei der Erstürmung Frankfurts, befehligte 1793 die dritte Division in den Niederlanden und starb 1804 als Generallieutenant und Gouverneur von Cassel.

Noch mehrere würdige Männer dieser zahlreichen Familie ließen sich nennen, doch die genannten mögen genügen.

Bedeutend sind ihre Besitzungen, nicht allein ausgedehnt um ihre alte Stammburg, sondern auch durch Hessen, Braunschweig, Hannover, Preußen, Sachsen u. a. zerstreut.

Das Wappen hat im silbernen Felde drei (2. 1.), mit den äußeren Bogen gegen einander gekehrte, schwarze Halbmonde und als Helmzier eine, oben mit sieben Reiherfedern und zu den Seiten mit zwei Halbmonden gezierte Säule [66]).

Ich habe nun noch einiges über die Burg selbst zu sagen. Die einzelnen Theile derselben mögen zu verschiedenen Zeiten entstanden und erneuert seyn, wofür nicht allein die verschiedene Bauart, sondern auch mehrere Inschriften, die man noch an den Trümmern findet, zeugen. So liest man unter andern an der obern Ecke eines der äußern Werke die Worte: „Anno Domini MCCCCXIII ist Ort gebaut." Eine eigentliche Zerstörung erlitt die Burg nicht, sie wurde vielmehr wegen Baufälligkeit und dem durch die steigende Macht der Fürsten und der Landesgerichte, so wie die zunehmende Cultur, verschwindenden Zwecke ihrer Gründung, von ihren Besitzern verlassen. Diese Zeit fällt in das sechzehnte Jahrhundert, denn zu Anfange des siebenzehnten war sie schon im Verfalle.

Noch trotzen ihre Felsenwände, ihre kühn emporstrebenden Thürme, stolz der Vernichtung; doch sicher, wenn auch langsam, wird dieselbe über sie hereinbrechen und jeder durch des Wetters Gewalt oder eine muthwillige Menschenhand herabgestürzte Stein, führt diesen Zeitpunkt schneller heran.

Anmerkungen.

1) Falke Trad. Corb. p. 747. Für diese Annahme spricht die Schreibart des Hanſteins zum J. 1358 in Bothonis Chron. Brunsv. Pictuar. ap. Leibnit. T. III. p. 384, nämlich Haustidde.
2) L. de Schaffenbg. ad a. 1070.
3) Gudenus C. dip. I. p. 171 et III. p. 1069. Dipl. und gründl. Geſch. von dem kaiſerl. unmittelb. Reichsſtift ſ. d. Petersberge vor u. in Goslar. Beilage X. Struben's Nebenſtunden IV. S. 544. Orig. Guelf. I. III. p. 465. Ungedr. Urk.
4) Gudenus Cod. dipl. I. p. 417. Lünigs Reichsarchiv Part. Spec. Cont. IV. 4. Abſchn. p. 251. Mader. Antiquit. Brunsv. p. 239 et 242. Rehtmeiers Braunſchw. Chr. S. 421 u. 422 ꝛc. Leukfeld Antiq. Blankenbg. p. 2. Orig. Guelf. III. p. 627.
5) Wenk II. U. Nr. 201. S. 214.
6) Gudenus I. p. 892. Wolfs Geſch. der v. Hardenberg I. U. Nr. 25. S. 27. Würdtwein dipl. Mog. I. p. 109.
7) Wolfs Geſch. des Eichsfelds I. S. 127 u. 128.
8) Daſ. I. S. 125.
9) Daſ. U. I. Nr. 24. S. 22. Dieſer Heidenreich nennt ſich ſchon 1236 von Hanenſtein. Ungedr. Urk.

10) Gudenus III. No. 158.
11) Wolfs diplom. Geschichte des Stifts Nörten Ukbch. Nr. 22. S. 25—28.
12) Würdtw. dipl. Mog. II. p. 575.
13) S. d. vorläufigen Friedensschluß v. 8. Nov. 1328 b. Wenk II. u. S. 311.
14) Würdtw. d. M. V. p. 244.
15) Schunks Beiträge z. mainz. Gesch. II. S. 490.
16) Würdtw. Subsid. dipl. Mog. No. 69. p. 237.
17) Wenk II. S. 951. Anmerk. x.
18) Estor. Orig. jur. publ. Has. p. 274.
19) Spangenbergs sächs. Chron. S. 495 u. 496. — S. Anm. 21.
20) 3t. u. Gesch. Beschr. d. St. Göttingen I. p. 26.
21) Beide Belagerungen werden von den Chronisten verwechselt, nur allein Spangenberg in seiner sächs. Chr. erzählt beide, die letztere insbesondere S. 499. Eine handschr. thüring. Chron., der ich im Einzelnen besonders gefolgt bin, hat nur den letzten Zug 1371 — desgleichen Becherers thür. Chr. S. 361, die aber das Jahr 1375 angibt — Bangerts th. Chron. S. 144. und das Chronicon Thuring. ap. Schoetgen et Kreysig. Dipl. et Script. I. p. 103. Nivanders th. Chr. S. 423 erzählt gleichfalls nur einen Zug, aber zum Jahre 1364, gleichwie Falkensteins Erfurt. und Rehtmeiers Braunschw. Chron. S. 602, nach welcher Otto die Gefangenen nach Göttingen, Friedland, Münden und Brockenburg führte. Auch die Fasti limburgenses p. 53. erzählen nur den letztern Zug und zum Jahr 1370. Die erwähnten Verträge stehen in den histor. Nachr. v. d. fr. St. Nordhausen S. 470. Eine Zusammenstellung dieser Nachrichten ergibt zwei verschiedene Züge gegen den Hanstein, denn beide lassen sich genau unterscheiden.
22) 3t. u. Gesch. Beschr. d. St. Göttingen I. p. 26.

23) Estor. Orig. p. 275.
24) Zeit= u. Gesch. Beschr. d. St. Göttingen S. 27. Der Fastnachtsonntag, oder wie er in der angeführten Nachricht genannt wird, "Dominica esto mihi," war im Mittelalter ein Tag der Freude, aber auch, gleich den römischen Saturnalien, der Schwelgerei und der empörendsten Ausschweifungen, deren man sich von heute an bis zur eigentlichen Fastnacht überließ. Besonders zeichneten sich während dieser Zeit, in der man auch vermummt herumschwärmte, die Priester aus, die sich alles erlaubten und ihre nur dem Dunkel ihrer Klöster bekannten Laster öffentlich auf die erniedrigendste Weise zur Schau trugen. Sie wurden zu Priestern der Venus und des Bacchus, denen sie ohne Scheu in ihren Tempeln dienten. Ja die Chronisten erzählen uns Beispiele, daß diese heiligen Männer sich um besonders schöne Freudenmädchen auf öffentlicher Straße geschlagen und in ihrer viehischen Wollust selbst nicht die Unschuld des Kindes schonten.

An jenem Tage wurden auch in den größern Städten Turniere gehalten, weshalb man ihn auch zuweilen unter dem Namen des Rennsonntags findet. Schon am vorhergehenden Donnerstage hielt man Probe zu dem nächstsonntäglichen Stechen. (Haltaus Jahrzeitbuch der Deutschen des Mittelalters S. 196 ꝛc.). Die Pracht und der Aufwand bei diesen Spielen war außerordentlich; noch 1479 auf dem 28. Turniere zu Würzburg, auf dem man eine neue Turnierordnung errichtete, sah man sich auch zur Beschränkung des Luxus genöthigt; so heißt es darin unter Anderm: "Die Frauen sollen nicht mehr als vier Röcke, worunter zwei von Sammet, zum Schmucke tragen."

25) Wigands westphäl. Archiv 3. B. 3. H. S. 196 u. 201.
26) Ungedruckte Urk. u. Wenk II. u. S. 454.

27) Daſ. II. u. S. 456.
28) Gerſtenberger b. Schmincke u. Lauze's handſchr. Chron.
29) Wolfs Geſch. des Eichsfelds I. S. 53.
30) Zt. u. Geſch. Beſchr. d. St. Göttingen II. S. 179.

Um dieſe Zeit litt Thüringen wieder ſehr durch Räubereien des eichsfeldſchen Adels, weshalb Landgraf Balthaſar 1392 gegen denſelben ein Schloß aufſchlug; „der Rathsmeiſter von Eiſenach ſchlug den erſten Nagel ein und that 30 Schläge und gab den Meiſtern, die es hatten aufgehoben, alſo manche Groſchen zu vertrinken." Chron. Thuring. ap. Schoetgen et Kreysig. I. p. 105.

31) Dieſer Vorfall wird ſpäter in der Geſchichte der v. Hertingshauſen erzählt werden.
32) Varnhagens Grundlage z. waldeckſchen Geſch. S. 303. A. a).
33) Gudenus IV. p. 25.
34) Chron. Schwarzb. ap. Schoetgen. et Kreysig. I. p. 106.
35) Gerſtenberger, Lauze ꝛc. und Rommel II. O. S. 233.
36) Chron. Schwarzbg. ap. Schoetg. et Kr. I. p. 459.
37) ibid. p. 461.
38) ibid. p. 464.
39) Series Praeposit. etc. ecclesiae ad S. Petrum Frideslariae p. 13.
40) Chr. Schwarzbg. p. 466.
41) Becherers th. Chr. S. 390. Chr. Schw. p. 468.
42) Becherer S. 391.
43) Gudenus III. p. 168.
44) Becherer S. 393.
45) Chr. Schw. p. 473.
46) ibid. p. 473.
47) Hiſtor. Nachr. v. d. fr. Stadt Nordhauſen S. 486.
48) Chronicon Thuring. et Hass. ap. Senkenberg Selecta jur. et hist. III. p. 454—457.

49) Chron. Schw. p. 588.
50) Wolfs Gesch. d. Eichsfelds I. S. 153.
51) Chr. Schwzbg. p. 589 et Chr. thur. et hass. p. 486.
52) Chr. Schw. p. 589—90 et Chr. thur. et hass. p. 487.
53) Chr. Schw. p. 590 etc. Chr. thur. et hass. p. 487 — 93. Wolfs Gesch. d. Stadt Heiligenstadt S. 46.
54) Chr. Schw. p. 593.
55) Nohe ap. Senkenberg. V. p. 447.
56) ibid. p. 595 et Chr. thur. et hass. 511 etc. Nohe S. 451—2.
57) Nohe S. 453. Darnach ward Herr Werner der von Lubig Hauptmann und machten ihm ein ritterlich Gerüchte und ward hart bei denen von Lubig gehalten und da er seine Sachen am besten gefüget und mit Arbeit seiner Herren Gunst und Gift erlanget, starb er zu Lubig" 2c.
58) Chr. th. et hass. p. 431.
59) Das. S. 462.
60) Chr. Schw. p. 637.
61) Letzners eimbeckfche Chr. S. 54.
62) Aus einem Cop.-Buch des Kl. St. Johannisberg.
63) Nohe S. 511. 514—15. u. besonders Leuzes handschr. Chr.
64) Dilichs hess. Chr. II. S. 324 2c. et Mogen. Hist. Capt. Philippi Mag. p. 366 etc.
65) Abschr. Urkr. Das jetzt nicht mehr vorhandene Dorf „Weberolbishusen" erhielten 1455 mit noch andern Gütern Henrich v. Hanstein d. j., und Hans und Werner, seine Söhne, vom Abte von Fulda zu Lehn. Schannat. Prob. Cl. Fuld. p. 300. Wahrscheinlich wurde es ihnen später entzogen und den von Berlepsch gegeben, weshalb sie diesen Verlust durch die Beraubung desselben rächten.
66) In Schoetgen. et Kreysig. Dipl. et Script. T. I. Taf. V. No. 8. der Siegel, findet sich das Siegel Hansens v. Hanstein, mit welchem er eine Urkunde seiner Schwäger, der

Gebrüder Ludolph und Otto von Ebeleben vom Jahre 1344 als Zeuge besiegelt. Daf. S. 799. Es hat die Größe eines gegenwärtigen Thalers; das Wappenschild ist, wie man dieses gewöhnlich in jener Zeit findet, ein Dreieck, mit etwas ausgebogenen Schenkeln und sich nach der Rechten lehnend; in seinem Felde hat es drei (2. 1.) aufrechtstehende und nach derselben Seite blickende Halbmonde. Der Helm (in der Gestalt eines s. g. französischen Schildes und mit 2 Visiröffnungen) zeigt auf den Seiten zwei Halbmonde. Das ganze hat die Umschrift: S'IOANNIS D. HANSTEYN.

III.

Burghaune.

Der streifte durch das ganze Land
Mit Wagen, Roß und Mann,
Und wo er was zu kapern fand,
Da macht' er frisch sich d'ran.
Bürger.

3.

Burghaune.

In einem freundlichen Wiesenthale, durch welches sich das Flüßchen Haune schlängelt und die Straße von Fulda nach Cassel zieht, liegt an einem sanften Abhange der Marktflecken Burghaune mit etwa 1100 Bewohnern. In ihm lag die Stammburg der alten buchischen Familie von Haune, deren Fehden und wildes Raubleben ihren Namen unter die gefürchtetsten Fulda's stellten. Leider ist von dieser Burg nur noch wenig vorhanden, denn der fuldische Fürstabt Adelbert von Schleifras, der von 1700—1714 regierte, ließ sie niederreissen und an ihrer Stelle die gegenwärtige katholische Kirche aufführen. Nur die Kellergewölbe sind zum Theil noch erhalten und lassen aus ihrem weiten Umfange auf eine besondere Größe der Burg schließen.

Von den Befestigungswerken bemerkt man noch die den Flecken umgebende hohe und feste Ringmauer, die auch der Burg zu diesem Zwecke diente und einen Graben, der unter dieser Mauer hinläuft und von der Haune früher durchflossen wurde, die jedoch seit jenem Kirchenbaue eine andere Richtung erhielt.

Burghaune oder auch blos Haune hat, wie so mancher andere benachbarte Ort, seinen Namen von dem vorüberfließenden Flusse. Es findet sich zuerst im Jahre 1193, wo die dasige Kirche eingeweihet wurde [1]).

Das Edelgeschlecht der von Haune (Hunahe, Huen, Hune, Hun, aber nicht zu verwechseln mit den Huhn zu Elkershausen,) findet sich erst im Anfange des dreizehnten Jahrhunderts.

Gerlach, Gerwig und Sifried finden sich 1210 und 1217 in zwei hersfeld'schen Urkunden als Zeugen [2]).

Heinrich war 1240 Zeuge in einer Urkunde des fuldischen Abts Conrad [3]). Im Jahre 1241 nahm ihn derselbe Abt bei Aufstellung seines Testaments zum Zeugen [4]); 1247, als Erzbischof Sifried von Mainz sich im Februar in Fulda aufhielt, unterschrieb er als Zeuge eine Urkunde desselben [5]); 1250 bezeugte er zwei Urkunden des Abts Heinrich von Fulda [6]). Im Jahre 1253 findet man ihn zuletzt; sowohl seine Frau Petrissa, als auch sein Sohn Heinrich waren vor ihm gestorben und er sorgte deshalb in jenem Jahre durch das Geschenk eines Gefälles in Lindenau an die Kirche in Hünfeld, für ihr Seelenheil [7]).

Um diese Zeit findet man die von Haune zuerst als Räuber, so daß sich Abt Bertho ums Jahr 1278 genöthigt sah, gegen sie auszuziehen und ihr Schloß zu zerstören [8]). Wie weit sich diese Zerstörung erstreckte, oder ob es wohl nur eine bloße Eroberung war, läßt sich nicht mit Bestimmtheit sagen. Im Falle einer wirklichen Zerstörung wurde es wenigstens bald wieder aufgebaut.

Reinhard befand sich 1280 zu Fulda bei Ausstellung einer Urkunde des Abts Heinrich von Fulda [9]) und 1287 bei der Sühne desselben mit Friedrich von Schlitz [10]).

Ullrich findet sich 1283 im Würzburgschen. Die Grafen von Henneberg und Kastell befehdeten in diesem Jahre den Bischof von Würzburg und überfielen unter andern am 18. Mai die Stadt Schwarzach; nachdem sie diese geplündert und zerstört, wandten sie sich auch gegen das dabei liegende Kloster und plünderten dasselbe; doch da sie auch dieses zerstören wollten, griff sie Ullrich von Haune so tapfer an, daß sie sich wieder zurückziehen mußten [11]).

Heinrich wurde 1319 vom Abte Heinrich VI. von Fulda, in dem Bündnisse mit Landgraf Otto von Hessen, für etwa entstehende Streitigkeiten zum Schiedsrichter bestellt [12]). 1320 bezeugte er eine Verkaufs-Urkunde der Gebrüder von Jaza und war wahrscheinlich derselbe, welcher um diese Zeit in einen Streit mit dem Grafen Heinrich von Waldeck gerieth [13]).

Giso erscheint 1340 als Zeuge in einem Urtheile Ritters Heinrich von der Tann [14]) und 1344 bei einem Verkaufe der Grafen Johann und Gottfried von Ziegenhain an Abt Heinrich [15]).

Heinrich, Simon, Apel und Reinhard Gebrüder verkauften 1362 ihre fuldischen Lehngüter in Unterbiber an Theoderich von Malkos [16]). Jener Simon, Ritter, stand in dem Sternerbunde, der in den Jahren 1371 — 1373 Hessen auf eine schreckliche Weise verwüstete. Seit 1377 findet man ihn als Marschall des Abts von Fulda. Im Jahre 1378 befand er sich mit Apel und Reinhard von Haune in dem Bunde gegen die Stadt Hersfeld, die nur seiner Redlichkeit ihre Erhaltung zu danken hatte.

Schon seit Jahren hatten Streitigkeiten zwischen dem Abte und der Stadt Hersfeld obgewaltet; denn die Herrschsucht desselben fand an der Freiheitsliebe der Bürger einen zu großen Widerstand. Da dem Abte kein Mittel übrig blieb, den stolzen Sinn der Bürger zu beugen, so entwarf er den Plan zu einer strengen Züchtigung und knüpfte zu diesem Zwecke mit dem benachbarten Adel einen Bund. Auch Simon von Haune war mit seinen genannten Brüdern zu demselben gewonnen und verkaufte, gleich den übrigen Bundesgenossen, seine Güter in der bedrohten Stadt. Der Abend des 28. Aprils war zur Ausführung bestimmt; Gastmähler sollten die Bürger zum Widerstande unfähig machen und alle Vorbereitungen dazu waren getroffen. Da erwachte jedoch in Simon das Gefühl der Rechtlichkeit; er hatte früher von den Bürgern so manchen Freundschaftsdienst genossen und nun sollte er heimlich, ohne Fehdebrief, gleich dem Räuber, seine ehemaligen Freunde überfallen; das stritt nicht allein gegen seine Ritterehre, auch seine Dankbarkeit sträubte sich dagegen. Er entschloß sich also noch an demselben Tage, dessen Abend der Stadt Verderben bringen sollte, zu einer offenen Freundschafts-Aufkündigung und sandte folgendes Schreiben an dieselbe.

„Wisset ihr von Hersfeld, daß ich Simon von Hune
„Ritter, euer und der eueren Feind seyn will, mit allen
„meinen Helfern und Bundesgenossen und will euch nicht
„allein nach dem Gut stehen, sondern nach Leib, Ehr und
„Gut, und will das diese Nacht thun, darnach habt euch
„zu richten. Datum unter meinem Insiegel auf St. Vi-
„talis Abend A. D. 1378."

Dieser Fehdebrief erweckte die Bürger aus ihrem Schlummer. Schnell wurden die sich in der Stadt befindenden Verschwornen festgenommen und zum Theil enthauptet und allenthalben für die Sicherheit und die Vertheidigung der Stadt gesorgt. Als nun die verbundenen Ritter im Dunkel der Nacht unter den Mauern der Stadt erschienen, fanden sie einen so kräftigen Widerstand, daß sie sich bald zurückziehen und ihren Eroberungs-Plan aufgeben mußten. Die Stadt war gerettet, aber der Kampf wurde noch fortgesetzt. Der Abt, aus der Stadt entflohen, lagerte sich mit seinen Bundesgenossen auf den umliegenden Höhen und ein verwüstender Raubkrieg erhob sich nun zwischen beiden Theilen. Schrecklich, wie ein entmenschter Tyrann, wüthete der Abt mit seinen Helfern. Fünf Tage beschoß er die Stadt mit Büchsen und Armbrüsten, zerstörte die Saaten, Wiesen, Wälder, Weinberge und Gärten, in denen er unter andern alle Obstbäume niederhaute, verbrannte die Mühlen und Brücken, ja zerstörte selbst die steinerne Brücke über die Fulda, raubte alles Vieh, dessen er habhaft werden konnte, zerstörte das Dorf Oberrode. Elf Bürger wurden durch ihn erschlagen, neun erhängt, zwei gerädert und selbst einer ertränkt;

Mädchen und Weiber, die das Unglück hatten in seine Hände zu fallen, wurden — es ist empörend, dieses von einem Geistlichen sagen zu müssen — entkleidet, ja selbst auf die roheste Weise geschändet! Den Schaden, den die Stadt durch dieses Wüthen erlitten, schlug dieselbe auf die damals sehr beträchtliche Summe von 40,000 Gulden an. Endlich klagte die Stadt gegen ihre Feinde beim Kaiser. Das Urtheil desselben belegte den Abt mit einer Strafe von 10,000 Mark und jeden der verbundenen achtzehn Ritter, unter denen auch Simon, mit 400 Mark Silber [17].

Im Jahre 1385 verschrieb sich Simon dem Erzstifte Mainz gegen Hessen. Bis zum Jahre 1383 war Simon Marschall des Abts Conrad IV. von Fulda, eines gebornen Grafen von Hanau, der in jenem Jahre starb. Simon verglich sich deshalb 1384 mit dem folgenden Abte Friedrich wegen seiner Forderungen. Das Verzeichniß derselben gibt einigermassen eine Uebersicht seines Wirkens in jenem Amte und ist auch in anderer Hinsicht nicht ohne Interesse. In einem Gefechte bei Hoheneiche (Amts Waldkappel?), in welchem er in Gefangenschaft fiel, verlor er einen schwarzen Hengst, welcher auf 150 Gulden angeschlagen wurde, einen andern Hengst, der unter ihm erstochen wurde — 130 Gulden; ein schwarzes Pferd, welches sein Diener Hans von Odensachsen verloren — 40 Gulden, und ein ähnliches, welches einer seiner Knechte verloren — 30 Gulden.

Auf einem Ritte nach Frankfurt starb ihm ein Pferd, welches er von einem Juden geliehen — 44 Gulden.

Einen schwarzen Hengst, den er bei einer Verfolgung Wigand Holzsadels verdorben.

Ein Pferd, welches einer seiner Diener in der Fehde gegen Hersfeld und die von Reckrod verloren — 40 Gulden, und ein anderes, welches einer seiner Knechte verloren, als die Fuldaer bei Solza geschlagen wurden — 24 Gulden.

Ein Pferd, welches einer seiner Knechte in einem siegreichen Gefechte, dem auch der Abt beiwohnte, einbüßte — 30 Gulden.

Ein Pferd, welches er von Engelhard von der Tann geliehen und das sein Diener Virningshausen in einer Fehde gegen Henneberg verdorben — 92 Gulden.

Ein rothes Pferd, das er von Hans von Reckrod erbeutet (angewonnen) und das ihm im ersten Jahre seines Marschall-Amtes, als er mit seinem Herrn nach Hamelburg ritt, gestorben — 50 Gulden.

Endlich 200 Gulden für die Lösung aus seiner und seiner Genossen und Knechte Gefangenschaft zu Kreienberg und 40 Gulden für einen Harnisch, den er bei seiner Gefangennehmung verloren [18]).

Giso war in den geistlichen Stand getreten und findet sich 1387 als Probst auf dem St. Petersberg bei Fulda. Im Jahre 1394 befand er sich unter denen, welche den Abt Friedrich mit den von Lüder aussöhnten. 1399 befand er sich noch in seinem vorigen Amte, seit 1404 aber als Großdechant der fuldischen Kirche. 1416 erscheint er zuletzt [19]).

Heinrich findet sich 1391. Als in diesem Jahre Abt Friedrich von Fulda den Bischof Gerhard von Würzburg zum Verweser und Vormund der Abtei Fulda bestellte, ernannte der letztere zu seinem Hauptmanne Friedrich's Bruder, Conrad von Romrod und bestimmte zugleich auch auf den Fall dessen Abgangs mehrere zu seinen Nachfolgern, unter andern auch Heinrich v. Haune [20].

Conrad war in den Johanniter=Orden getreten und findet sich 1396 als Comthur zu Nidda und Grebenau [21].

Im Jahre 1402 fielen die buchischen Ritter, insbesondere die von Haune, ins hessische Gebiet. Landgraf Hermann erreichte sie bei Homberg und brachte ihnen eine arge Niederlage bei; an Hundert warf er nieder und erbeutete an hundert und fünfzig gesattelte Hengste. Den Rest verfolgte er bis ins Fuldische und eroberte Hauneck, eine Burg der von Haune [22]. Dieses Schloß, welches die von Haune in unbekannter Zeit erbaut, war für sie nun für immer verloren. Nachdem Johann und Heinrich von Haune auch 1404 für Mainz gegen Hessen und seine Verbündete gefochten [23], söhnte sich erst 1409 der Landgraf wieder mit ihnen aus und sicherte sich den Besitz jenes Schlosses durch einen förmlichen Kauf mit Apel und seinen Söhnen Hans, Frowin und Reinhard von Haune [24].

Apel und Reinhard sein Sohn kamen bald nachher in neue Streitigkeiten mit Hessen, welche 1413 durch eine Sühne beigelegt wurden [25]. Reinhard wohnte 1427 der Aussöhnung der von Steinau mit der fuldischen Kirche bei [26].

Appel lebte noch 1422 und bekennt in diesem Jahre

mit seinen genannten Söhnen, daß ihr Schloß Haune von jeher fuldisches Lehen gewesen sey und sie dasselbe auch jetzt wieder als solches empfangen und beschworen hätten. Sie versprechen darauf weiter, daß jeder ihrer Familie, sobald er das fünfzehnte Jahr erreicht habe, durch Eide und Briefe dem Abte sich hierzu verbinden sollte, und ehe er nicht die Lehen empfangen, sie ihm keinen Burgfrieden geloben wollten. Das Schloß sollte dem Abte stets offen stehen und in dem Falle, daß einer geneigt seye, seinen Ganerbentheil zu versetzen oder zu verkaufen, er diesen seinen Ganerben und wenn diese nicht wollten, dem Abte anbieten sollte[27].

Die Gebrüder Hans und Reinhard von Haune, besonders der letztere, wurden durch ihre Räubereien vorzüglich berüchtigt, mit denen sie nicht allein das Hennebergsche, sondern auch Thüringen und das Eichsfeld heimsuchten. Zu einer ernstlichen Züchtigung dieser Räuber verbanden sich deshalb der Landgraf Friedrich von Thüringen, die Städte Erfurt und Mühlhausen und mehrere buchische Edeln, unter andern Eckard von der Tann, und zogen mit einer bedeutenden Macht gegen Burghaun. Um leichter zu ihrem Zwecke gelangen zu können, nahmen sie ihre Zuflucht zur Verrätherei und bestachen zwei haunische Knechte, welche, wenn ihre Herren mit den übrigen Dienern zur Kirche gingen, zurückbleiben und von der Burg ein gewisses Zeichen geben sollten. So wie es verabredet worden, geschah es auch. Alles war zum Ueberfalle vorbereitet, als das Zeichen gegeben wurde. Doch nun weigerten sich die Buchner, die den Angriff machen sollten, zu stürmen und ehe die Landgräflichen und die Erfurter vor dem Schlosse anlangten, ging der kostbare Augenblick des Gelingens vorüber. Während dieses geschah, hatte Reinhard mit seinen Leuten Zeit gewonnen, die Kirche zu verlassen und nach seinem Schlosse zu eilen. Mit Schrecken sah er die nahe Gefahr, die aber seinen Muth und seine Entschlossenheit nicht zu beugen vermochte. Da die Verräther die Thore verschlossen hatten, ließ er schnell Leitern herbeischaffen und die Burgmauern übersteigen, um in das Innere zu gelangen. Er versuchte nun die Kemnate wieder zu bekommen, welche seine beiden Knechte hartnäckig gegen ihn vertheidigten, bis er die Pforte sprengte und den einen zusammenhieb, während der andere durch ein Geschoß des angreifenden Feindes, der ihn nicht erkannte, getödtet wurde. Den erstern stürzte Reinhard hinab in den Graben, mit den Hohnworten: „Da nemid „nu euwern vorretir, der diß sloß gewunnen had." Heftig wurde das Schloß beschossen; vor den Schützen, die am Rande des Burggrabens standen, durfte sich Niemand an den Zinnen sehen lassen, ohne ihr Ziel zu werden. Erst nachdem die Kemnate wieder erobert, konnte Reinhard thätiger an die Vertheidigung gehen und setzte nun dem Feinde eine so heftige Wehre entgegen, daß dieser sich zurückziehen und vom Angriffe abstehen mußte. Ja, derselbe verlor so sehr alle Hoffnung auf einen glücklichen Erfolg, daß er, ohne einen nochmaligen Versuch zu machen, wieder heimzog [28]).

Hans mag durch diese Gefahr zu einer redlichern Lebensweise bewogen worden seyn; Reinhard jedoch wurde durch deren glücklichen Vorübergang nur noch muthiger und kecker und ließ sich in seinem Stegreifleben nicht stören. Im Jahre 1441 hauste er besonders schrecklich im Hennebergschen, und bezeichnete seine Gegenwart daselbst auf die schauderhafteste Weise durch Brand, Mord und Raub. Um ihm sein wildes Treiben zu legen und volle Rache für so viele Greuel an ihm zu nehmen, war mehr als eine gewöhnliche Macht erforderlich und Graf Wilhelm bot deshalb alle Kräfte auf, um ein Heer auszurüsten, von dem er auch überzeugt seyn konnte, seinen Zweck zu erreichen.

Im Januar 1442 rückte er mit nicht weniger als zweitausend gewaffneten Mannen und zweihundert und dreißig Rüstwagen ins Feld. Am 21. Januar erschien er vor Burghaune, umschloß dasselbe und forderte Reinharden zur Uebergabe auf, die dieser jedoch höhnend verweigerte. Um den übeln Folgen, die eine gewaltsame Eroberung des Schlosses nach sich ziehen mußte, möglichst vorzubeugen, begaben sich Reinhard's Bruders, Hans v. Haune mit Berthold v. Mansbach und Carl v. Lüder zum Grafen Wilhelm ins Lager und suchten diesen zu einem Vergleiche zu bewegen, wozu derselbe sich auch nicht abgeneigt bezeigte; doch da sie nun auch Reinhard dazu aufforderten, verwarf dieser jeden dahin gehenden Vorschlag. So wurde dann der 24. Januar zum Sturme bestimmt. Nachdem Graf Wilhelm am Morgen dieses Tages die Messe gehört und darauf mit seinen Obersten, nach dem Gebrauche jener Zeit, St. Johannis Liebe getrunken, ermahnte er seine Truppen in einer Rede, tapfer

und standhaft zu seyn und gab um ein Uhr Mittags das
Zeichen zum Sturme. Ein heißer Kampf begann, denn
auch Reinhard war nicht unvorbereitet. Allein an
sechzig Henneberger wurden durch das Schießen und Wer-
fen vom Schlosse mehr oder minder verwundet. Doch
aller Widerstand half nichts, die Macht der Stürmenden
war zu stark und ohnedem, wie man damals vermuthete,
auch noch von den übrigen Ganerben unterstützt. Die
Mauer wurde erstiegen und das Schloß erobert, wobei
sich besonders die Schmalkalder auszeichneten. Reich war
die Beute der Sieger und groß die Anzahl seiner Leute,
die Graf Wilhelm die Freude hatte aus Reinhard's
Gefängnissen zu erlösen. Reinhard mit seinem neun-
jährigen Sohne Philipp und mehreren Genossen wurde
gefangen, von denen zwei der vornehmsten sogleich vor
dem Schlosse gehängt wurden. Reinhard und sein
Sohn wurden nach Schmalkalden und von da nach Schleu-
singen geführt, wo der erstere bis zum Ende seines Lebens
in einem Thurm saß und Philipp zehn kostbare Jahre
seiner Jugend in einem Gefängnisse vertrauerte, nach denen er erst, im neunzehnten Jahre seines Alters, seine
Freiheit wieder erlangte [29].

Noch hat sich ein gleichzeitiges Lied [30] erhalten, welches die Eroberung von Haune besingt und dessen Mit-
theilung ich mir hier erlaube.

>Es geht gen dieser Fastnacht her,
>Wir wollen fröhlich singen,
>Frei von unserm Herrn von Henneberg,
>Wo findt sich seinesgleichen?

Ein Edelmann saß im Buchenland,
Daucht sich gar einen kecken Held,
Reinhard von Haune ward er genannt.
Er raubt zu Haus und zu Feld.
Auch Graf Wilhelm zu Henneberg,
Der that ihm bald nach jagen
Und kam für Haun mit großer Stärk.

Haun sprach, Henneberg will zürnen bald,
Hab ich mich schon erwegen;
Mein Schloß das will ich Wohl behalt,
Solls Henneberger regnen,
Gleich acht Nächt und drei ganze Tag,
Daraus will ich mich wehren,
Mit Beßen daß ich kann mag.

Solch trotzig Red'. gar bald befand
Der Herr von Henneberg und sprach:
Ich will dran wagen Leut und Land,
Will rächen solche große Schmach,
Dran wagen manchen kecken Mann
Und sollt ich drum verlieren,
Gleich alles, was ich han.

Haun sprach: Mein Schloß ist gar veste,
Draus wehr ich mich bis auf den Tod.
Acht gar wenig die Henneberger Gäste,
Will sie wohl noch abtreiben mit Spott,
Ich laß mich nicht so überschwatz,

Und sollt ich gleich Haun und Buchenau
Darüber bleiben auf dem Platz.

Da es nun kam zuletzt zum Streichen;
Die von Schmalkalden liefen Sturm,
Davon wollt er auch nicht abweichen,
Darum ward bald das Schloß verlorn;
Sie fielen über die Mauern herein
Mit Leitern und mit Stangen,
Und fingen das Gesindlein fein.

Da Reinhard von Haun gefangen ward,
Da stund er traurig gar unfroh;
Da man seinen Sohn dorthero führt,
Da schreiet Ceter Waffen jo,
Ey wärst du ungefangen noch,
Du sollst mich han gerochen,
So du wärst kommen davon.

Ey schweig, gut Vater, schweig nur still
Solcher trotzig bösen Wort:
Ich trau meinem Herrn von Henneberg,
Er setzt mich noch zu einem Vogt
Zu Haun wohl auf der hohen Zinnen.
Da sprach der Herr von Henneberg,
Das hab ich aber keinen Willen.

Wer mit Fürsten will streiten zwar,
Der muß sich wohl besinnen.

Jetzt muß eine edle Henne zart
Zu Haun wohl auf der Zinnen.
Der Adler von Gold eine Krone trägt,
Der sammt der Henne nistet da,
Das thut manchem Reuter wehe.

Hans von Haun, der fromm mit Sorgen,
Der rieth seinem Vetter rechte,
Aber er wollte ihm nicht gehorchen,
Weder er, noch seine Knechte.
Darob hat er sein Schloß verlorn.
Das han ihm angenommen
Drei edle Fürsten hochgeborn.

Reinhard von Haun und auch sein Sohn
Mit ihrem Anhang insgemein,
Gefänglich wurden geführt davon,
Verehrt mit neuen Käppelein.
Es kostet Haun und Buchenau,
Leib und Blut auf dem Platze blieb,
Der Händel waren sie gar nicht froh.

Die Käppelein, die sie tragen an,
Die sind auf denen Seiten,
Und sind fast eng geschnüret,
Weil sie nur sind von Ringschnur,
Das thut in ihren Augen zu weh.
Zu spricht mein Herr von Henneberg,
Die brauchts mich fort nicht meh.

Wer diesen Reim so lang so schnelle
Ohn allen Schein vor klein und groß,
Das han gethan zwei Berggesellen
Zu Schmalkalden wohl auf dem Schloß.
Sie singen den und singen mehr:
Gott behüt den Knaben in ihren Leben
Ihr Zucht, Bescheidenheit und Ehr.

Graf Wilhelm nahm, nach dem Rechte der Eroberung, von Reinhards Ganerbentheile an Haune Besitz und wurde mit diesem auch vom Abte von Fulda beliehen, worauf er mit den übrigen von Haune einen Burgfrieden errichtete. Da auch der Bischof von Würzburg und der Graf Georg von Henneberg vieles von dem räuberischen Adel Fulda's, insbesondere aber von den von Haune, zu leiden gehabt hatten und ein fester Sitz im Fuldischen das beste Mittel war, sie in Zukunft dagegen zu schützen, so nahmen nach Graf Wilhelm's Tode seine Söhne Wilhelm, Johann und Berlt, jene auch noch in ihren Antheil an Haune, „aus besonderer Liebe und Freundschaft," wie sich der, hierüber am 30. September 1448 geschlossene, Vertrag ausdrückt, auf. Sie theilten demnach diesen Theil mit allen dazu gehörenden Dörfern, Feldern 2c. in drei Theile, von denen jene drei Brüder, der Bischof Gottfried, und der Graf Georg, jeder ein Drittel besitzen, das Ganze jedoch nie, ohne jedes Einzelnen Einwilligung, getheilt werden sollte. Die Thürmer, Thorwächter und andere Knechte sollten sie dem gemäß auf gemeinschaftliche Kosten bestellen und besolden; jeder

sollte seinen Theil gegen alle seine Feinde gebrauchen kön‡
nen, außer gegen die Ganerben; so einer Fehde bekäme
und Reisige nach Haune legte, oder ab‡ und zureiten ließ,
sollte er die dadurch entstehenden Kosten allein tragen.
Ferner sollte der Graf Georg und der Bischof, sowohl
dem Lehnsherrn, als auch den übrigen Ganerben, einen
Burgfrieden beschwören. Im Falle, daß sie wegen ihrer
Theile an Haune von Jemandem angesprochen oder be‡
fehdet würden, sollten sie ihre Rechte gemeinschaftlich ver‡
theidigen, und endlich Philipp von Haune, dessen
Vater schon todt war, nicht eher seine Freiheit wieder er‡
halten, bis er dem Bischofe und dem Grafen Georg ge‡
schworen [31]).

Wie lange diese Herren in dem Besitze ihres Theiles
an Haune blieben, ist nicht bekannt, doch da man keine
spätere Nachricht darüber findet, so mag die Zeit nicht
bedeutend gewesen seyn. Es läßt sich zwar nicht erweisen,
daß Philipp nach seiner Freilassung seines Vaters An=
theil an Haune wieder zurück erhalten habe; doch ist es
nicht unwahrscheinlich, daß jene Fürsten durch seine trau‡
rige Lage, an der er selbst doch unschuldig war, gerührt,
oder durch andere Vermittelung dazu vermocht wurden,
ihm den entrissenen Ganerbentheil seines Vaters wieder
zurück zu geben und er nun wohl, wie auch die übrigen
von Haune, ihren Ländern Ruhe und Frieden zu halten
geloben mußte. Philipp (Lips) findet sich 1486 als
hessischer Amtmann zu Rotenburg und verkaufte in die‡
sem Jahre, mit seiner Gattin Hedwig, die s. g. Roß‡
mannswiese zu Mündershausen für 15 rheinische Gul‡
den [32]).

Frowin, der Bruder Hansens und Reinhard's, hatte seinen Wohnsitz nicht in seiner Stammburg, sondern im Schlosse Werberg, unfern Brückenau, auf dem er sich einen Burgsitz verschafft hatte. Im Jahre 1434 verkaufte er dem Grafen Georg von Henneberg das Oeffnungs-Recht an demselben und versprach, ihn selbst sowohl, als alle die er schicken werde, aufzunehmen und auch gegen alle seine Feinde sich dessen bedienen zu lassen, nur davon ausgenommen die Ganerben von Werberg. Graf Georg zahlte hierfür 50 rheinische Gulden, deren Zurückzahlung und Ablösung des Oeffnungsrechts sich Frowin vorbehielt[33]).

Obgleich Haune von jeher ein Lehn der Abtei Fulda gewesen war, so scheuten sich die von Haune dennoch nicht, es dem Landgrafen Ludwig I. von Hessen aufzutragen und wieder von diesem zu Lehn zu empfangen. Es geschah dieses im Jahre 1449, durch Giso, Heinrich, Georg und Wilhelm von Haune[34]). Daß der Abt diesem Lehnsauftrage nicht ruhig zugesehen haben mag, läßt sich denken, wenn auch nichts von einem Streite, der hierüber entstanden, bekannt ist. Hessen blieb auch nicht im ununterbrochenen Besitze dieser Lehnsherrlichkeit.

Eine Folge dieses Lehnsauftrags mochte es seyn, daß im Jahre 1477 die von Haune die fuldische Lehnsherrlichkeit von neuem anerkannten. Die Gebrüder und Gevettern von Haune: Heinrich, Georg, Wilhelm, Wilhelm, Hans und Philipp erklärten, daß ihre Voreltern das Schloß und die Stadt Haune stets von den fuldischen Aebten zu Lehn und jeder Einzelne seinen Theil besonders empfangen habe. Um sie dieser Weitläuftigkeit zu überheben, habe ihnen Abt Johannes nun erlaubt, dieses Lehn von jetzt an nur durch ihren Familien-Aeltesten, für alle übrigen Glieder, empfangen zu laſſen; welches auch an demselben Tage durch jenen Heinrich geschah [35]).

Giso erhielt 1454 ein fuldisches Lehn zu Spala [36]).

Im Jahre 1483 geriethen die von Haune mit Fulda und Hersfeld in eine Fehde, in welcher sie im Bunde mit Thilo von Falkenberg, Widekind Holzsadel, den Langschenkeln, Werner von Borken u. a. m. den beiden Stiftern beträchtlich schadeten. Die Aebte Friedrich von Fulda und Reinhard von Hersfeld verbanden sich deshalb zur gemeinschaftlichen Vertheidigung [37]).

Ums Jahr 1488 machten die von Haune wieder einen Einfall in das Gebiet der Abtei Hersfeld und raubten eine Menge Kühe. Landgraf Ludwig von Hessen, als Schutzherr dieser Abtei, nahm sich derselben an und war im Begriffe, zur Züchtigung der Räuber auszuziehen, als sich der Abt von Fulda als Vermittler an ihn wandte und, mit Genehmigung der von Haune, einen Vergleich zu Stande brachte, zufolge deſſen dieſe dem Stifte Hersfeld 200 Gulden Entschädigung zahlen sollten. Doch die Zahlung zog sich so sehr in die Länge, daß der Landgraf endlich die Geduld verlor und seine Reuter auf die Haune streifen ließ. Recht gut einsehend, daß sie der Macht dieses Fürsten nicht widerstehen konnten, und nicht ohne Grund eine Eroberung von Haune fürchtend, entschloß sich der Abt von Fulda, um dieſes zu verhindern, zur Zahlung jener Entschädigungs-Summe aus seiner eignen Caſſe [38]).

Balthafar von Haune lebte um diefe Zeit als Probft in Rora, und wurde 1492 in gleicher Eigenfchaft in das Klofter Höfte bei Breuberg verfetzt [39].

Schon früher hatten die von Haune unter fich einen Burgfrieden errichtet, doch erft im Jahre 1496 wird uns der erfte diefer Familien-Verträge bekannt. Es lebten damals **Georg, Wilhelm, Philipp, Gifo** und **Johann von Haune**. Der Abt Johann von Fulda fagt am Eingange deffelben, daß, da die von **Haune** fowohl in als außer ihrem Burgfrieden unter fich in mancherlei Zwiftigkeiten gerathen, fo hätten fie zu deren künftigen Vermeidung ihm, als ihrem Ober- und Lehnsherrn, ihren alten Burgfrieden überreicht und um die Errichtung eines neuen gebeten, deffen Anerkennung und Befolgung fie in die Hände feines Marfchalls Simon von Schlitz befchworen hätten. Obgleich folche Verträge im Allgemeinen fich immer ähnlich find, fo enthält diefer doch befonders ftrenge Maasregeln, daß ich ihn nicht mit einer bloßen Anführung übergehen kann; und ohnedem find Burgfrieden, deren eigentlicher Zweck Aufrechthaltung des Friedens im Innern und der Umgebung der Burg war, Beiträge zur Culturgefchichte und liefern uns oft treue Gemälde ihrer Zeiten; fie find alfo auch deshalb fchon der Aufmerkfamkeit wohl nicht unwerth.

So einer den andern im Burgfrieden „in Ernft und Frevel" durch Worte feine Ehre kränke oder ihn einen Lügner heiße, fo folle — wie jener Vertrag beftimmt — ihn der Beleidigte alsbald an den Burgfrieden mahnen und der Beleidiger dann, noch an demfelben Tage, aus

Haune reiten und in Fulda, Hersfeld oder Vach einen ganzen Monat jede Nacht verweilen; erst nach dessen Ablaufe solle er wieder heim reiten und Buße thun.

Derjenige, der gegen einen seiner Mitganerben eine Waffe ziehe, es sey Messer, Schwert, Armbrust oder ein geladen Geschütz, der solle nach geschehener Mahnung, noch zu derselben Stunde, in eine jener Städte reiten, und — wäre es nur bei der Drohung geblieben, zwei Monde — wäre jedoch eine Verwundung vorgefallen, ein ganzes Jahr daselbst jede Nacht zubringen und nach Ablauf dieser Frist sich dem Spruche der Gekorenen unterwerfen.

Im Falle jedoch, daß ein Mord Statt fände, so solle man den Thäter nach strengem Rechte richten, entflöhe er aber, so solle er „mit der That ohne furter Verclarunge trewlos, Erlos und Meineidig seyn," seinen Theil am Schlosse verlieren und vor den Klägern keinen Frieden und kein Geleite haben, sondern von Stund. an das Land meiden.

Die Grenze dieses Burgfriedens sollte der im vorigen Vertrage bestimmten gleich seyn und an der Leimbachsbrücke beginnen und von da unter den Gruben, an den Brunnen zu Hünhahn hin bis zum Pfaffenbrunnen, von hier bis zum Schlage im Dombach, am Morsberger Grabe hin bis wieder zu jener Brücke gehen.

Zur Aufrechthaltung dieses Vertrags wurden gewählt: Werner von Ebersberg gen. Weihers, Simon von Schenkwald, Hans von Mansbach und Bastian von Wilbungen [40]).

Im folgenden Jahre entstanden zwischen Philipp

und Giso von Haune Streitigkeiten, die beinahe in offene Feindseligkeiten ausgebrochen wären. Als sich Philipp am 13. October außerhalb der Burg, auf dem Felde befand, sah er seinen Feind Giso mit einer gespannten Armbrust und mehreren Begleitern auf sich zukommen. War es wirklich Furcht, oder, was wahrscheinlicher ist, nur das Streben, um einen Grund zu einer Klage gegen Giso zu erlangen, läßt sich nicht bestimmen; genug, er entfloh und verschloß sich, gleich als wäre er in Gefahr in die große Kemnate auf der Burg und machte sogleich die Anzeige davon bei dem Abte von Fulda. Schon am folgenden Tage sandte dieser seinen Marschall Simon von Schlitz, nebst Albrecht v. Trubenbach, Simon v. Schenkwalt und Simon v. Merlau zur Untersuchung der Sache. Philipp erklärte, daß Giso mit gespannter Armbrust und mehreren Begleitern auf ihn zugelaufen sei, so daß er sich davor entsetzt und in die große Kemnate geflüchtet habe, jedoch aus keinem andern Grunde, als dieselbe seinem Landes- und Lehnsherrn einzugeben, im Glauben und Vertrauen, sein gnädiger Herr werde das bedenken, „damit er furter des von Gysen nicht mer also warten seyn dorffe." Dagegen erklärte Giso, daß sie zwar Feinde seyen, und er ihm auch mit der Armbrust entgegen gegangen wäre, doch nicht so nahe, daß ihm Schaden hätte geschehen können; da Philipp in dem Burgfrieden gewesen sey, habe er sich wohl darnach zu halten gewußt und getraue sich diesen Handel, so es nöthig sey, wohl zu verantworten. Beide willigten nun ein, ihren Streit des Abtes Entscheidung zu unterwerfen.

Da die Einnahme und Schließung jener Kemnate das Eigenthum und das Oeffnungsrecht des Abtes betraf, so vereinigten sich, auf das Begehren jener Bevollmächtigten, sämmtliche von Haune dahin, daß sie dieselbe zu des Abtes Hände stellen wollten, der diese dann in Zukunft selbst besetzen sollte. Doch sollte Hansens von Haune Hausfrau mit ihren Jungfrauen und Mägden ihre Wohnung ferner darin behalten, gleich den andern Frauen in den daneben liegenden Häusern; doch sollten alle Mannspersonen davon entfernt bleiben [41]).

An demselben Tage, dem 14. October, veräußerte Georg von Haune seinen Ganerbantheil an Haune dem Abte Johann von Fulda. Er schuldete eine beträchtliche Summe an Asmus und Heinrich von Baumbach und deren Schwäger, und schon seit beinahe siebenzehn Wochen hatte er sechs Bürgen zu Hersfeld bestellt. Um noch größerm Schaden zuvorzukommen, sah er keinen andern Ausweg, als einen Verkauf. Er hatte schon den Kauf seinen Ganerben Giso und Johann und früher schon seinem verstorbenen Vetter Wilhelm angeboten, doch da diese sich hierzu nicht geneigt zeigten, so schloß er in Gemeinschaft mit seinem Sohne Philipp und ihren Gattinnen Agnes und Anne, denselben mit dem Abte ab [42]). Dieser hielt von nun an einen eignen Amtmann auf dem Schlosse, der gleich den Ganerben den Burgfrieden beschwören mußte.

Nach jenes Johannes Tode, empfing Georg als Familien-Aeltester 1502 die Lehne seiner Familie; so auch 1542 Friedrich, und 1584 Wilhelm Rudolph [43]).

Johann befand sich 1518 unter den hessischen Rittern, welche Darmstadt gegen den tapfern Franz von Sickingen vertheidigten [44]) und 1526 wohnte er der Schliesfung eines zwischen Landgraf Philipp d. G. und dem Abte Johann von Fulda errichteten Vertrags bei [45]).

Martin half 1525 das Schloß zu Würzburg gegen die dasselbe belagernden Bauern vertheidigen [46]).

Als 1541 zu Fulda ein Landtag gehalten wurde, auf dem sich die fuldische Ritterschaft wegen einer Steuer erklären sollte, erschienen auch mehrere von Haune: Martin und Friedrich willigten ein, doch unbeschadet des Rechts der nicht eingeladenen Vormünder über Albrecht's Kinder, mit denen sie sich in Gütergemeinschaft befänden. Andreas widersprach jedoch der Zahlung der Steuer, weil er seine Güter noch nicht erhalten habe [47]).

Wilhelm Rudolph befand sich 1566 zu Fulda [48]).

Schon im Anfange dieses Jahrhunderts hätten sich Streitigkeiten wegen der Lehnsherrlichkeit über Haune zwischen Hessen und Fulda erhoben. Landgraf Philipp machte, wahrscheinlich sich auf jenen, schon oben erwähnten, Lehnsauftrag vom Jahre 1429 stützend (denn ein späterer ist, so viel ich weiß, nicht bekannt), Ansprüche darauf, und das nicht ohne Erfolg. In dem Vergleiche, der 1529 zwischen ihm und dem Abte von Fulda in Cassel zu Stande kam, verzichtete zwar der Landgraf auf seine Ansprüche, erhielt aber dafür die Lehnsherrlichkeit über andere fuldische Güter an der Werra, welche den Treu-

Am 14. März 1562 schlossen **Georg d. ä.**, Friedrich seel. Sohn, **Reinhard, Wilhelm Rudolph** und **Georg d. j.**, Martin's seel. Söhne, und **Simon Getso** und **Hans Joachim**, Andreas seel. Söhne, alle von Haune, einen neuen Burgfrieden, dem auch der damalige fuldische Amtmann zu Haune, Lucas von Trumbach, mit beitrat.

Dieser Vertrag ist ausgedehnter, als der vorerwähnte. Ueber Vergehungen der Ganerben unter sich, sind seine Bestimmungen mit jenem beinahe gleich, nur, daß als Verweisungsorte Fulda und Geisa festgesetzt werden. Dann wird aber auch ferner noch in demselben beschlossen, daß auch derjenige, welcher eines Mitganerben Diener verwunde, gleichfalls **einen** Monat ausreiten solle; Streit, zwischen ihren Dienern entstanden, sollten die drei ältesten Ganerben schlichten; verwunde ein Diener den andern, so sollte jener sogleich festgenommen und bis zu der Entscheidung in dem gemeinschaftlichen Thurme verwahrt werden; kein Ganerbe solle eher sich des Schlosses Haune zu einer Fehde bedienen, bis er sich mit seinem Gegner auf dem Wege des Rechtes versucht; es sollte kein Fremder, der eine Fehde habe, in Haune beherbergt werden, es sey denn eines Ganerben naher Verwandter; nur Verwandte und seine Diener solle ein Ganerbe zu Recht vertreten; jeder Streit zwischen Ganerben solle verhütet, oder durch drei Erkorne geschlichtet werden; nur mit Sittenzeugnissen versehenen Personen solle die Niederlassung in ihrem Gerichte erlaubt werden; wolle ein Ganerbe seinen Theil versetzen oder verkaufen, so solle er es erst seinen

Mitganerben, dann dem Abte, und nur, wenn auch dieser nicht wolle, einem Fremden anbieten, wogegen ihnen auch der Abt, wegen seines Theils, ein Näherrecht verspricht. Jeder solle, sobald er das fünfzehnte Jahr erreicht, den Burgfrieden beschwören; dieses solle auch der fuldische Amtmann thun. Hinterlasse ein Ganerbe nur Töchter oder Schwestern, die sollten binnen Jahresfrist abgefunden werden und nur an den Lehngütern im Amte Fürsteneck miterben. Im Falle ein Ganerbe gegen den Burgfrieden handele, solle er, bis drei Gekorne die Sache entschieden, von seinem Ganerbentheile ausgeschlossen seyn. Endlich sollten alle Jahre zwei Baumeister gewählt werden, doch nicht aus einem Stamme, sondern dieses Amt solle wechseln zwischen den Stämmen und dem Amtmann. Diese sollten für die Ausbesserung der Gebäude, Ringmauern, Pforten, Brücken, Stadtgräben ꝛc. sorgen, doch nie ohne ausdrückliche Erlaubniß aller Ganerben einen neuen Bau anlegen; jährlich sollten sie Rechnung ablegen und den Ueberschuß vertheilen, doch so, daß stets sechzig Gulden in der Casse blieben. Der Ganerbe, der nicht selbst auf Haune wohne, solle einen Vogt daselbst halten. Zur Aufrechthaltung des Burgfriedens wählte man: Georg Schwertzel zu Willingshausen, Amtmann zu Fürsteneck, Adolph Hermann Riedesel zu Eisenbach und Carl von Thüngen zu Wüstensachsen.

Abt Wolfgang von Fulda bestätigte diesen Vertrag förmlich als Mitganerbe, jedoch vorbehaltlich der Rechte insbesondere des Halsgerichts, die sein Stift im Gerichte Haune besitze [50]).

Nachdem die, durch die Gebrüder Wilhelm, Hans, Balthasar, Caspar, Frowin und Geiso v. Haune im Jahre 1487 vom Grafen Friedrich von Henneberg erworbenen, durch den Tod Hansens von Leimbach heimgefallenen, Lehngüter, bestehend in einem Burglehen und Hof zu Salzungen und Gütern zu Langenfeld, Leimbach, Witzelsrode ꝛc., 1552 durch eine Erbtochter Barbara an deren Gatten Wolf von Buttlar zu Wilprechtsrode gekommen waren, erlosch auch der Hauptstamm der Familie von Haune. Die Söhne Georg's: Ludwig, Hans Christoph und Friedrich, deren Schwester Barbara an Otto Philipp Fuchs von Lemnitz zu Frittelshausen vermählt war, waren die letzten männlichen Glieder. Friedrich, der zu Diedorf (im Amte Fischberg) wohnte, wo die von Haune seit 1474 drei Viertheile eines Gutes besaßen (dessen anderes Viertel den von Kralak zustand), starb unverehelicht. Auch seine andern beiden Brüder hinterließen nur Töchter. Hans Christoph, vermählt mit Sybille von Heldritt, hatte deren drei: Eva, Gattin Melchior Reinhard's von Boineburg zu Gerstungen, Catharine Margarethe, Gattin Ernst Christophs von Boineburg zu Gerstungen, und Elisabeth Kunigunde, Gattin Friedrich Hermann's Treusch von Buttlar zu Holzhausen. Der älteste Bruder Ludwig, der letzte der Familie, mit dem dieselbe im Jahre 1628 im Mannsstamme ausstarb, hatte zwei Töchter: Mechthilde, vermählt an einen v. Boineburg, und Sabine, an Volpert Daniel Schenk zu

Schweinsberg vermählt. Während Mechthilde ohne Kinder und wahrscheinlich noch vor ihrem Vater verstarb, kamen dagegen die übrigen Töchter zu den Stammgütern ihrer Väter, mit denen sie und ihre Gatten von der Abtei Fulda beliehen wurden: die beiden v. Boineburg und der Treusch v. Buttlar mit der Hälfte, und der Schenk zu Schweinsberg mit einem Viertheil. Das letzte Viertheil war im Besitze der Abtei.

Da sowohl Reinhard von Boineburg, als Hermann Treusch v. Buttlar noch vor ihren Gattinnen und zwar kinderlos starben, so übertrugen diese Schwestern, durch einen zu Eisenach am 29. November 1639 geschlossenen Vertrag, ihren Antheil an Burg und Stadt Haune, mit allen Zubehörungen, ihrem Schwager Ernst Christoph von Boineburg zu Gerstungen und Kleinensee, Schloßhauptmann auf der Wartburg. Nach dem 1714 erfolgten Absterben des sächsisch-eisenachschen Oberstlieutenants Friedrich Christoph von Boineburg zu Gerstungen und Kleinensee kam die v. boineburgsche Hälfte von Haune an den fuldischen Geheimenrath und Vicedom Wolfgang Daniel Freiherrn v. Boineburg-Lengsfeld, der dieselbe gegen Güter in den Gerichten Buchenau und Neuenkirchen an die Abtei Fulda vertauschte.

Das schenksche Viertel ging von Volpert Daniel Schenk zu Schweinsberg auf dessen Söhne Ludwig und Wilhelm Burghard über; letzterer verkaufte und vertauschte 1680 seinen Theil für 2000 Gulden und ansehnliche Güter in der Wetterau an Fulda; in diesem

Beispiele folgte ihm 1692 seines Bruders Sohn, der spätere hessische Generallieutenant und Gouverneur von Oberhessen Wolf Christoph Schenk zu Schweinsberg, der das ihm zustehende Achtel gleichfalls der Abtei, gegen ein Gut zu Buchenau, überließ [51]).

Nach dem oben erwähnten v. boineburgschen Vertrage von 1639 und insbesondere einem diesem zugehörenden Uebergabs-Register, gehörten zu dem Gerichte Haune: die Stadt Haune, ferner an Dörfern und Wüstungen Ober- und Niederhaune, Marbach, Dietershausen, Großenmore, Ober- und Unterryna, Herberts, Kelberbach, Rudolphshain, Leimbach, Rykes, Dammersbach, Großenbach, Rosbach, Steinbach, Hores, Clausmarbach, Gruben, Rodenkirchen, Neuenkirchen, Rein, Fackenroda, Sintziges und Muforts.

Ich erwähne zum Schlusse noch des Wappens der von Haune. In einem goldnen Felde führten sie einen, nach der Rechten gestellten, schwarzen Widder mit goldnen Hörnern und aufgehobenem rechten Vorderfuße. Auf dem Helme und der etwas zurückgeworfenen schwarzen Decke desselben, ruhte ein schwarzer Hut mit einem Hermelin-Umschlag, auf dem ein, dem im Schilde ganz gleichender, Widder stand.

Im Hennebergschen findet sich eine Familie von Haune genannt Schlaun, die man ihres Namens halber für eine Linie der von Haune halten kann; doch Gewißheit hierüber kann ich nicht geben. Sie findet sich seit dem fünfzehnten Jahrhundert und seit dem siebenzehnten nicht mehr [51]).

Anmerkungen.

1) Schannat Buch. vet. pag. 359.
2) Cop. bch. d. Kl. St. Johs, bg. u. Wenk III. Ukbch. S. 96.
3) Wenk III. Ukbch. S. 116.
4) Schannat C. P. H. F. p. 203.
5) Sch. C. P. Client. Fuld. p. 219.
6) Wenk I. Ukbch. S. 180. Sch. C. P. Dioec. et Hierarch. Fuld. p. 279.
7) Sch. C. P. D. et H. F. p. 280.
8) Sch. Hist. Fuld. p. 205. Brower Antiq. Fuld. a. 1.
9) Wenk III. Ukbch. S. 147.
10) Sch. Buch. vet. p. 378.
11) Spangenbg. henneb. Chr. S. 119. Fries würzbg. Chr. ap. Ludwig Scrip. Würzbg. p. 587.
12) Sch. C. P. H. F. p. 234.
13) Sch. Buch. v. p. 388.
14) Sch. C. P. Cl. F. p. 271.
15) Sch. C. P. H. F. p. 261.
16) Sch. Client. F. p. 113.
17) Senkenbg. Selecta j. et h. III. p. 388 u. d. übrigen hess. Chr. Eine Abschr. d. Urth. u. eines Spruches des Landgr. Hermann von 1397, Dienstag vor Michaelistag.
18) Sch. C. P. H. F. p. 279.
19) Sch. C. P. Cl. F. p. 315. D. et H. F. p. 138 et 39.
20) Sch. C. P. H. F. p. 281.
21) Sch. P. Cl. F. p. 226.
22) Fasti limburg. p. 120. Gerstenbg. ap. Sch. M. H. II. p. 514. Cong. ap. Kuch. A. H. I. p. 10 geben das Jahr 1397, Lauze u. Dilich aber 1402; wahrscheinlich sind zwei Fehden in eine verworren.
23) Joann. Ker. Moy. I. p. 721.
24) Wenk III. Ukbch. S. 222.

25) Estor. orig. p. 339.
26) Sch. Buch. vet. p. 378.
27) Sch. C. P. Cl. F. p. 305.
28) Handschr. Chr. u. Bangens thüring. Chr. S. 157.
29) Spangenberg's henneb. Chr. v. Heim I. S. 407 u. 8. Annal. Erfurt. ap. Menke III. p. 1185.
30) Daselbst III. S. 277. Nach diesem Liebe waren auch die von Buchenau mit in den Streit verwickelt, wovon der Geschichte nichts bekannt ist.
31) v. Schultes histor. dipl. Gesch. des Hauses Henneberg II. Ukbch. II. S. 266.
32) Urk. Abschr.
33) Schultes I. Ukbch. II. S. 563.
34) Schannat Cl. F. p. 114.
35) Sch. C. P. C. F. p. 306.
36) Sch. Cl. F. p. 134.
37) Sch. C. P. H. F. p. 366.
38) Sch. C. P. Cl. F. p. 370. Betraf diese Entschädigungssumme wirklich blos die geraubten Kühe, so könnte man — nach einem in den Theilungsverhandlungen zwischen den Landgr. Ludwig II. und Heinrich III. von Geschworenen festgesetzten Preise von 1½ fl. für jede Kuh — ihre Anzahl auf etwa 130—140 anschlagen.

Das Ganze geht aus einem von Schannat gelieferten Zettel hervor, dessen Verfasser am Ende in den klagenden Wunsch ausbricht: „Gott bescher uns ymant der uns das „danke, vo die Hendel nicht also vorkemen weren, so wa= „ren die von Hune ires Sloss geste worden."
39) Sch. D. et. H. F. p. 180 et 187.
40) Sch. C. P. Cl. F. p. 306. Eine umständliche Erklärung eines Burgfriedens und insbesondere seines Zweckes zu geben, halte ich für überflüssig, da dieses aus dem Ver=

trage schon von selbst hervorgeht. Nur das will ich zur Erläuterung bemerken, daß sowohl der Vertrag selbst, als auch der Bezirk, über den er sich ausdehnte, unter dem Namen **Burgfrieden** verstanden wurde.

41) Sch. C. P. Cl. F. p. 307.
42) ibid. et Lünig. Corp. Jur. feud. I. p. 1807.
43) Sch. Cl. fuld. p. 114.
44) Lünigs deutsch. Reichsarchiv P. Sp. cont. III. p. 81.
45) Sch. C. P. H. F. p. 378.
46) Fries würzb. Chr. S. 902.
47) Sch. C. P. H. F. p. 420 etc.
48) ibid. p. 429.
49) Sch. C. P. Cl. F. p. 113.
50) Estors alte kl. Schr. 2te Aufl. III. S. 376—309.
51) Spang. henneb. Chr. v. Heim II. S. 244. III. S. 134. Ein Stammbaum aufgestellt durch den Archivar Kindlinger und handschriftliche Nachrichten, mitgetheilt durch die Güte des Herrn Majors Freiherrn A. von Boineburg-Lengsfeld zu Weiler.

IV.
Hauneck.

Rund umher kann ich mit tiefem Grauen
Monumententrümmer überschauen
Aus der alten, alten Fehdezeit;
Rund umher verkünden schwarze Mauern,
Die dem Auge morsch entgegen schauern,
Wie die Bosheit Gift in Wermuth streut.
Seume.

4.

Hauneck.

Zwischen den Dörfern Ober- und Unterstoppel und dem Flüßchen Haune erhebt sich hoch über alle benachbarte Höhen, etwa 870 rheinländische Fuß über den Spiegel jenes Flusses[1], der Stoppelsberg mit den Trümmern des Schlosses Hauneck. Den untern, nur allmälig sich hebenden, Fuß des Berges bedecken Fluren; erst da, wo die Abhänge steiler werden, beginnt der Wald, der sich dicht und verwachsen bis zu den Mauern des Schlosses hinan zieht.

Der Berg hat eine völlig conische Form und sein Gipfel besteht ganz aus Basalt, der hier in großer Menge gebrochen wird; nur der Fuß ist feinkörnigter Sandstein, der in mächtigen Quadern zu Tage geht[2].

Das Schloß selbst nimmt die ganze Oberfläche des Berges ein und bildet ein nicht ganz regelmäßiges Viereck. Südöstlich liegt das noch zum Theil erhaltene Burgthor, welches früher von einem Gebäude überdeckt wurde, dessen Mauern der Muthwille bis auf wenige Reste herabgestürzt hat; durch dieses Thor, das demnach unter einem Gewölbe hinlief, gelangt man in den Burghof und erschaut hier die beiden Hauptgebäude. Links führt eine Pforte zwischen die leeren Mauerwände in das größere und eigentliche Schloßgebäude, welches gegen Südwesten liegt und an 70 Fuß Länge und 14 Fuß Breite hat. An seinem südlichen Ende befinden sich die Kelleröffnungen, in die man mit weniger Mühe kriechen kann. Zur Rechten des Thores befindet sich das andere Gebäude, welches sich in seiner Quadratform auf einem mächtigen Basaltblocke ruhend, bis zu einer Höhe von 50—60 Fuß erhebt. Für einen Thurm ist dieses Gebäude zwar zu geräumig, doch mag es wohl, da kein eigentlicher Thurm vorhanden, Statt dessen gedient haben.

Ob noch mehr Gebäude vorhanden waren, läßt sich nicht erkennen; denn die Mauern, welche die übrigen Seiten des Burghofs umschlingen, können eben sowohl bloße Ringmauern, als auch Grundmauern von (Holz=) Gebäuden, allenfalls Ställen, gewesen seyn.

Alle Mauern sind aus Basalt aufgeführt und zwischen vier bis fünf Fuß dick und könnten noch Jahrhunderten trotzen, wenn an ihnen nicht so arg gefrevelt würde. Am meisten müssen sie am Himmelfahrtstage jeden Jahres leiden. An diesem Tage herrscht in der Umgegend, wie unter andern auch am Widelberge, die Sitte, daß die Bewohner derselben bei Hunderten hinaufziehen, um sich zu vergnügen und Kräuter und Blumen zu sammeln, denen der Aberglaube, durch das Pflücken an diesem Tage, eine besondere Heilkraft zuschreibt. Dann treibt jugendlicher

Muthwille ein so arges Spiel, daß durch ihn manche Mauer umgestürzt wird; eben jenes Thorgebäude wurde an einem solchen Tage seiner Zerstörung entgegen geführt und wohl ist es deshalb erklärbar, wie sich noch nicht im Mindesten alte Männer erinnern können, das Schloß noch weit erhaltener gesehen zu haben. Alte Gebräuche und Sitten zu unterdrücken, würde nicht allein grausam, sondern auch unpolitisch seyn; aber da wo sie Schaden in ihrem Gefolge haben, sollte man sie wenigstens unter Aufsicht stellen, um diesen zu verhindern.

Die Aussicht von der Höhe ist wunderschön und reicht bis zu einer außerordentlichen Entfernung, besonders von den Mauern jenes Thurmgebäudes, das deshalb auch schon oft zu Beobachtungen dienen mußte. Rings um den Berg dehnt sich eine wellenartige Saat- und Wiesenebene aus, die von der Haune durchschlängelt wird. Man erblickt die Gipfel des Thüringer Waldes, der Rhön, des Vogelsbergs, und im blauen Nebel den Knüll und den Weißner; ja gegen Südosten soll man bei heiterm Wetter und gut bewaffnetem Auge bis an dreißig Stunden weit ins Fränkische sehen. Deutlich sieht man den Herzberg, Wallenstein, das nicht ferne Schlitz, Hünfeld, den Gehülfensberg, Biberstein, Ebersberg, die hohe Milseburg, Haselstein, Fürsteneck, Landeck, Dreienberg, Eiterfeld, Schenklengsfeld u. a. m.

Hauneck wurde von den von Haune erbaut, die dasselbe entweder nach ihrem Familiennamen oder nach seiner Lage an der Haune, benannten. Die Zeit seiner Erbauung läßt sich zwar nicht angeben, doch mag diese nicht bis in's dreizehnte Jahrhundert reichen, da sich noch bis auf die Gegenwart der Name des Berges, der sich gewöhnlich im Schloßnamen verlor, erhalten konnte. Daß das Schloß für jene Familie von bedeutender Wichtigkeit war, läßt sich leicht denken, wenn man ihre Fehde= und Raublust und die Nähe — kaum zwei Stunden — von ihrem Hauptsitze in Haune bedenkt. Das Schloß, fest durch seine hohe Lage und die Steilheit seiner Berghänge schaute tief in das Land hinein und jede Bewegung, jede feindliche Annäherung, jede lockende Beute mußte seinen Wächtern sichtbar werden.

Man findet das Schloß Hauneck erst im Jahre 1402. Wie schon in der Familiengeschichte der von Haune erzählt, machten diese in dem genannten Jahre, verbunden mit mehreren andern fuldischen Rittern, einen Einfall in Niederhessen, doch von Landgraf Hermann geschlagen, wurden sie bis in das fuldische Gebiet verfolgt, das Schloß Landeck beschädigt und Hauneck erobert [3]. Eine Sage erzählt von dieser Begebenheit, daß die Hessen es lange belagert und durch das Herabwerfen von Steinen besonders vielen Schaden gelitten hätten; doch da endlich das Schloß zum Theil zerstört und die Nahrungsmittel ausgegangen, habe sich der Ritter von Haune, der es vertheidigt, nicht mehr halten können und sey nun in einer Wasserkufe, die oben mit Leinengarn bedeckt und von einem Esel getragen worden, glücklich entronnen.

Der Landgraf setzte sich nun in den Besitz des Schlosses und ließ den beschädigten Theil wieder ausbessern. Diesem mußte das Schloß noch wichtiger seyn, als seinen frühern Inhabern. Durch seine Lage am Eingange in das fuldische Gebiet und seine Festigkeit war es als eine Schutzwehr, wenigstens als eine Beobachtungsfeste sehr wohl zu gebrauchen. Im Jahre 1409 sicherte sich deshalb auch der Landgraf den Besitz des Schlosses durch einen rechtlichen Kauf, den er mit dessen frühern Besitzern abschloß, worin diese ihm außer dem Schlosse, auch dessen Zubehörungen, die Dörfer Ober- und Unterstoppel nebst einigen andern nahen Gütern, überließen [4]).

Im Jahre 1469 überfielen das damals dem Landgrafen Heinrich III. zustehende Schloß die benachbarten von Buchenau, denen es schon lange lästig gewesen seyn mochte, und brannten es nieder [5]); wahrscheinlich in Folge des zwischen ihnen und jenem noch fortdauernden Zwistes. So blieb es in seinen Trümmern liegen bis zum Jahre 1482, in welchem es derselbe Landgraf Heinrich III. wieder herstellte [6]).

Im Jahre 1499 nennt sich Engelhard von Buchenau Amtmann zu Hauneck [7]), so wie auch noch 1572 ein gewisser Jakob Schröder „Voigt uff Hauneck [8]).“ Von nun an verschwindet der Name des Schlosses und unbekannt ist, wann und auf welche Weise es zerstört wurde. Nur der von ihm entnommene Name des Amtes erhielt sich bis in die neuere Zeit.

Anmerkungen.

1) 1560 rh. Fuß über der Nordsee u. 755 rh. Fuß über Fulda.
2) Ueber diesen Sandstein f. Schneider's naturhistor. Beschreib. des dießseitigen hohen Rhöngebirgs. S. 83. Am Fuße des Stoppelsbergs liegen unter andern einige außerordentlich große Stücke frei zu Tage, von denen das eine 48′ und das andere zwischen 49—50′ Länge und beide zwischen 5—6′ Breite haben.
3) Es ist zweifelhaft, ob 1397 oder 1402. S. Burghaune, Anmerk. 22.
4) Wenk Ukbch. III. S. 222.
5) Gerstenbg. Sch. M. H. II. p. 548.
6) Das. p. 552.
7) Copialbch. d. Kl. Johbg.
8) Lennep von der Landsiedelleihe Cod. Prob. p. 371.

V.
Löwenstein.

Mütterlich Land! Wo liegt die Gegend der Erde,
Die dir an Reiz und Anmuth gleicht?
Mestaliere.

5.

Löwenstein¹).

In einer der freundlichsten und fruchtbarsten Gegenden des alten Hessenlandes, im Löwensteiner Grunde, schauen von einer steilen Höhe die Reste der Burg Löwenstein herab.

Der Löwensteiner Grund, seinen Namen unserm Schlosse dankend, ist ein, durch zwei Reihen hoher Berge gebildetes Thal, welches sich von Südwesten nach Nordosten zieht und von der Schwalm durchschlängelt wird. Die auf dem linken Schwalmufer sich erhebende Bergreihe geht von dem, an 1085 Fuß über das Flüßchen Urfe sich erhebenden Kellerberge aus und dehnt sich hinab bis zum Bühraberge bei Fritzlar, indem sie stets in einiger Entfernung von dem Schwalmufer läuft und nur ihr sich langsam abdachender Fuß das Thal bildet. Die andere Bergreihe lehnt sich dagegen mit ihren steilen waldigen Abhängen an das rechte Ufer des Flusses und ihr höchster Punkt ist die hohe Altenburg bei dem Dorfe Römersberg. Zwischen den Dörfern Kleinenglis und Kerstenhausen nähern sich beide Bergketten und die hier gegen einander über liegenden Berge, die Hundsburg und der Kuhberg (ehemals Weinberg genannt), lassen der Schwalm nur einen engen Durchgang. Durch diese Pforte tritt man, auf der schönen stets belebten Heerstraße fortschreitend, in das freundliche Thal. Zuerst erreicht man das Dorf Kerstenhausen und tritt nach einem Wege von kaum zwei und einer halben Stunde bei dem Dorfe Reptich wieder heraus, wo sich das Thal schon sehr erweitert hat. Die Dörfer, die in dieses Thal gehören, liegen alle am linken Schwalmufer und sind: Kerstenhausen, Zwesten, Ober- und Niederurf, Schiffelborn, Betzigerode, Wickersdorf, Gilsa, Reptich und auch wohl Bischhausen. Schon in den frühesten Zeiten finden sich diese Dörfer und anfänglich besonders als Besitzungen der von Bischofshausen, von Urf, der Hunde und von Gilsa, Familien, welche sich außer der letztern alle schon im zwölften Jahrhundert finden. Erst in späterer Zeit kamen auch die von Boineburg, Hanstein, Schwerzel, Hesberg, Motz u. a. zu dasigen Besitzungen.

Durch mehrere Burgen wurde der Löwensteiner Grund gedeckt und beherrscht; nördlich durch die Hundsburg, südlich durch Jesberg und in der Mitte durch den Löwenstein und die Thalburg der von Urf. Aber die Zahl der verschiedenen Besitzer und deren verschiedene Lehnsherrlichkeit, die theils hessisch, theils mainzisch, ziegenhainisch und waldeckisch war, mußten den Bewohnern der Gegend manches Ungemach bereiten.

Die Trümmer des Schlosses **Löwenstein** liegen auf einem nicht sehr hohen Vorhügel des Kellergebirges, nordöstlich vom Dorfe Oberurf, etwa eine Viertelstunde von der waldeckschen Grenze und eine Stunde vom Schwalmufer. Die Form des Berges ist die eines abgestumpften Kegels und seine Masse Basalt, der an mehreren Orten aus den kahlen Abhängen hervorschaut. Von dem sich am Abhange hinaufziehenden Dörfchen Schiffelborn[2] erreicht man mit weniger Mühe den Berggipfel; von jeder andern Seite sind die Abhänge zu steil.

Die Bergfläche ist sehr geräumig, aber auch uneben durch Haufen von Schutt und eine Saat loser Mauerstücke. Nur der mächtige Thurm scheint der Beachtung werth. Er liegt an der höchsten Stelle der Bergfläche, auf deren nordwestlicher Seite. An ihn lehnten sich die übrigen Gebäude. Früher hatte er, wie dieses gewöhnlich ist, nur eine Thüröffnung in seiner Mitte; doch schon vor Jahren durchbrach man, begierig nach Schätzen, die nur Thoren Wahn hier suchen konnte, die felsenfeste $11\frac{1}{2}$ Fuß dicke Mauer. Durch jene obere Oeffnung gelangt man zu einer noch wohl erhaltenen Wendeltreppe, die bis oben hinaufführt zu dem Rande des Thurmes, von dem herab man das ganze schöne Thal und noch weiter schaut. Von diesem Thurme aus läuft rings am Bergabhange hin die weitläuftige, doch jetzt sehr zerrissene Ringmauer. Alle andern Mauern sind niedergestürzt, theils durch die Hand der Zeit, aber mehr noch durch den Eigennutz der Menschen, wovon man an den herumliegenden Stücken die deutlichsten Spuren sieht; häufig sieht man lose Mauerstücke von mehreren Steinen, deren Kitt sie noch so fest verbindet, daß eher die Steine zerspringen, als dieser nachgeben würde.

Der Vordergrund des Burgschädels ist mit Buchen, Pappeln, Tannen und andern Holzarten bedeckt, die ein Herr von Motz angepflanzt haben soll. Diese Bäume geben in ihrem frischen üppigen Grün, das durch das verschiedene Laub eine angenehme Schattirung erhält, dem Thurme, der nur halb zwischen den wogenden Zweigen, grau wie das Alter, hervorblickt, einen eignen Reiz.

Daß die Burg sehr bedeutend war, zeigt der Umfang jener Ringmauer, deren Binnenraum freilich nicht lauter Gebäude bedecken konnten. Von den äußern Befestigungswerken bemerkt man noch jetzt zwei Gräben, mit einem sie scheidenden Walle, welche besonders die Ostseite umziehen. Der innere Graben, der dicht unter der Ringmauer und dem Thurme hinläuft, ist der tiefste und war, obgleich hoch liegend, dennoch mit Wasser gefüllt, welches aber vor nicht langer Zeit plötzlich schwand und keine Spur von sich zurückließ.

Die Aussicht, besonders von dem Thurme, ist mehr schön und lieblich, als groß und weit. Die ganze Nord-, West- und Südwestseite decken hohe Berge; aber gegen Süden und Osten öffnet sich ein fruchtbares Saatgefilde, welches, von grünen Hügeln durchzogen, ein herrliches Gemälde gibt. Da schaut man außer den umliegenden Dörfern, die berüchtigte Hundsburg, die Altenburg, den Mosenberg, die Trümmer des Falkenbergs, den Heiligenberg, den Homberg, die Ruine der Burg Jesberg und von der

Spitze des Thurmes auch das Schloß Waldeck, den hohen Weidelberg und selbst das Riesengebäude mit dem Herkules zu Wilhelmshöhe.

Das Schloß **Löwenstein** findet sich zuerst im Jahre 1253 genannt und damals auch schon in dem Besitze seiner gegenwärtigen Herren.

Bis zur Mitte des zwölften Jahrhunderts führt die Geschichte der v. **Löwenstein** zurück, aber erst seit dem Ende des dreizehnten Jahrhunderts nahmen sie den gegenwärtigen Namen an. Früher nannten sie sich von **Bischofshausen**, von ihrem Ursitze, dem Dorfe Bischofshausen (Bischhausen), am linken Ufer der Schwalm, südlich vom Einflusse der Gilsa, liegend. Erst in der Mitte jenes Jahrhunders mochten sie den Löwenstein erbaut und auf demselben ihren Wohnsitz aufgeschlagen haben. In dieser Zeit erscheint die Familie in ihrer größten Blüthe, als eine der angesehensten Hessens. Reich durch einen großen und ausgebreiteten Güterbesitz, war es ihr möglich, sich dem höhern Adel anzuschließen und Verbindungen mit Familien einzugehen, deren Glanz sich noch bis in spätere Zeiten erhielt, wie z. B. der Grafen von Schwalenberg, der Edlen von Itter, von Carben ꝛc. Aber mit jener Namensveränderung scheint auch eine neue Periode für die Familie zu beginnen; augenscheinlich wird ihr Sinken: denn statt neue Güter zu erwerben, sieht man sie nur mit Veräußerungen beschäftigt, besonders an Klöster, deren Unersättlichkeit so manche Familie von ihrer Höhe herabzog, deren bald schmeichelnde, bald drohende Ermahnungen und Warnungen, in einer Zeit voll gläubi=

gen Sinnes, gar manchen, dem eine That das Gewissen aufregte, vermochten, durch reiche Gütervergabungen an Kirchen und Klöster, den gereizten Zorn des Himmels zu beschwichtigen oder — sich durch einige Hufen Landes die Gottheit zu gewinnen, um dereinst einen glänzendern Stand im Himmel eingeräumt zu erhalten.

Noch vor jener Namensveränderung begann die Familie sich schon in drei Linien zu theilen und nannte sich nun nicht mehr von Bischofshausen, sondern von Löwenstein, und jede einzelne Linie bezeichnete sich noch durch einen besondern Beinamen, nämlich von Löwenstein-Westerburg, von Löwenstein-Schweinsberg und von Löwenstein-Löwenstein, welche letztere (Westerburg, Schweinsberg und Löwenstein oder Eitel Löwenstein) sie jedoch meist nur allein führten. Woher sie diese Namen genommen, läßt sich nicht erläutern. Man könnte auf die Vermuthung gerathen, daß die Stammväter der genannten Linien Töchter dieser Familien zu Gattinnen gehabt, aber diese wird dadurch vernichtet, daß Werner von Löwenstein-Westerburg, der sich zuerst auch v. Bischofshausen genannt Westerburg nannte, eine Gräfin von Schwalenberg zur Gattin hatte und weder in der Geschichte der Schenken zu Schweinsberg, noch in der der Dynasten von Westerburg sich eine Spur findet, welche auf eine solche Verbindung schließen ließe. Auch zu der Vermuthung, daß die Stammväter der beiden erstern Linien Burgmannen auf Schweinsberg und Westerburg — allenfalls auf der über Allendorf an der Werra gelegenen Westerburg — gewesen seyn könnten, laſſen ſich keine Gründe finden. Die Erläuterung jenes merkwürdigen Namenswechſels muß ich alſo dahin geſtellt ſeyn laſſen und ich gehe nun zur Geſchichte der Familie ſelbſt über.

Der erſte von der Familie bekannte iſt

Werner von Biſchofshauſen, welcher ſich im Jahre 1160 in einer Urkunde des Abts Willibald von Hers= feld findet [3]). Er lebte noch 1196, wo er einen Schutzbrief des Erzbiſchofs Conrad von Mainz für das Nonnenkloſter Beriche im Waldeckſchen als Zeuge unterſchrieb [4]).

Werner v. Biſchofshauſen, wahrſcheinlich des vorgenannten Sohn, bezeugte 1221 einen zwiſchen dem Kloſter Cappel und den Gebrüdern von Heitershauſen ge= ſchloſſenen Vertrag. Im Jahre 1222 bezeugte er gleich= falls eine jenes Kloſter betreffende Entſcheidung eines Streites mit denen von Ultershauſen, welche beſondere vom Pabſte beſtellte Richter zu Fritzlar ausſtellten. 1233 war er bei der Ausſtellung einer Urkunde Conrad's von It= ter [5]) und ſpäter, doch noch in demſelben Jahre, gegen= wärtig, als in dem Felde zwiſchen Mardorf und Zennern Graf Gottfried von Reichenbach, durch eine Urkunde, die Beſitzungen des Kloſters Haina beſtätigte [6]). Auch in den Jahren 1237 und 1242 findet er ſich im Gefolge dieſes Grafen [7]). 1245 wurde er und Reinhard von Itter in einem Streite des Kloſters Haina mit Heinrich Vogt von Keſeberg als Richter erwählt, worauf ſich beide nach Geis= mar (bei Frankenberg) begaben und die Sache daſelbſt entſchieden [8]). 1250 bezeugte er eine Urkunde der Edlen Reinhard und Conrad von Itter [9]) und war 1253 mit dem erstern zu Frankenberg, als dieser mit dem dasigen Kloster St. Georgenberg einen Vertrag abschloß [10]).

Er genoß eines solchen Ansehens, daß ihn mit dem Ritter Conrad von Elben der Markgraf Heinrich von Meißen, dem die Herzogin Sophie von Brabant für ihren Sohn, den Landgrafen Heinrich I., die vormundschaftliche Regierung übertragen hatte, zu seinem Statthalter in Hessen ernannte, als welchen man Werner 1253 findet. In dieser Eigenschaft stellte er mehrere Urkunden aus. In jenem Jahre beurkundete er mit seinem Genossen Conrad von Elben eine, von dem thüringschen Ministerial Conrad von Embrechtsfeld dem Kloster Haina gethane Schenkung. Es geschah dieses am 8. August auf dem Schlosse Löwenstein in Gegenwart vieler benachbarter Edeln und des Probstes Eckard von Fritzlar, sowie des Abts Werner, des Priors Wigand (von Linsingen) und mehrerer anderer Vorsteher des Klosters Haina [11]). Kurz nachher findet man jenen beiden Statthaltern in ihrem Amte auch noch den Probst Eckhard von Fritzlar beigegeben. Schon am 26. August hegten diese drei, umgeben von einer zahlreichen Versammlung, ein Gericht zu Berken, wegen eines Streites zwischen Dietrich von Linsingen und dem Kloster Haina, worüber sie am 26. September auf der Burg Löwenstein ihre Entscheidung ausstellten, wobei wieder die Vorsteher des Klosters Haina gegenwärtig waren [12]). Im folgenden Jahre war Werner nicht mehr in diesem wichtigen Amte; ein thüringscher Ritter, Heinrich von Glizberg, war an seine Stelle getreten, der sich nun mit Conrad von Elben als Lands richter bezeichnet. Wie es aus dem Vorhergehenden scheint, hatte man das Schloß Löwenstein zu dem Sitze der Regierung gewählt, welche Vermuthung besonders durch die letzte Urkunde an Wahrscheinlichkeit gewinnt.

Auch Werner gerieth über den Besitz verschiedener Güter mit dem Kloster Haina in Zwist, der aber 1254 am 6. März in der Burg Löwenstein, in Gegenwart der Landrichter Conrad von Elben und Heinrich Vogt von Glizberg beigelegt wurde; das Kloster verzichtete nämlich auf die Hälfte der Dörfer Vortheim und Nüsezen und Werner mit seiner Hausfrau und seinen Söhnen auf alle ihre Rechte an Ermbrechtsfeld und Todenhausen; ausgenommen hiervon wurde Brüngeringhausen[13]. In demselben Jahre vermittelte Werner auf seiner Burg einen Vergleich zwischen dem Kloster Haina und den Gebrüdern von Anreff, dessen Abschlusse außer seinen Söhnen auch noch viele andere Ritter beiwohnten[14]. Auch befand er sich in diesem Jahre mit seinem Erstgebornen im Gefolge der Herzogin Sophie von Brabant zu Marburg[15].

Im Jahre 1258 findet man ihn wieder auf seiner Burg. Er gab unter dem 3. Mai d. J. an seine Lehnsherren, die Grafen Walram und Otto von Nassau, den Zehnten zu Mengershausen bei Keseberg, welchen er von ihnen zu Lehn trug, auf, mit der Bitte, denselben dem Kloster Haina zu geben; doch erst zwei Jahre später (1260) erfüllten diese seine Bitte[16]. Im Jahre 1259 findet man ihn mit seinem ältesten Sohne Heinrich im Gefolge der Herzogin Sophie zu Marburg und 1260 auch mit seinen übrigen Söhnen in einer, das Kloster Beriche betreffenden Urkunde des fritzlarschen Probsts Widekind [17]). Er lebte noch 1262, wo er für sich und seine Gattin und Kinder zwei Schenkungsurkunden für das Kloster Haina auf seiner Burg ausstellte; durch die erstere, am 6. August gegebene, vergabte er seine Güter unterhalb des Kirchhofs und der Mühle zu Bischofshausen und nach der zweiten am 7. September ausgestellten, bestätigte er nochmals diese Schenkung [18]). Kurz nachher mag er gestorben seyn. Mit seiner Gattin Gertrude, welche gleichfalls noch 1262 lebte, hatte er vier Söhne Heinrich, Werner, Hermann und Bruno, sowie eine Tochter Bertha.

Werner's vorgenannte Söhne wurden nun die Stammväter der erwähnten drei Linien. Heinrich, Werner und Hermann findet man zuerst 1253 auf dem Löwensteine in jener Urkunde der markgräflichen Statthalter, sowie 1254 mit ihrem Bruder Bruno und ihrer Schwester Bertha bei dem Vergleiche ihres Vaters mit dem Kloster Haina und 1258 gleichfalls in einer väterlichen Urkunde. Auch 1262 bezeugten die drei ältesten mit ihrem Vater die Urkunde des fritzlarschen Probstes, wobei sie alle drei schon Ritter genannt werden. Im Jahre 1276 bezeugten dieselben Brüder, gleichfalls gemeinschaftlich, eine Urkunde der Gräfin Mechtilde von Waldeck für das Kloster Berich [19]). Der Vierte der genannten Brüder

Bruno trat, nachdem er es bis zur Ritterwürde gebracht, nach dem Jahre 1266 noch in den geistlichen Stand, und findet sich 1270 als Capitular zu Fritzlar [20]).

Heinrich, Werner's Erstgeborner, wurde der Stammvater der Schweinsberger Linie. Man lernt ihn zuerst im J. 1252 kennen, wo er sich in der Begleitung des Grafen Heinrich von Waldeck befand, als dieser in einem Schlosse bei Frankfurt (in castris juxta Frankinbort) eine Schenkung seines Vaters Adolph, an das Kloster Hardehausen, bestätigte[21]. 1254 war er mit seinem Vater in dem Gefolge der Herzogin Sophie von Brabant zu Marburg. 1258 bezeugte er eine Urkunde der Herren von Itter[22] und war auch in demselben Jahre zu Fritzlar, als die Grafen von Nassau und die Herren von Itter einen Vertrag schlossen, bei welcher Gelegenheit sich die letztern in Ermangelung eigner Siegel des seinigen bedienten[23]. 1259 findet er sich mit seinem Vater wieder im Gefolge der Herzogin Sophie. 1260 bezeugte er zu Homberg eine Urkunde der von Utershausen[24]. 1266 war er in Fritzlar, als die Landfriedensrichter Reinhard von Wichdorf und Heinrich von Urf eine Urkunde daselbst ausstellten, wobei auch sein Bruder, Ritter Bruno, gegenwärtig war[25]. 1269 stellte er mit dem Grafen Adolph von Waldeck, R. v. Itter und W. v. Neuenborn im Namen des Ritters Arnold von Paderborn eine Urkunde aus[26]. Er lebte noch 1276, wo er eine Urkunde des Vogts Ludwig von Bibra bezeugte, und hinterließ, soviel wie bekannt, zwei Söhne Werner und Heinrich.

Werner, Ritter, findet sich zuerst im Jahre 1276, wo er in Gesellschaft seines Vaters und seiner Oheime in einer Urkunde der Gräfin Mechtilde von Waldeck mit der

Bezeichnung der Junge, juvenis, genannt wird [27]). 1289 findet er sich auf dem Löwenstein und nennt sich einen Verwandten Sibedo's Herrn von Itter [28]). 1290 befand er sich mit demselben im Kloster Haina, als ihr Verwandter der Burggraf von Friedberg, Ritter Friedrich von Carben, daselbst eine Schenkungsurkunde ausstellte [29]), gleichwie später mit dem Grafen Otto von Waldeck zu Wildungen. 1299 findet man ihn wieder, sowohl in einer hainaschen, als capellschen Urkunde [30]), sowie 1302 in einer Urkunde seines Oheims Werner v. Westerburg [31]). Im Jahre 1303 schenkte er mit seinem Bruder Heinrich und seinen Verwandten Werner v. Westerburg und Hermann von Romrod, welche sich zusammen Herren v. Löwenstein nannten, den Johannitern in Böhl das dasige Patronatrecht zu einem ewigen Seelgeräthe. 1305 wohnte er dem Verkaufe der Trendelburg und des Reinhardswaldes an den Landgrafen Heinrich bei [32]). 1306 war er Zeuge in einer Urkunde desselben Landgrafen [33]). 1307 bezeugte er einen zwischen den v. Wolfershausen und von Elben geschlossenen Vertrag [34]). 1309 war er bei dem Lehnsauftrage des Schlosses Urf an die Grafen von Waldeck und bei der Ausstellung einer Urkunde seines Oheims Werner von Westerburg [35]). 1311 wurde er vom Abte Reinhard von Fulda zum Erbburgmanne auf dem Schlosse Hausen, unfern Rotenburg, ernannt, wofür ihm jährlich 10 Pfund auf so lange angewiesen wurden, bis er im Ganzen 100 Mark erhalten [36]). 1312 war er bei der Vereinigung des Erzbischofs Peter von Mainz mit dem Grafen Johann von Ziegenhain zu Amöneburg und wurde mit Johann Riedesel für etwaige Streitigkeiten zum Schiedsrichter bestellt [37]); auch schloß er in diesem Jahre mit dem genannten Prälaten zu Amöneburg einen Handel ab; er verkaufte ihm sein Eigenthum zu Fritzlar, namentlich das Kreuzgeld, Biergeschoß, Marktrecht, Bäckergeschoß ꝛc., welches früher dem Erzstifte zugestanden, er aber schon seit langen Jahren im Besitze gehabt, für 300 Mark Silber [38]).

Sein Bruder

Heinrich, Knappe, findet sich zuerst 1303 bei der Abtretung des Patronatsrechts über die Kirche zu Wöhl und später im Jahre 1309 zu drei verschiedenen Malen; einmal bei dem Lehnsauftrage des Schlosses Urf, das andere Mal in einer eignen Angelegenheit, indem er mit dem Kloster Haina einen Vertrag abschloß [39]), und endlich in einer Urkunde seines Oheims Werner von Westerburg.

Werner, der zwischen 1312 und 1315 starb, hatte mit seiner Gattin Adelheid vier Söhne, Heinrich, Reinhard, Johann und Hermann.

Heinrich wurde Geistlicher und findet sich zuerst 1309 bei dem Lehnsauftrage der Burg Urf, wobei er sich schon als Domherr zu Fritzlar bezeichnet. 1315 verband er sich für sich und seinen Bruder und Mündel Hermann mit dem Erzstifte Mainz gegen Hessen in einer Zusammenkunft auf der Amöneburg [40]). 1329 war er Scholasticus und bezeugte eine Urkunde des Knappen Conrad v. Wehren [41]). Im Jahre 1347 lebte er noch [42]).

Auch Johannes hatte die Kutte genommen und findet sich später als fritzlarscher Domherr.

Der Domherr Heinrich und sein Bruder Hermann verbürgten sich 1322 für die von Falkenberg, als diese dem Erzstifte Mainz ihr Schloß lehnbar machten [43]).

Hermann und Reinhard waren 1332 bei der Belehnung der von Dalwigk mit dem Schlosse Schaumburg [44]). Hermann hatte um diese Zeit dem Erzstifte Mainz Dienste geleistet — wahrscheinlich hatte er für dasselbe 1327 gegen den Landgrafen Otto gefochten — und verglich sich deshalb 1329 mit seinen Brüdern wegen des erlittenen Schadens mit dem Verweser des Erzstifts, dem Erzbischofe Balduin von Trier; da dieser sie jedoch nicht in baarem Gelde zu entschädigen vermochte, so versetzte er ihnen das Gericht Bulenstruth und wies ihnen 120 Pfund Heller zu einem Erbburglehen in Fritzlar an, wogegen sie ihr Allodium im Dorfe Itter einsetzten [45]). Werner, der Vater, hatte in seinem Testamente sein Allodium Herboldeshausen, ein jetzt nicht mehr vorhandenes, unfern Vorken gelegenes Dorf, zum Heile seiner Seele zu einem Geschenke an die Kirche bestimmt. Die Söhne gaben deshalb, gehorsam dem väterlichen letzten Willen, im Jahre 1340 nicht allein das bestimmte, sondern auch noch ein Gefälle von einem Malter Roggen und Hafer, welches auf 30 Aeckern bei Kleinkerstenhausen ruhte, dem Altare der heiligen Jungfrau zu Fritzlar [46]).

Später tritt uns der Knappe Hermann am meisten entgegen. So bekannte er 1345 gegen den Grafen Johann von Ziegenhain, daß er sein Erbburglehn zu Ziegenhain, nämlich das halbe Gericht zu Wegebach, von nun an, auf der Landsburg verdienen wollte. Sollte aber der Graf diese Burg verlieren, so wollte er wieder Burgmann in Ziegenhain seyn. 1349 findet man ihn bei der Aussöhnung des Klosters Haina mit den Dynasten v. Itter [47]. 1350 erhielt er von dem Grafen Johann von Ziegenhain und Gottfried seinem Sohne einen Burgsitz auf dem Schlosse Schönstein (Schonenstein) [48]. In dem Bündnisse, welches am 22. Juny 1350 zwischen dem Erzbischofe Gerlach von Mainz und dem Landgrafen Heinrich II. von Hessen geschlossen wurde, ernannten diese Fürsten ihn und den Ritter Ludwig von Baumbach für etwa zwischen ihnen oder den Ihrigen entstehende Streitigkeiten, zu Schiedsrichtern; sie sollten solche binnen Monatsfrist beilegen und in dem Falle, daß sie über ihr Urtheil nicht einig werden könnten, beide oder einer von ihnen nach Friedberg vor die Capelle reiten und der Entscheidung der dasigen Burgmannen folgen [49]. Im folgenden Jahre am 18. Februar, schlossen die genannten Fürsten einen nochmaligen Vertrag auf ein Jahr, in welchem sie von jeder Seite zwei Räthe und zu deren Obmännern den Knappen Hermann und den Ritter Ludwig v. Baumbach bestimmten [50]. Der verstorbene Domherr Heinrich von Löwenstein-Schweinsberg hatte einen Altar zu Fritzlar, zu welchem er ein dasiges Haus bestimmte, gestiftet, über den seine Erben das Patronatrecht übten. Im Jahre 1361 vergabte ihn Hermann mit seinen Söhnen von neuem [51]. In den Jahren 1364 und 1371 findet man Hermann mit Wiederhold Met-

senbug im Besitze der Landsburg, als ziegenhainsche Erb=
burgmänner [52]). Im Jahre 1368 findet er sich bei Ge=
legenheit einer Sühne zwischen dem Landgrafen Heinrich
und den Grafen Otto und Heinrich von Waldeck, welche
diese in der Reygirbach, zwischen Waldeck und Sach=
senhausen, errichteten und worin sie außer dem Landgrafen
Hermann, auch den Ritter Hermann von L. Schw. zu
Schiedsleuten ernannten.

Seine Söhne waren Reinhard und Hermann,
von welchen der letztere sich schon 1345 im geistlichen
Stande und bis 1397 als Domherr zu Fritzlar findet [53]).

Ich breche hier die Geschlechtsfolge der Schweins=
berger Linie ab, um nun zu der der zweiten, der Wester=
burger Linie überzugehen.

Werner, Werner's von Bischofshausen
zweitgeborner Sohn, wurde der Stammvater der
Westerburger Linie. Schon im Jahre 1273 findet
man ihn als landgräflichen Beamten in der Fehde des
Landgrafen Heinrich I. mit dem Erzbischofe von Mainz,
der deshalb auch ihn mit dem Landgrafen in den Bann
that. Sowohl hier, als auch im Jahre 1289 nannte er
sich noch von Bischofshausen. Dieses letztere war
bei der Gelegenheit, als sein Verwandter Sibodo Herr v.
Itter auf dem Schlosse Löwenstein eine Schenkungs=
urkunde an das Kloster Netze ausstellte [54]). Doch schon
im folgenden Jahre 1290 nannte er sich in einer Urkunde
des Grafen Otto von Waldeck von Bischofshausen
genannt von Westerburg [55]) und auch blos, wie dieses
nachher gewöhnlich geschah, von Westerburg, ohne des

Namens Löwenstein zu gedenken. In dem genannten Jahre findet man ihn auch bei der Ausstellung einer Urkunde seines Verwandten (Consanguinei), des Ritters Friedrich von Carben, Burggrafen von Friedberg, in dem Kloster Haina, sowie mit einigen seiner Familie im Gefolge des Grafen Otto von Waldeck, auf der Burg Wildungen. Als im Jahre 1296 Heinrich Edler von Itter sein Schloß an Hessen öffnete, war er mit andern hessischen Rittern gegenwärtig [56]. Unterm 23. April deff. J. öffnete er dem Landgrafen Heinrich I. die Burg Löwenstein und im folgenden Jahre, am 6. April, auch das ihm zustehende Schloß Borken, gegen Jedermann, nur die Grafen von Waldeck, seine nächsten Blutsfreunde und seine arme Leute ausgenommen. Bei der Belehnung mit der Burg Löwenstein erhielt er zugleich ein Burglehn von 50 Mark auf das Dorf Betzigerode angewiesen [57]. Auch war er in diesem Jahre gegenwärtig, als die von Gudenberg dem Landgrafen Heinrich die Vogtei in Kaufungen verkauften [58]. 1298 verkaufte er einen Zehnten in Englis dem Kloster Haina; da er diesen von den Grafen von Ziegenhain zu Afterlehn und diese ihn von der Abtei Hersfeld zu Lehn trugen, so übergab Graf Gottfried denselben dem Abte von Hersfeld, mit der Bitte, ihn jenem Kloster zu übergeben [59]. In demselben Jahre befand er sich auch bei dem Lehnsauftrage des Schlosses Herzberg von seinem Schwager Heinrich von Romrod an den Landgrafen Heinrich von Hessen [60].

Im Jahre 1302 verkaufte er mit seiner Gattin Druda (Gertrude) und seinem Sohne Werner einen

Zehnten zu Neuenborn bei Werbe an das Kloster Werbe, für 36 Mark cölln. Denarien[61]), gleichwie wenig später auch seine Hälfte an dem Schlosse Borken ꝛc. dem Landgrafen Otto für 300 Mark cölln. Pfennige (3 Heller auf 1 Pfenning) auf Wiederkauf[62]). Diese Pfandschaft wurde nicht wieder abgelöst; im Gegentheil entstand über den Besitz des Schlosses zwischen dem Grafen Johann von Ziegenhain — entweder der Besitzer der andern Hälfte oder der Lehnsherr — mit dem Landgrafen ein Streit, der 1317 durch einen Vergleich beigelegt wurde. Im Jahre 1303 begleitete er den Erzbischof Gerhard von Mainz auf einer Reise und befand sich unter andern mit diesem am 7. Mai auf dem Schlosse Hardenberg, unweit Göttingen[63]). 1304 war er Zeuge in einer Urkunde des Edlen Conrad von Schöneberg und seiner Söhne[64]) und findet sich auch wieder im Gefolge des genannten Erzbischofs[65]). 1305 wohnte er zu Cassel dem Abschlusse des Verkaufsvertrags über Trendelburg und den Reinhardswald zwischen Conrad Edlem von Schöneberg und dem Landgrafen bei[66]). 1306 bezeugte er eine Urkunde Ditmar's von Waldeck gen. Opolt[67]). Als im Jahre 1309 die von Urf ihr Schloß Urf von dem Grafen Heinrich von Waldeck sich zu Lehn geben ließen und sich den aus dieser Verbindung entspringenden Vasallenpflichten unterwarfen, besonders hinsichtlich der Hülfe gegen Feinde, nahmen sie die von Löwenstein davon aus; wobei Werner gegenwärtig war[68]). 1309 verkaufte derselbe, mit Einwilligung seiner Gattin und Söhne, den Johannittern zu Wiesenfeld den Zehnten zu Brinkhausen für 60 Mark Denarien[69]). Im

Jahre 1311 (2. October) kam zwischen dem Landgrafen Otto und seinem Bruder, dem Bischof Ludwig von Münster, ein Vertrag zu Stande, welchen Werner als Zeuge unterschrieb [70]. 1312 bezeugte er gleichfalls eine Urkunde des Landgrafen Otto [71] und wohnte in demselben Jahre auch der Belagerung Gudenbergs durch den hessischen Feldherrn Grafen Heinrich von Waldeck bei; wenigstens findet man ihn in dem Lager vor dieser Stadt [72]. Bis hieher scheint er immer im guten Vernehmen mit Hessen gestanden zu haben, doch im Jahre 1315 trat er mit seinem ältesten Sohne und mehreren seiner Verwandten in eine Verbindung mit dem Erzstifte Mainz gegen Hessen [73]; ob durch einen vorhergegangenen Streit oder lockenden reichen Gewinn gereizt, läßt sich nicht entscheiden. Er erscheint hier zuletzt. Wie bedeutend sein Ansehen gewesen, läßt sich aus dem Vorhergehenden ersehen; doch begann er durch Güterverkäufe, in denen ihm seine Nachkömmlinge folgten, schon den Grund zu untergraben, auf dem die Größe seines Hauses ruhte. Er hatte zu seiner ersten Hausfrau eine Gräfin von Schwalenberg, mit der er einen Sohn Werner erzeugte; nach deren Tode schritt er zu einer zweiten Ehe mit einem Fräulein Druda (Gertrude), deren Geschlechtsname nicht bekannt ist. Mit dieser erzeugte er zwei Söhne Werner und Godbert [74].

Von Godbert ist nichts Näheres bekannt und jene beiden Werner zu unterscheiden, ist durchaus unmöglich. Ich kann sie hier nur in einer Person aufführen, wenn nicht, wie es beinahe scheint, einer derselben schon früher verstorben.

Werner, Knappe, verband sich schon 1315 mit Mainz gegen Hessen und verbürgte sich 1332 bei dem Lehnsauftrage des Schlosses Falkenberg an Mainz, gleichwie bei der Belehnung der v. Dalwigk mit dem Schlosse Schaumburg. Erst im Jahre 1354 findet sich der Name Werner wieder; Werner mit seinem gleichnamigen Sohne veräußerte in diesem Jahre wieder einen großen Theil seiner Güter an den Landgrafen Heinrich. Es waren die Gerichte und Zehnten zu Rengshausen, Licherode, (Luchtinrode), Hausen, Mosbach, Binsförth, Lichtenhagen, Mühlbach, Quentel und Schönlinden [75]. Um diese Zeit verkaufte er auch einen halben Zehnten zu Weimar, unfern Cassel, an Adelheid, Otto Groppe's von Gudenberg Gattin, auf welchen er 1361 nochmals verzichtete, da diese denselben dem Kloster Ahnaberg versetzen wollte. Auch verkaufte er in dem genannten Jahre noch einen andern Zehnten zu Weimar für 200 Mark dem Nonnenkloster Ahnaberg [76], sowie um dieselbe Zeit auch noch andere Güter und selbst Zubehörungsstücke des Schlosses Löwenstein an den fritzlarschen Domherrn Dietrich von Hardenberg für 100 Mark Silber [77]. 1363 wohnte er, oder wahrscheinlicher sein Sohn, mit dem Landgrafen Hermann und dem Grafen Gottfried von Ziegenhain, nebst vielen hessischen Rittern, einem Gerichte zu Hertingshausen bei [78]. Werner scheint auch einen Sitz zu Liebenau gehabt zu haben, da er sich in einer Urkunde von 1360 als in dieser Stadt wohnend bezeichnet; wahrscheinlich war er durch Heirath mit einer Familie vom Diemelstrome (z. B. v. Gudenberg, Pappenheim, Stockhausen 2c.), die hier meistens Burgsitze hatten, gekommen. Seine Söhne waren Werner, Herbold, Eckebrecht, Rabe und Johann; doch nur die beiden erstern und der letztere sind mir näher-bekannt.

Herbold, Knappe, verkaufte 1352 mit seiner Gattin Else (Elisabeth) einen halben Zehnten zu Weimar an Hermann v. Bettenhausen, und seine Hausfrau Adelheit für 200 casselsche Pfennige, wobei sich sein Bruder Werner als Zeuge findet. Im Jahre 1360 stellten sie nochmals, sowohl der Vater Werner, als auch alle die genannten Söhne, eine Verzichtleistung auf jenen Zehnten aus [79]). 1359 verkaufte Herbold ansehnliche Güter in Liebenau an das Stift Paderborn.

Johann, Knappe, besaß von seinen Vorfahren, in Gemeinschaft mit den von Wolfershausen, das Recht, jährlich vom Kloster Hasungen ein Paar Botenschuhe und 5 Schillinge hess. Pfennige zu erhalten. Diese Abgabe löste 1379 das Kloster ab.

Werner nahm sich Agnes von Romrod zur Hausfrau. Schon lange waren beide Familien durch Verwandtschaftsbanden verknüpft und wie man aus dem Aufenthalte vieler von Romrod auf dem Löwensteine und in dessen Nähe schließen muß, diese auch zum Besitze löwensteinscher Güter gelangt. Jene Heirath gab Wernern die Aussicht zu einer ansehnlichen Erbschaft. Nachdem seine Schwiegereltern und sein kinderloser Schwager Ludwig von Romrod verstorben, fiel ihm außer mehreren andern Gütern auch die Hälfte des Schlosses Romrod zu. Doch lange behielt er sie nicht in seinem Besitze, sondern veräußerte sie bald wieder — das Jahr läßt sich zwar nicht angeben — an den Landgrafen Heinrich II. und seinen Sohn Otto. Noch im Jahre 1393 bestätigten seine beiden Söhne Bernhard oder Berlt, Ritter, und Werner, diesen Kaufvertrag [80]). Jener Werner verkaufte 1347 sein Vogteigericht zu Obermöllerich an die von Falkenberg.

Hermann, der dritte Sohn Werners von Bischofshausen, wurde der Stammvater der Linie von Löwenstein-Löwenstein. So sehr die beiden andern Linien hervortreten, eben so sehr tritt diese zurück ins Dunkel und der Aufstellung ihrer Geschlechtsfolge legen sich manche Schwierigkeiten in den Weg. — Jener Hermann, der sich noch 1276 in einer Urkunde Ludwig Vogts von Bibra findet, hatte zwei Söhne Heinrich und Werner, von denen der letztere schon 1308 Domherr zu Fritzlar war. Heinrich, der sich zugleich mit seinem Bruder in dem genannten Jahre findet, in dem beide eine Urkunde der Gebrüder von Holzheim bezeugen, hatte wahrscheinlich Eitel von Löwenstein zum Sohne; dieser findet sich zuerst 1332 bei der Uebertragung des Schlosses Schaumburg an die von Dalwigk. Auch dessen Söhne lassen sich nicht mit Bestimmtheit angeben, wahrscheinlich waren es Reinhard, Hermann und Werner, von denen die beiden letztern sich als Domherren zu Fritzlar finden und durch das Testament ihres Verwandten und Mitdomherrn, Dietrich von Hardenberg vom Jahre 1379 einen Hof erhielten. Beide lebten noch 1396, wo ersterer insbesondere als Cantor genannt wird.

Werner starb vor dem Jahr 1414. Nur Reinhard, der 1360 lebte, setzte den Stamm fort und hinterließ einen Sohn Werner, den man 1415 findet [81]).

Nachdem ich nun die Geschichte und Genealogie der einzelnen Linien bis zu einem gewissen Zeitpunkte ausgeführt und da abgebrochen habe, um nicht zu weitläuftig zu werden, fasse ich von jetzt die Geschichte aller drei Linien zusammen und werde nur die wichtigern Thatsachen aufführen.

Im Jahre 1359 fiel durch die Hand der von Löwenstein Johann von Holzheim. Die näheren Umstände dieses Todtschlags sind nicht bekannt und nur durch eine zwischen den von Löwenstein und der Stadt Fritzlar durch den Erzbischof Gerlach von Mainz am 18. December des gen. J. zu Eltvill getroffene Uebereinkunft ist die That der Geschichte aufbewahrt worden. Der Erzbischof setzte in derselben fest, daß die von Löwenstein, zur Sühne des Mordes (Todtbesserung) den Entseelten bis in die Kirche zum h. Geist vor Fritzlar führen, wo ihn Hans und Reinhard von Holzheim empfangen, mit seinen Freunden in die Stadt geleiten und in der St. Peterskirche bestatten sollten. Schon in der h. Geistkirche sollten die löwensteinschen Diener, welche bei dem Todtschlage thätig gewesen, nebst 50 Landleuten, jede Person mit einer brennenden Wachskerze von einem Pfund Schwere, bereit seyn und dem Sarge bis zur St. Peterskirche folgen. Jene Handthätigen sollten binnen Mondesfrist die von Holzheim und deren Freunde bitten, ihnen zu verzeihen und dann geloben, diese Verzeihung gegen sie zu verdienen. Die von Löwenstein sollten ein ewiges Malter Korngülde dem St. Petersstifte zur Haltung von Seelenmessen ꝛc. schenken und Werner von Westerburg und Heinrich von Löwenstein Zweie auf ihre Kosten gen Aachen schicken, des Entleibten Seele zu Troste; auch ihre Diener, die beim Todtschlag thätig gewesen, sollten, jedoch in eigner Person, eine Fahrt nach Aachen thun und nur ein solcher, dem dieses durchaus unmöglich sey, möge einen Stellvertreter dingen. Ferner sollten die von Löwenstein und ihre Helfer binnen Mondesfrist vier und zwanzig Klöster gewinnen und in denselben zweihundert Messen lesen lassen, zum Seelenheile des Erschlagenen. — Auch hatten fritzlarsche Bürger den Sohn Hermann's von Schweinsberg gefangen, worüber der Erzbischof erkannte, daß die Betheiligten mit zehn ihrer Freunde nach Holzheim bei Fritzlar ziehen und Hermann, gleichwie auch das Capitel und den Dechanten um Vergebung bitten und binnen Mondesfrist denselben Sohn bis vor die Pforten führen sollten u. s. w. — Warum die Fritzlarer mit in die Sache verwickelt und insbesondere sie und nicht die von Holzheim sich derselben annahmen, läßt sich aus dem leider nur im Auszuge vorliegenden Urtheile nicht ersehen [82].

Im Jahre 1370 geriethen die von Löwenstein mit den von Urf, wegen verschiedener Güter in einen Streit, zu dessen gütlicher Schlichtung sie gegenseitig zwei Schiedsrichter ernannten, die Ritter Heimbrad und Thilo von Elben und Conrad und Werner von Falkenberg, welche dann auch nach Untersuchung der Sache ihren Spruch fällten. Beide Parteien — welche auf den beiden Häusern Löwenstein und Urf und den Dörfern Ober- und Niederurf wohnten — sollten in den Wäldern am Keller hauen und den, welcher widerrechtlich sich gleichfalls dieses Recht anmaße, gemeinschaftlich pfänden; die von Urf sollten die von Löwenstein-Schweinsberg nicht mehr drängen an der Fischerei in der Urfe, sowie an dem Walde Engesheim; desgleichen die von Löwenstein die von Urf nicht mehr an dem Michelbach, wie auch an den Gütern zu Blankenheim. Die von Urf sollten verzichten auf jeden Anspruch an einen Zehnten von dem Schlosse Löwenstein, dem Vorwerk, dem Baumgarten oder den dazu gehörenden Feldern. Und endlich wurde auch noch ein Zwist über Güter in Zwesten entschieden [83]).

Ob die von Löwenstein sich in dem Sternerbunde befanden, ist zwar nicht bekannt, aber gar nicht unwahrscheinlich, wenn man ihr Hinneigen zu Mainz bemerkt; denn auch, nachdem sich aus den Trümmern dieses Bundes der Hörnerbund erhoben hatte, befanden sie sich in demselben. Dieser Bund, der aus einer Gesellschaft von mehr als zweihundert Rittern bestand, hatte seinen Sitz besonders an der Lahn und obern Diemel. Aufrechthaltung gegenseitiger Gerechtsame und des Landfriedens sollte sein Zweck sein und selbst Landgraf Hermann schloß sich ihm anfänglich an. Aber wie so leicht oft das Gute ausartet, so verlor auch der Bund bald seinen Zweck und nöthigte durch sein Treiben den Landgrafen, mit ihm zu brechen. Besonders litt nun Hessen von den Burgen Melnau und Hatzfeld, welche beide die von Hatzfeld dem Grafen von

Nassau-Dillenburg geöffnet hatten. Schon 1380 hatte Landgraf Hermann ihre Umgebungen verwüstet, doch dadurch nichts bezweckt, und nur die Besatzungen zur Entgeltung gereizt. Die Kühnheit derselben ging so weit, daß sie bei ihren Streifereien bis in die Thore Marburgs drangen und in denselben Bürger tödteten und gefangen nahmen. So erschlug ein von Löwenstein auf dem Lahnberge zwei Marburger Bürger. Da zog der Landgraf vor Melnau und nahm es mit Sturm, nur der Thurm hielt sich noch, war aber nahe an seinem Zusammensturze. In dieser höchsten Noth der kleinen Besatzung eilten die von Hatzfeld und Löwenstein, welche schnell all' ihre Kräfte zusammengerafft, zum Entsatze herbei und retteten das Schloß [84]).

Als 1400 Herzog Friedrich von Braunschweig bei Kleinenglis unter dem Mordschwerte Friedrich's von Hertingshausen verblutete, befand sich auch ein Seiber von Löwenstein unter dem Räuberhaufen [85]).

Hermann von L.-Schweinsberg, Ritter, war 1408 dem Landgrafen Hermann 72 Gulden schuldig und versprach, so er sie nicht bis Weihnachten bezahlt habe, ein Einlager in Cassel zu halten. Dieser Hermann stand im Jahre 1416 zugleich mit seinem Bruder Reinhard in dem großen Bunde des tapfern Simon von Wallenstein gegen Hersfeld.

Im Jahre 1423 versprach der Pfarrer von Urf, in der Capelle auf der Burg Löwenstein — deren Stelle man noch jetzt zeigt — wöchentlich dreimal und jeden dritten Sonntag Messe zu lesen. Als verstorben und für die

die Messe zu lesen sey, werden genannt: der fritzlarsche Domscholaster Werner von Löwenstein, der Junker Gottfried von Schweinsberg und der Ritter Berthold von Westerburg. Als noch lebend jedoch: Ritter Hermann von Schweinsberg, die Gebrüder Werner und Schweder von Westerburg und Junker Heinrich von Löwenstein [86]).

Im Jahre 1427 brach eine blutige Fehde zwischen Mainz und Hessen aus, die besonders die Edder- und Schwalmgegenden traf. Auch die v. Löwenstein fochten auf des erstern Seite. Als der mainzische Feldherr, der Graf von Leiningen, von einem verwüstenden Zuge gegen Gudensberg, Felsberg und Melsungen zurückkehrte und das Dorf Udenborn, unfern Fritzlar, niederbrannte, ereilte ihn Landgraf Ludwig. Was seinem Haufen an Stärke abging, ersetzte Vaterlandsliebe und Tapferkeit; nachdem er diese durch eine Rede noch höher entflammt hatte, stürzte er mit dem Rufe: „Heute Landgraf oder keiner!" in die mainzischen Mordbrenner und errang einen schnellen Sieg. Bis Jesberg wurde der flüchtige Feind verfolgt, der 140 Ritter als Gefangene verlor [87]).

Schweder v. Löwenstein-Westerburg hatte Elisabeth, die Tochter Rörich's von Eisenbach, zur Gattin genommen. Da mit Rörich die Familie von Eisenbach im Mannsstamme erlosch, so erhielt er dadurch Ansprüche auf deren Besitzungen, auf die er aber 1436 für seinen Schwager Ritter Hermann Riedesel gegen Zahlung von 800 Gulden mit seiner Gattin verzichtete [88]).

Im Jahre 1439 störte Johann von Löwenstein

als Räuber die Ruhe der Umgegend bis hin ins Cölnische und besonders die Sicherheit der an seiner Burg vorüberführenden Straße. Landgraf Ludwig verband sich deshalb mit den Erzbischöfen Diether von Mainz und Dietrich von Cöln zur Bestrafung dieser Zügellosigkeiten. Der Erzbischof von Mainz sandte an Johann von Frankfurt aus seinen Fehdebrief: „Wisse Johann von Lewenstein, daß uns „der Erwürdige Herr Dieterich E. z. Cöln und der Land„graf Ludwig zu Hessen haben anbringen lassen, wie du „wider Ehre und Recht ihrer Lande und Leute Feind seyst, „und täglich sie beraubest und beschädigest. Darum wol„len wir jener Helfer und dein Feind seyn. Frankfurt „5. Febr. 1440." Unter demselben Tage machte er auch allen seinen Amtleuten bekannt, daß er sich mit Hessen und Cöln gegen Johann verbunden habe und er dessen Feind geworden sey, und forderte sie auf, seinen Bundesgenossen die Schlösser zu öffnen und sie zu beherbergen. Die Fehde zog sich bis zum Jahre 1444 hinaus, wo der Landgraf seine Vasallen zu einem Zuge gegen den Löwenstein aufforderte, der jedoch, wie es scheint, durch einen Vergleich beseitigt wurde [89].

Heinrich v. Löwenstein stand 1457 in landgräflichen Diensten. Da um diese Zeit aus Westphalen dem Lande Hessen vieler Schade zugefügt wurde, so schickte Landgraf Ludwig unter der Anführung seines Marschalls, des tapfern Johann Meisenbug, seine Reisigen, wobei auch mehrere hessische Edle, unter andern auch Heinrich v. Löwenstein, waren, gegen die Feinde. Als es zum Gefechte kam, entschied der verrätherische Uebergang einiger Ritter zum Nachtheile der Hessen und viele wurden gefangen oder erschlagen; nur Heinrich mit einigen wenigen entkam⁹⁰). Dieser Heinrich nahm auch Theil an der s. g. Bundesherren-Fehde, welche später an einem andern Orte erzählt werden wird.

Im Jahre 1461 bekannten Gerlach und Vaupel von Löwenstein, Gebrüder, daß der Abt des Klosters Spießkappel mit den Gebrüdern Wickeln wegen eines Streites vor ihrem Gerichte zu Wegebach zu klagen und antworten gekommen und daß nach deren Anhörung das Recht ihrer Cent (Send) von dem Obergerichte in Ziegenhain geholt worden sey. Im Jahre 1465 verkauften sie dem Kloster Breitenau die Vogtei und das Patronatrecht zu Neuenbrunslar für 700 Gulden und jährlich einige Seelenmessen⁹¹).

Schon früher hatten die von Löwenstein unter sich auf ihrer Burg einen Burgfrieden errichtet; denn für die Erhaltung der Ruhe und Sicherheit in dem Burgbezirke, die so leicht durch den reizbaren Karakter der Männer jener Zeit gestört werden konnte, mußte das Bestehen eines solchen Vertrages und dessen strenge Haltung von äußerster Wichtigkeit seyn. Im Jahre 1466 erneuerten sie den alten Burgfrieden, über Schloß und Thal, so weit dieses mit Mauern und Rondelen umgeben.

Es lebten damals Schweder und sein Sohn Johann, Werner und Ludwig v. L.-W., Gerlach und Vaupel Gebrüder v. L.-Schw. und Heinrich v. L. Dieser Burgfrieden bestimmt, daß kein Familienglied sein Ganerbentheil versetzen oder verkaufen solle, ehe er es seinen Ganerben angeboten habe; wo dieses nicht geschähe, solle der Verkauf ungültig seyn und der Verkäufer als treulos und meineidig aus der Ganerbschaft gestoßen werden. Kein Ganerbe solle innerhalb des Burgfriedens seiner Gattin eine Morgengabe oder Witthum anweisen; doch solle jede Wittwe eines Ganerben ihren Sitz in dem Ganerbtheile ihres verstorbenen Gatten behalten, aber nur so lange, wie sie Wittwe bliebe und sich nicht gegen den Burgfrieden verginge. Endlich sollte jedes männliche Familienglied in seinem fünfzehnten Jahr den Burgfrieden beschwören [92].

Als im Jahre 1490 Landgraf Wilhelm der Mittlere mit 1000 Reutern zu dem Heere Kaiser Maximilian I. in Ungarn stieß, befand sich unter jenen neben vielen andern hessischen Rittern auch Gottfried von Löwenstein. Bei der Erstürmung der Feste Stuhlweissenburg zeichneten sich die Hessen besonders aus. Sie waren die ersten auf der Mauer und trieben den Feind bis auf den Markt, so daß sie das Meiste zur Eroberung beitrugen. Unter diesen Tapfern wird auch Gottfried genannt. Dankbar wollte der edle Max sie zu Rittern schlagen, aber nur wenige, ein Wallenstein und ein Mansbach, waren zur Annahme der Würde bereit, alle andern dankten [93]. Man staunt wohl, daß jene eine Würde ausschlugen, nach der ein jeder Edle strebte. Aber dieses hatte seine guten Gründe. Mit dem Eintritt in den Ritterorden war der Ritter genöthigt, einen größern Aufwand zu machen, als oft seine Vermögensumstände erlaubten; er verzichtete deshalb lieber ganz auf jene Ehrenwürde und blieb sein Leben hindurch Knappe, da dieses seiner Selbstständigkeit keinen Eintrag that. Einige Jahre später 1492 begab sich Gottfried als Rittmeister mit vielen Hessen in die Dienste der Stadt Braunschweig, welche mit ihrem Herzoge in einer ernsthaften Fehde lag [94]).

Im Jahre 1494 versetzten die Gebrüder Johann und Caspar v. L. eine Wiese für 22 Gulden, welche 1510 wieder eingelöst und zu einer Seelenmesse in der Capelle auf dem Löwenstein bestimmt wurde.

Im Jahre 1510 war ein kühner Freibeuter Hermann Schütze mit dem Grafen Heinrich v. Waldeck zerfallen und schadete diesem mit Feuer und Schwert. Seine Genossen waren außer den von Löwenstein und Urf Ebert Schenk zu Schweinsberg, Conrad v. Boineburg, Gilbrecht v. Rodenhausen, Ditmar Lindenbach, Johann Schlenke d. j., Gottschalk Finke u. a. und der Schlupfwinkel die Burg Löwenstein, welche hier als ein sehr festes Schloß genannt wird (arcem egregie munitam). Die Dörfer Niederurf, Welde und Armsfeld gingen in Feuer auf und erst der hessische Regent, Ludwig von Boineburg, vermochte bei Wolfhagen eine Sühne zu Stande zu bringen [95]).

Im Jahre 1527 wurde der Burgfrieden erneuert und vom Landgrafen Philipp förmlich bestätigt; nach ihm sollte in etwaigen Streitigkeiten Recht gesprochen werden. Später wurde er in den hessischen Landesordnungen aufgenommen und dabei festgesetzt, daß die Güter nur beim Mannsstamme bleiben, und die Töchter durch eine Summe abgefunden werden sollten; wobei jedoch diesen erlaubt wurde, die Stammgüter bis zu ihrer völligen Abfindung im Besitze zu behalten.

Auch die v. Löwenstein nahmen 1527 die Reformation an und bestimmten im folgenden Jahre 1528 ihre früher zu Seelenmessen verwendeten Zehnten zu Löwenstein und Oberurf, sowie ein Gut zu Oberurf, zu der Besoldung eines evangelischen Predigers [96].

Im Jahre 1529 überließen Caspar, Heinrich, Gobert, Hans, Christoph und Leo von Löwenstein dem hessischen Canzler Johann Feige (von Lichtenau) und seiner Gattin Anne, aus besonderer Freundschaft, alle ihre Güter zu Dorf Itter, um diese die Zeit ihres Lebens zu besitzen und zu benützen.

Der Domherr Hermann v. Löwenstein zu Fritzlar hatte in seinem letzten Willen ein Stipendium für seine Familie gestiftet, welches die Vollstrecker desselben 1536 einrichteten. Derjenige Knabe aus der Familie, dessen Geist sich am meisten zum Studium eigne, sollte es zwölf Jahre genießen und die berühmteste der benachbarten Schulen besuchen, wo er einem braven Lehrer zur Erziehung übergeben werden sollte. Nach dem Ablaufe von zwölf Jahren sollte es wieder ein anderer haben. Das ganze Capital bestand aus 900 Gulden und einem Fruchtgefälle.

Im Jahre 1533 erkaufte die Familie — Hermann, Heinrich, Christoph, Gobert und Leo — vom Landgrafen Philipp von Hessen das Bergwerk am Ortsberg, für 12,000 Gulden. Auch starb in diesem Jahre Eitel von Löwenstein, einer der Mitregenten während der

163

Nach dem im Jahre 1610 mit Burghard erfolgten Aussterben der v. Wildungen, kam das hessische Erb-Küchenmeister-Amt, welches diese bisher besessen, auf Hartmann v. Löwenstein, der eine wildungsche Erbtochter zur Hausfrau hatte. Dieser, nachdem er es eine Zeitlang bekleidet, verkaufte dasselbe an den Landgrafen Moritz, der es zum Lohne für getreue Dienste seinen Vettern den von Löwenstein-Steuerburg übertrug, die es bis zum Jahre 1629 besaßen, wo es, trotz aller Protestationen des Hermann Walrab v. Löwenstein (Cassel d. 16. Oct. 1629), an die Familie von Hertingshausen überging.

Schon im Jahre 1492 war mit Werner von Löwenstein-Westerburg die eine der Löwensteiner Linien erloschen, und die beiden andern theilten sich in ihre Güter. 1662 starb auch die Schweinsberger Linie aus, so daß nur die Löwensteiner übrig blieb, die noch bis auf die Gegenwart fortblüht.

Bis zum Jahre 1620 wurde es mit den Stammgütern den Bestimmungen der Familien-Verträge gemäß gehalten. Doch nach dem Tode des Sohnes von Otto, Heinrich Curt von Löwenstein nahmen dessen beide hinterlassene Töchter, Anne Christine und Barbara, wovon erstere an Hans Caspar von Gilsa und die zweite an Heinrich von Hesberg verehelicht waren, von allen Stammgütern ihres Vaters und Bruders Besitz. So machte es auch 1636 Hartmann's von Löwenstein Tochter Christine, welche an Adolph Ernst v. Hanstein verheirathet war, und Leo's Tochter, Mechtilde Marie, deren Gatte Johann von Breidenstein war, und noch bis auf die Gegenwart befinden sich ihre Nachfolger im Besitze der so an sich gebrachten Güter und werden die löwensteinschen Allodialerben genannt.

Ich gehe nun noch zu einem Ueberblicke der Besitzungen über. Zuerst nehme ich jene, die die Familie zwar besessen, aber durch Verkauf und Veräußerung verloren. Obgleich ein solches Verzeichniß nur sehr mangelhaft seyn kann, so ist dieses dürftige dennoch nicht uninteressant, da es wenigstens eine Ansicht der allmähligen Güterzersplitterung dieser Familie gibt, die bei wenigen andern so auffallend ist.

Schon seit den frühesten Zeiten befanden sich die von Löwenstein in dem Besitze sehr beträchtlicher Güter in der Herrschaft Itter, wegen derer sie in einer Ganerbschaft mit den Dynasten von Itter saßen. Im Jahre 1355 schlossen die drei Linien der von Löwenstein mit den Gebrüdern Hermann und Adolph, Herren von Itter, zufolge eines Vergleiches einen Burgfrieden, „wegen des „großen Hauses und des Thurmes und von des Hauses „wegen das da gebrochen, und dem großen Hause Itter „gelegen und das löwensteinsche Haus genannt war, also „das Haus das vor Itter liegt genannt die Steuerburg „halb der von Löwenstein und deren rechten Erben seyn „soll." Diese Häuser, zu denen auch noch das Dorf Itter und andere Güter gehörten, besaßen die v. Löwenstein bis zum Ende des sechzehnten Jahrhunderts, wo sie solche endlich 1589 dem Landgrafen Ludwig von Hessen-Marburg für eine mir unbekannte Summe verkauften. Wie sie zu diesen Besitzungen gelangt, ist nicht bekannt; ob etwa die Zeit der Erwerbung in das dreizehnte Jahrhundert fällt, indem 1289 Sibodo von Itter Wernern von Bischofshausen seinen Blutsverwandten (consanguineum) nennt? Dieses läßt sich nicht untersuchen. Von jener Steuerburg nannte sich eine Nebenlinie: v. Löwenstein-Steuerburg.

Die Hälfte der Herrschaft Romrod; das Schloß Borken; einen Burgsitz auf der Landsburg und einen auf dem Schönstein. Ferner Güter in Böhl, Vortheim, Nüsetzen, Embrechtsfeld, Todtenhausen, Brünigeringhausen, Mengershausen, Güter und ein Burglehn zu Fritzlar, Herboldshausen, Groß- und Kleinkerstenhausen, Englis, Neuenborn, Brinkhausen, Rengshausen, Licherode, Hausen, Mosbach, Lichtenhagen, Mühlbach, Binsfört, Quentel, Schönlinden, Weimar, Buldehausen, Schrecksbach, Neuenbrunslar ꝛc.

Sie waren Gerichtsherren des Gerichts (Cent, Send) Wegebach, oder wie es früher genannt wurde, Weibach, nach dem sich ehemals ein Grafengeschlecht benannte. Dieses Gericht lag in der Stadtflur von Ziegenhain und die noch jetzt nach ihm genannte Wüstung begrenzt Ziegenhain, den Wolfhain und den Trieschard. Noch bis in neuere Zeit wurde hier alljährlich auf einem grünen Platze, unter einigen Bäumen und bei brennenden Lichtern, von dem Schultheißen, dem Stadtmagistrate und den Gerichtsschöffen der Stadt Ziegenhain, welche in schwarzen Mänteln erschienen, ein Rügegericht gehalten.

In welchem Verhältnisse stehen nun diese Güter zu

denen, welche die Familie noch gegenwärtig im Besitze hat. Es sind dieses außer dem Burgberge, Güter und Rechte zu Schiffelborn, Ober- und Niederurf, Römersberg, Wikkersdorf, Zwesten, Betzigerode, Reptich und Wenzigerode, von denen jedoch den größten Theil (namentlich die fünf zuletzt genannten mit Oberurf) die löwensteinschen Gan- und Allodialerben im Besitze haben.

Das Wappen der von Löwenstein hat in einem halb roth, halb weiß quergetheilten Schilde, einen stehenden, eben so gefärbten, gekrönten Löwen. Den Helm schmückt gleichfalls eine Krone, aus der sich sieben roth und weiße Federn erheben. Hiervon verschieden waren aber die Wappen der ausgestorbenen Linien, deren Schilde nur eine schräg nach der Linken liegende Zinne und dasselbe Zeichen auch in den beiden ausgebreiteten Helmflügeln hatten.

Wann und auf welche Weise der Löwenstein zerstört wurde, ist nicht bekannt. Schon in einer Urkunde vom Jahre 1602 wird „einer alten zerfallenen Behausung auf dem Löwensteine" und „Hieronymi's hoher Behausung im Schlosse gelegen" gedacht. Wahrscheinlich verfiel das Schloß in sich selbst und wurde nur zuweilen durch die Unachtsamkeit, Rohheit und den Eigennutz der Menschen in seinem Verfalle befördert. Auch der dreißigjährige Krieg kann ihm viel geschadet haben, wenn auch die Sage, daß es in demselben belagert, aber nicht erobert worden sey, zu viel unwahrscheinliches hat. Besonders im Jahre 1635 wurde die Umgegend schrecklich verwüstet. Ein Unmensch, der baiersche General von Böninghausen, hauste hier mit seinen Horden auf eine alles menschliche Gefühl verläugnende Weise. Die Dörfer Waltersbrück, Bischofshausen, Nieder- und Oberurf, Zwesten, Kerstenhausen, Groß- und Kleinenglis und Gilsa wurden niedergebrannt, die Bewohner mißhandelt, selbst gemordet, die Saaten zerstört, die Obstbäume gefällt, das Vieh muthwillig getödtet und so furchtbar gewüthet, daß diese schöne Gegend bald nur noch einer Einöde glich.

Anmerkungen.

1) Es gab mehrere Schlösser, welche den Namen Löwenstein führten; so in Südholland, in der Grafschaft Calenberg, bei Heilbronn, am Rheine u. s. w. So auch mehrere Familien dieses Namens, wie die v. L.-Randeck oder Brenner v. Löwenstein ꝛc., die mit der hess. Familie nicht zu verwechseln sind.

Mehr und minder ausgeführte Beschreibungen des Löwensteins finden sich: im Journal von und für Deutschland. 1790. 1. St. S. 3 ꝛc. Engelschall's kl. Schr. II. S. 130 ꝛc. Hess. Denkwürdigkeiten v. Justi. I. S. 169—171. Gottschalk's Ritterburgen und Bergschlösser Deutschlands IV. S. 341. Justi's Taschenbuch: die Vorzeit. 1826. S. 164—198, wobei sich auch eine Ansicht der Ruine befindet. — Eine im löwensteinschen Familien-Archive sich befindende, von Joh. Ludwig v. L. 1701 verfaßte Genealogie ist mir nicht bekannt.

2) Das Dörfchen Schiffelborn, augenscheinlich das s. g. Thal des Löwensteins und erst nach dessen Erbauung entstanden, hieß deshalb gleichfalls Löwenstein und findet sich noch 1569 in einem urfschen Familienvertrage, unter diesem Namen.

Erst später änderte es denselben und nannte sich von einem unten im Dorfe liegenden Brunnen Schiffelborn.

3) Wenk. U. III. S. 75.
4) Varnhagen's Grundlage z. waldeckschen Gesch. U. S. 28.
5) Das. S. 64.
6) Kopp v. d. Hl. v. Itter S. 138 Kuchenb. A. H. XI. p. 130.
7) Kuchenb. A. H. XI. p. 136.
8) Kopp v. d. v. Itter. S. 198.
9) Das. S. 200.
10) Das. S. 203.
11) Kopp's hess. Ger. Verf. I. S. 121.
12) Das. S. 122.
13) Das. S. 124. Vorthheim und Embrechtisfeld sind unbekannt, Nüsezen desgleichen, denn das waldecksche Nezze kann es nicht seyn, da dieses dem dasigen Kloster wenigstens zum größten Theile zustand. Thudenhusen, das D. Todenhausen unfern Haina und Brüngershausen, das ausgegangene Brüngeringhausen zwischen Eppe und Gobbelsheim im Waldeckschen.
14) Wenk II. U. S. 179.
15) Ledderhosen's H. Schr. IV. S. 276.
16) Wenk II. U. S. 183. Kopp v. d. v. Itter Beil. S. 195.
17) Varnhagen. U. S. 99.
18) Kuchenb. A. H. Col. XI. p. 147 et 149. Gleichzeitig mit Werner lebte Conrad von Bischofshausen, der sich 1256 als Mönch zu Hasungen, sowie 1264 als Pfarrer zu Ziegenhain findet. (Handschr. Nachr. Wenk U. II. 193. Kopp G. V. I. 247.) Ob dieser etwa ein Bruder jenes Werner's gewesen oder sich nur nach seinem Geburtsorte genannt habe, wie dieses bei Geistlichen gewöhnlich war, läßt sich nicht entscheiden.

19) Varnhagen. S. 119.
20) Series Praeposit. etc. eccl. ad S. Petrum Frideslariae p. 31.
21) Wigand's westph. Archiv 1. B. S. 64.
22) Kopp v. d. v. Itter S. 193.
23) Daſ. S. 192.
24) Kuchb. A. H. XI. p. 144.
25) Kopp v. d. v. Itter S. 187.
26) Varnhagen. U. S. 105.
27) Daſ. S. 113.
28) Wenk. U. II. S. 227.
29) Gud. c. d. I. p. 839.
30) Wenk II. U. S. 264. (Ungedr. Urk.)
31) Varnhagen. U. S. 122.
32) Wenk. U. II. S. 255.
33) Daſ. S. 260.
34) Kuchenb. A. H. C. XI. p. 183.
35) Kopp v. d. HH. v. Itter S. 223.
36) Schannat Pr. Cl. fuld. p. 313.
37) Joann. R. M. p. 639.
38) Wenk II. U. S. 273.
39) Kuchenb. A. H. XI. p. 175.
40) Gud. c. d. III. p. 113.
41) Kuchenb. A. H. XI. p. 183.
42) Series etc. p. 8.
43) Wenk II. U. S. 283.
44) Daſ. S. 327.
45) Daſ. S. 313.
46) Würdtwein. Dioec. Mog. III. p. 439.
47) Kopp v. d. v. Itter. S. 251.
48) Urk. Abſchr.
49) Wenk. U. II. S. 383.

50) Daſ. S. 388.
51) Würdtw. D. M. III. p. 449.
52) Gud. Sylloge etc. p. 642. Ungebr. Urk. Nach der letztern beſaß er ⅔ der Burg und deren Zubehörungen, wozu die Dörfer Holzmannshauſen, Allendorf, Michaelsberg, Knechtbach und Diemerod geſchlagen waren, für 566 Mark löth. Silber und 118 Mark Pfennige.
53) Series etc. p. 9.
54) Wenk II. U. S. 227.
55) Kopp v. d. v. Itter. S. 217.
56) Daſ. S. 218.
57) Wenk. U. II. S. 241 u. III. S. 165.
58) Wenk II. S. 242.
59) Wenk II. U. S. 244 u. III. S. 172.
60) Wenk. U. III. S. 170.
61) Varnhagen. S. 122.
62) Wenk a. a. O.
63) Gud. III. Nr. 10.
64) Würdtw. D. M. III. p. 106.
65) Wenk II. U. S. 254.
66) Daſ. S. 255.
67) Varnhagen. S. 126.
68) Daſ. S. 129.
69) Kopp v. d. v. Itter. S. 222.
70) Wenk III. S. 178.
71) Daſ. S. 179.
72) Schminke Monim. Hass. II. p. 454.
73) Gud. III. p. 113.
74) Kopp v. d. v. Itter. S. 222.
75) Wenk III. S. 207.
76) Lennep Cod. Prob. p. 773.
77) Wolf's Geſch. d. v. Hardenberg II. U. S. 60.

78) Kopp heff. Ger. Verf. I. S. 251.
79) Lennep Cod. Prob. p. 765 et 769.
80) Wenk. U. II. S. 464 u. III. S. 220.
81) Varnhagen. S. 128. Wolf's G. d. v. Hardenbg. II. U. S. 61. Gud. Sylloge etc. p. 515, u. handschr. Notizen.
82) Bobmann's rheingauische Alterthümer II. S. 619.
83) Urk. Abschr.
84) Gerstenbg. ic. ap. Schminke M. H. II. p. 501.
85) Lauze heff. Chr. Handschr.
86) Justi's heff. Denkw. I. S. 272.
87) Lauze.
88) Senkenbg. Sel. jur. et hist. V. p. 598.
89) Gud. c. d. V. 259 — 60, u. die Homberger Jahrbücher in den Marburger Beiträgen z. Gelehrsamkeit.
90) Geschr. Chronik.
91) Heff. Beitr. II. S. 49.
92) Kopp's heff. G. V. I. Nr. 108.
93) Dilich S. 262.
94) Das. S. 265.
95) Chron. Waldec. ap. Hahn. I. p. 841 et Klüppel Chron. Wald. Manuscript.
96) Heff. Denkw. I. S. 174.

VI.
Romrod.

Nicht auf hohen Berges Stirne,
Sondern tief in Thales Grunde,
Zwischen Häusern still und traulich,
Streben meine Mauern auf.

6.

Romrod.

In einem niedern, rings von Wald umschlossenen und von der Andreft bewässerten Thale, liegt eine Stunde südlich von Alsfeld das großherzoglich hessische Städtchen Romrod. Zwischen seinen Wohnungen erhebt sich, jedoch mit diesen gleich liegend, ein Schloß, von nicht geringem Umfange, welches an der Stelle der alten Stammburg des niederadelichen Geschlechtes von Romrod, erst im sechzehnten Jahrhundert aufgeführt wurde. Reich begütert war diese Familie, aber schon frühe brach sie ihre Kraft durch Theilungen und Verkäufe.

Ueber den Ursprung der Stadt Romrod sind keine Nachrichten bekannt. Wahrscheinlich war sie eher vorhanden, als das Schloß, weil man Thalburgen gewöhnlich in schon vorhandene Orte baute und nicht frei und bloß hinzusetzen pflegte. Noch im Jahre 1451 wird sie das Thal vor dem Schlosse Romrod genannt.

Der erste bekannte von der Familie von Romrod ist:

Ludwig, der in einer Urkunde des Abts Heinrich III. von Fulda vom Jahre 1197 sich als Zeuge findet[1]). Seine Söhne waren, wie es scheint, Conrad und Hermann.

Hermann war 1231 Zeuge in einer Urkunde der Grafen Gottfried und Berthold von Ziegenhain[2]) und in demselben Jahre auch bei einem Tauschvertrage der Klöster Spießkappel und Immichenhain[3]). 1234 befand er sich im Gefolge der Landgrafen Heinrich und Hermann von Thüringen, als diese zu Homberg eine Urkunde ausstellten[4]). Im Jahre 1236 zog er im Gefolge des jungen Landgrafen Hermann II. (Sohnes der h. Elisabeth) und dessen Oheims des Landgrafen Heinrich Raspe, mit nach Italien. Man findet ihn daselbst in einer Urkunde des Bischofs Gregor zu Perugia, als Zeuge[5]).

Conrad war Zeuge in einer vom Abte Conrad von Fulda 1228 zu Bibra ausgestellten Urkunde[6]).

In der Mitte des dreizehnten Jahrhunderts lebten Hermann und die beiden Gebrüder Albert und Ludwig von Romrod. Vermuthlich waren sie Söhne der vorher genannten Conrad und Hermann.

Hermann, Ritter, bezeugte 1289 eine Urkunde des Abts Heinrich von Hersfeld[7]) und erscheint 1295 als todt. Seine Wittwe Lukarda stiftete in dem letztern Jahre in der Kirche zu Hünfeld für ihre Eltern Berthous von Mackenzell und Elisabeth, dessen Hausfrau, sowie für ihren Gatten Hermann und Sohn Hermann, eine Seelenmesse, wozu sie Güter in Neukirchen anwies. Hermann hinterließ drei Kinder: Friedrich, Hermann und Adelheid⁸). Nachkommen von diesen lassen sich nicht angeben, obgleich sie jeden Falls solcher hinterlassen.

Albert und Ludwig, Gebrüder und wahrscheinlich Söhne jenes Conrad's, findet man zuerst 1256, in welchem Jahre sie einen Pachtvertrag des Klosters Spießkappel beurkundeten⁹). 1264 verkauften sie das Dorf Reimerod (2 St. v. Alsfeld) und verschiedene Güter in Racenberg und Lutzela dem Kloster Haina für 20 Mark¹⁰). Albert bezeugte 1259 zu Alsfeld einen, zwischen Conrad von Schlitz und Rudolph von Ohmen (Ohmna) geschehenen Verkauf¹¹). 1263 befand er sich unter den Bürgen für die Herzogin Sophie von Brabant in dem Felde vor Langsdorf¹²). 1266 findet man ihn zu Marburg als Zeuge in einer Urkunde des Landgrafen Heinrich I. von Hessen¹³). Albert war im Jahre 1271 bereits gestorben. Er hinterließ mit seiner Gattin Adelheid fünf Kinder, Heinrich, Giseda, Adelheid, Elisabeth und Albert. Mit diesen Kindern und ihrem Schwager Ludwig verkaufte jene Adelheid 1272 das Dorf Heimertshausen (1 St. v. Kirdorf) an den deutschen Orden zu Marburg, gleichwie an denselben im Jahre 1274 das Dorf Bysenrod¹⁴).

Albert II. erscheint im Jahre 1272 zuerst. 1278 findet er sich in einer Urkunde seines Bruders Heinrich, als Knappe. 1305, wo man ihn im Besitze der Ritterwürde findet, hatte er einen Streit mit den Johannitern zu Grebenau, wegen eines Hofes zu Romrod (Rumerode) bei Lauterbach, den am 24. November der Stadtrath zu

Alsfeld dahin beilegte, daß Albert mit seiner Gattin Jutta und seinen Söhnen auf jenen Hof verzichtete und der Orden ihm dafür 5 Mark Denare und 12 Talente Heller zahlte [16]). Nachdem Albert sein Leben genossen, entschloß er sich, noch in den geistlichen Stand zu treten. Schon 1307 bezeichnet er sich als Geistlicher, bei Gelegenheit der Sühne zwischen dem Abte und dem Stadtrathe zu Hersfeld [16]). 1308 nennt er sich Rector in Schlitz [17]); 1323 würzburgischer Domherr in einer Urkunde seines Neffen Friedrich von Hirzberg. 1317 verbürgte er sich für seine Schwägerin Elisabeth, Wittwe des Edeln Conrad von Waldenstein, welche ihn Pleban in Schlitz nennt [18]). 1320 und 1335 findet er sich als Erzpriester in Lauterbach [19]). Im Jahre 1335 schenkte er seine Güter zu Salmes, welche er von Berlt von Salmes erkauft, dem Kloster St. Johannisberg bei Hersfeld zu einer ewigen Seelenmesse [20]). 1339 findet man ihn auch als Subdiacon zu Fritzlar [21]). Seine Söhne waren: **Johannes, Hermann, Godbert, Albert, Friedrich, Heinrich** und **Ludwig**.

Johannes erhielt 1322 vom Stifte Fulda ein Burglehn auf Lauterbach mit 60 Mark cölln. Denar. angewiesen, wogegen er sein freies Gut zu Werinches (Wernigs?) einsetzte [22]). 1332 wurde er auch Burgmann des Stiftes Hersfeld im Schlosse Hattenbach und versprach, daselbst zu wohnen [23]). Er starb vor dem Jahre 1353, in welchem seine Wittwe mit ihren Söhnen zwei Vorwerke zu dem Buchholze (jetzt ein Försterhaus bei Gonterskirchen) und zu Goringen (ein ausgegangenes Dorf zwischen Romrod und Schellnhausen) von ihrer Verwandtin Mechtilde von Lisberg und deren Sohne Friedrich für 200 Gulden wiederkäuflich an sich brachte[24]. Die Söhne waren Albrecht und Johann. Ersterer folgte 1358 seinem Vater in dem Lauterbacher Burglehen, und Johann, der Bechte von Linden zur Hausfrau hatte, findet sich 1356 als Burgmann zu Alsfeld[25].

Hermann, Albrecht II. Sohn, wurde 1335 vom Landgrafen Heinrich in seinem Bündnisse mit dem Abte Heinrich VI. von Fulda zum Schiedsrichter ernannt[26]. Er hatte mit seiner Gattin Sophie von Otto v. Romrod verschiedene Güter im Versatze, wegen deren Wiedereinlösung er 1374 eine Urkunde ausstellte[27].

Gotbert (nicht Gottfried) findet sich von 1317 bis 1335 als fritzlarscher Domherr[28].

Albrecht III. findet sich 1308 als Zeuge in einer Urkunde Erwin's von Altenburg[29]. 1320 verzichtete er auf einen von seinem Bruder Friedrich vergabten Hof zu Iba. 1344 muthete er für Mechtilde von Hirzberg gewisse Lehngüter[30].

Friedrich wurde Johanniter-Ritter und schenkte 1303 der Comthurei zu Grebenau ein Gut zu Iba[31]. 1335 wurde er zu einem Obmann in einem Vertrage zwischen Fulda und Hessen bestellt[32]. 1336 nennt er sich Comthur zu Grebenau; er nahm das Dorf Salmes vom Kloster Johannisberg auf Lebenszeit für jährlich zehn Pfund Heller in Pacht, welches er 1341 durch eine Urkunde bestätigte, in der jedoch nur von jährlich sechs Pfund die Rede ist[33].

Heinrich wurde Geistlicher und 1320 Abt von Hersfeld, welchem Amte er bis 1328 vorstand.

Ludwig bezeugte 1311 einen Vertrag des Landgrafen Otto mit seinem Bruder, dem Bischofe Ludwig von Münster [34]). 1350 verpfändete er an seinen Schwager, Johann von Eisenbach sein Gericht Hopfgarten, die Vogtei zu dem Engelmaß, zu dem Hauswarts (Hauswurz), zu dem Spurkelniß und das halbe Dorf Darkelnrode für 300 Pfund Heller [35]).

Heinrich, Albrecht I. Sohn und Albrecht II. Bruder. Er findet sich zuerst im Jahre 1270. 1278 bezeugte er eine Schenkung an die Johanniter zu Grebenau [36]). 1289 am 14. April war er bei seinen Verwandten auf dem Schlosse Löwenstein, wo er eine Urkunde Sibodo's Herrn v. Itter bezeugte [37]). Im Jahre 1296 findet er sich als Marschall des Landgrafen Heinrich I. von Hessen [38]). Er befand sich in diesem Jahre bei dem Lehnsauftrage des Schlosses Löwenstein von seinem Schwager Werner von Löwenstein-Westerburg an den Landgrafen Heinrich I., gleichwie bei der Eröffnung der Burg Itter durch Heinrich H. zu Itter [39]). Auch war er 1297 gegenwärtig, als sein genannter Schwager dem Landgrafen das Schloß Borken lehnbar machte [40]). Im Jahre 1298 nahm er mit seiner Gattin Mathilde seine Burg Herzberg vom Landgrafen zu Lehn [41]). Wie lange seine Familie schon im Besitze dieser Burg war, oder ob er sie selbst erst erworben, läßt sich nicht ermitteln, denn man findet sie vor dieser Zeit nirgends genannt.

Heinrich wurde durch den mainzischen Domherrn

Grafen Gottfried v. Ziegenhain in dem Städtchen Nidda ermordet ⁴²). Er hinterließ drei Söhne, Friedrich, Hermann und Richolf.

Hermann findet sich meistens mit der Familie von Löwenstein. 1289 war er mit seinem Vater auf dem Löwenstein. 1290 bezeugte er zu Wildungen eine Urkunde des Grafen Otto von Waldeck ⁴³), 1302 eine Urkunde seines Oheims Werner von Löwenstein-Westerburg ⁴⁴) und war mit diesem 1303 in dem Gefolge des Erzbischofs von Mainz auf der Burg Hardenberg ⁴⁵). 1306 bezeugte er eine Urkunde Ditmars v. Waldeck gen. Opolt ⁴⁶). Wie es scheint, war er verheirathet gewesen und hatte Werner zum Sohne; aber dessen ungeachtet trat er noch in den geistlichen Orden der Johanniter und findet sich 1323 als dessen Comthur zu Grebenau ⁴⁷). Sein genannter Sohn

Werner trat gleichfalls in den geistlichen Stand. 1309 findet man ihn bei dem Lehnsauftrage des Schlosses Urf ⁴⁸), und in einer andern Urkunde Werner's von Löwenstein-Westerburg von demselben Jahr, als Domherr zu Fritzlar ⁴⁹), sowie 1314 als dasiger Capitular und Subdiacon. Er lebte noch 1345, wo man ihn als Official findet ⁵⁰).

Friedrich, Heinrichs ältester Sohn, nannte sich gewöhnlich von dem, von seinem Vater ererbten, Schlosse Herzberg. Er hatte eine Tochter Reinhards von Altenburg zur Ehe. Dieser Reinhard verkaufte, um sich von seinen vielen Schulden zu befreien und um das versprochene Ehesteuergeld für seine Tochter bezahlen zu können, das ihm zugehörende Schloß Altenburg dem Landgrafen Heinrich I. von Hessen, wogegen ihm dieser versprach, beide für ihn zu bezahlen [51]). Im Jahre 1307 befand er sich bei der Aussöhnung des Abts Simon von Hersfeld mit der Stadt Hersfeld. 1315 zog ihn mit seinem Bruder Richolf — der sich nur in dieser einzigen Nachricht findet — der damalige Erzbischof von Mainz auf seine Seite. Beide Brüder versicherten ihn ihrer Hülfe und ihres Beistandes gegen den Landgrafen von Hessen und öffneten ihm nicht allein den Herzberg, sondern auch ihre Hälfte von Romrod [52]). Doch schon im Jahre 1318 ließ Friedrich sich mit seiner Gattin Sophie vom Landgrafen wieder von neuem mit dem Herzberge belehnen und versprach demselben die Oeffnung gegen alle Feinde [53]). 1323 stiftete er für seinen verstorbenen Vater eine Seelenmesse im Kloster Blankenau und wies zu derselben Güter in Westenfeld an [54]). 1330 verkaufte er mit seiner Gattin das Gut Salmanns an Erban von Ufshausen, mit der Bedingung, dem Kloster St. Johannesberg bei Hersfeld davon alljährlich gewisse Naturalgefälle (1 Limaas Korn, 1 Gans und 2 Hühner) zu geben [55]). Im Jahre 1333 focht er mit in dem Kriege gegen die Herren von Treffurt und wurde 1335 in einem Bündnisse Hessen's und Fulda's zum Obmanne niedergesetzter Schiedsrichter ernannt. Im Jahre 1340, wo er sich neben vielen, meistens buchischen, Rittern in einem Urtheile Heinrich's von der Tann zum Frankenberge findet, erhielt er von seinem Schwiegersohne Berthold Hrn. von Lisberg die Hälfte seines Theils der Burg Lisberg für 300 Pf. Heller verpfändet[56]). 1343 gab er an den Knappen Eckhard von Schorbach ein Gut zu Dützelnrode (Dotzelrod, ein Weiler bei Alsfeld), zu einem Burglehn auf dem Schlosse Romrod[57]). Er starb noch in diesem oder im Anfange des künftigen Jahres und hinterließ keine Söhne, sondern eine Tochter Mathilde (Metze), welche er um's Jahr 1332 mit Berthold Edelherrn zu Lisberg verehelicht hatte. In diesem Jahre erkannte Berthold die Lehnsherrlichkeit des Landgrafen über den Herzberg förmlich an[58]). 1344 belehnte Landgraf Heinrich, auf die Bitte Albrecht's von Romrod, Berthold's Gattin mit den Ganerben-Gütern ihres Vaters[59]). Von Berthold und Mathilde gingen die ererbten romrodschen Besitzungen auf ihren Sohn Friedrich Herrn zu Lisberg über. Dieser, in Gemeinschaft mit seiner Mutter und seinem damals noch lebenden Bruder, versetzte seinen Antheil an Romrod 1358 den von Erfa für 600 Mark. Der Landgraf suchte sich deshalb wegen seines Lehnrechts zu sichern und die Ritter Heinrich d. ä. und d. j. von Erfa mußten ihm 1372 einen Burgfrieden beschwören und versprechen, die Ablösung der Pfandschaft ihm 14 Tage vorher wissen zu lassen[60]). Vermöge der ganerbschaftlichen Verbindung, hatte der Landgraf ein Einlösungs-Recht, weshalb auch Friedrich dem Landgrafen versprach, das, was er an die v. Erfa etwa über die Pfandsumme zahlen müßte, zu erstatten[61]). Wann die Landgrafen von diesem Rechte Gebrauch machten, ist nicht bekannt. Doch geschah es noch vor Ablauf des Jahrhunderts, wahrscheinlich kurz nach 1372; denn Landgraf Heinrich wurde schon 1374 wegen Romrod's mit Friedrich in eine Fehde verwickelt, von der aber weiter nichts bekannt ist, als was eine Urkunde von Friedrich's Mutter, Mechthilde, darüber enthält, in welcher sie die Sühne ihres Sohnes bestätigt.

Ich kehre nun zurück zu Albert I. Bruder Ludwig, welcher der Stammvater einer eignen Linie wurde. Im Jahre 1270 verkaufte er mit seinem Sohne Richolf und seines Bruders Sohne einen halben Zehnten zu Salmannshausen dem Kloster Haine und ersetzte denselben, weil er ziegenhainsches Lehn war, durch Güter in Goringen [62]). 1272 verkaufte er mit seinen Kindern und seiner Schwägerin das Dorf Heimertshausen mit allen Menschen und Zubehörungen dem deutschen Orden. 1273 verkauften sie demselben Orden das Dorf Neuenhain mit allen Zubehörungen, eine Mühle zu Hittesdorf, sammt dem Müller und seiner Familie und eine halbe Manse zu Reperode [63]); wozu auch Adelheid und ihre Kinder ihren Consens ertheilten. 1274 besiegelt Ludwig eine Verkaufsurkunde. 1275 bezeugte er zu Alsfeld eine Urkunde Berthold's von Jhringshausen [64]), gleichwie 1276 eine seiner Blutsverwandten v. Altenburg [65]). Er findet sich zuletzt 1287, wo er einer Sühne des Abts von Fulda mit den von Schlitz beiwohnte [66]) und hinterließ eine Tochter Elisabeth und einen Sohn Richolf. Schon im Jahre 1272 findet man diesen letztern mit seiner Gattin Gisela; 1274 bezeugte er eine Urkunde seiner Tante Adelheid, sowie 1278 eine Urkunde seines Vetters Heinrich von Romrod. Später trat er in die Dienste des Bischofs Berthold von Würzburg und focht in dessen Fehde gegen die Grafen von Henneberg und Castell, in der er seine Tapferkeit mit dem Tode besiegelte. Nachdem jene die Stadt Schwarzach, am linken Mainufer, den 18. Mai 1283 zerstört, wandten sie sich auch gegen das nicht ferne Kloster, aus welchem sie aber Ullrich's von Haune standhafter Widerstand bald wieder verdrängte und zum Rückzuge nöthigte. In der Zwischenzeit eilte der Bischof mit den Seinen, worunter sich auch Richolf befand, der bedrängten Stadt zu Hülfe und folgte, da er den Feind nicht mehr fand, dem Zuge desselben nach. Zwischen Schwarzach und Kissingen erreichte er ihn. An den Ufern des Mains erhob sich nun eine blutige Schlacht; mannhaft wurde von beiden Seiten gekämpft, bis endlich die Feinde mit einem Verluste von 500 Todten und vielen Gefangenen zurückwichen. Doch theuer hatte der Bischof den Sieg errungen, viele seiner tapfern Streiter lagen erschlagen und auch Richolf hatte hier den Heldentod gefunden. Zu kühn und muthig war er in die Reihen der Feinde gedrungen und hatte hier so blutig gehaust, daß ihn die Erbitterten zuletzt von den Seinen abschnitten, umringten und nach tapferer Gegenwehr zusammenhieben. Der Bischof, der ihn hochachtete, fühlte ganz seinen Verlust und wünschte den Dank, den er ihm nicht mehr beweisen konnte, wenigstens auf seine Familie zu übertragen. Er schrieb zu diesem Zwecke derselben, ihm eines ihrer Glieder zu übersenden; doch da sich damals in der Familie Niemand dazu geneigt fand und Richolf's Sohn, Ludwig, noch zu jung war, konnte des Bischofs Wunsche nicht entsprochen werden.

Später, als die von Romrod erfuhren, daß das Stifts-Erbtruchseffen-Amt erledigt sey, bewarben sie sich um daffelbe für Ludwig. Obgleich es der Bischof schon an einen Ritter Sibold v. Wallhausen vergeben hatte, so vermochte er diesen dennoch dazu, es wieder abzutreten und an Ludwig von Romrod zu überlaffen. Ein treues Zeichen, in welchem Ansehen Richolf gestanden und wie ihn der Bischof geachtet haben mochte [67]. Ludwig, der uns von den Chronisten als Dichter genannt wird, starb ohne Kinder und wurde von seiner Schwester Agnes beerbt. Diese, die mit Werner von Westerburg verehelicht war, verkaufte ihren Theil der romrodschen Güter an die Landgrafen Heinrich II. und Otto von Hessen. Es war dieses die Hälfte des Hauses Romrod, das ganze Gericht Hopfgarten, ein Theil des Gerichts zu Kirtorf, das Gericht zu Zelle. Ausgenommen hiervon waren mehrere ziegenhainsche Zehnten, unter andern zu Udorf, welche 1360 an Werner v. Falkenberg kamen, ein würzburgsches Lehngut zu Franken, ein Hof und Weiher zu Alsfeld, Wiesen und Mühlen an der Eiff, das Leibgedinge in dem Vorwerk zu Zelle u. s. f. Werner's Söhne, Berlt oder Bernhard und Werner, beurkunden noch 1393, daß sie dafür ganz bezahlt seyen, ausgeschieden 1000 Gulden auf das Leibgedinge und 100 Gulden auf die Morgengabe der romrodschen Erbtochter, Metze von Lisberg, welche noch auf den Gütern hafteten und der Landgraf (Hermann) ablösen möge [68].

So war nun Romrod ganz im Besitze der Landgrafen. Aber nicht, wie bisher oft angenommen wurde, war nun der Mannsstamm der v. Römrod auch erloschen, er blühte im Gegentheile fort und noch bis auf die Gegenwart. Insbesondere mögen die späteren Glieder von Albert II. stammen, der, auf eine unbekannte Weise, aus dem Mitbesitze an den Stammgütern gekommen und deshalb auch nicht bei deren Veräußerung als Theilhaber erscheint.

Gar manches stellt sich der Aufstellung einer vollständigen Geschlechtsfolge entgegen; je weiter man fortrückt, um so mehr häufen sich die Schwierigkeiten. Um deshalb nicht etwa ein Gebäude ohne Grund aufzuführen, führe ich lieber die übrigen Glieder nur chronologisch, Statt in dem Verwandtschaftsbande, vor.

Berthold v. R. findet sich 1279 als Zeuge in einer Urkunde des Abts Berthold von Fulda [69]), sowie 1289 zu Hersfeld in einer Urkunde des Abts Heinrich von Hersfeld [70]) und 1301 in einer des Landgrafen Albert von Thüringen [71]).

Leo v. R. verkaufte 1317 mit seiner Frau Mathilde und deren Schwestern Katharine und Kunigunde, sowie Gerhard von Wildenberg und Heidentrud seine Hausfrau einen Weinberg bei Dalheim, dem Kloster Altenburg [72]).

Friedrich und Apel, Gebrüder v. R., erkauften 1310 alle Zinse und Oblei im Dorfe Mengshausen und ein Vorwerk zu Kerspenhausen, bei Hersfeld, vom Abte Simon von Hersfeld für 100 Pfund Pfennige, fuldisch. Währg. [73]). 1340 finden sie sich in einem Urtheile Heinrichs von der Tann [74]). Ein anderer

Appel, Ritter, war es, der 1363 zu Hertingshausen, unfern Cassel, einem Gerichte beiwohnte[75]), und 1376 ein Vorwerk zu Bebra, mit dem lehnsherrlichen Consense des Abts Simon von Hersfeld, an Eckhard Norkyse von Bebra für 100 Mark Silber verkaufte[76]).

Otto v. R. erhielt 1361 vom Grafen von Henneberg Wenigenschweina bei Liebenstein zu Lehn[77]), und hatte mit seiner Gattin Else ums Jahr 1374 Güter zu Wissenborn (wahrscheinlich unfern des Herzbergs), Walfoldis und Hepphzinberge für 165 Gulden versetzt[78]).

Im Jahre 1378 waren mehrere von Romrod in dem Bunde gegen Hersfeld.

Um's Jahr 1375 lebten fünf Brüder, Johann, Heinrich, Conrad, Lotze und Friedrich.

Johann erkaufte 1375 für sich und seine genannten Brüder alle Zinsen, Oblei, Gülten und Renten zu Salmanns, nebst dem dasigen Gerichte und Holze für 150 Gulden auf Wiederkauf[79]). 1388 findet er sich als Johanniter-Comthur zu Nidda[80]).

Friedrich war von 1383 bis 1395 Fürstabt zu Fulda. Als er 1391 von dem Bischofe Gerhard von Würzburg zum Verweser seines Stiftes bestellt wurde, wurde sein Bruder Conrad Stiftshauptmann[81]). Dieser hatte 1380 mit vielen andern Fulda befehdet[82]).

Lotze findet sich 1388 als erfurtscher Amtmann zu Brandenburg[83]).

Curt, Heinrich und Fritz befehdeten 1397 den Landgrafen Hermann von Hessen.

Wilhelm v. R., Fritzens Sohn, befand sich 1410

unter einer schrecklichen Raubrotte, die im Stifte Hersfeld streifte und entsetzliche Grausamkeiten verübte ⁸⁴).
1423 verkaufte er Güter zu Neukirchen an die Kirche
zu Kruspes, zu Seelenmessen für seine Eltern.

Im Jahre 1428 erkaufte die Familie das Schloß
Kleintaffta ⁸⁵).

Catharine v. R. findet sich von 1425 bis 1448
als Aebtissin des Nonnenklosters Blankenau. In dieser
Würde hatte sie ihre Schwester

Irmila zur Nachfolgerin, welche dieselbe bis 1473
bekleidete.

Conrad v. R. war 1443 fuldischer Marschall.

Johann war 1481 fuldischer Werkmeister, wurde
1492 Probst auf dem St. Petersberge und starb 1503
als Großdecan zu Fulda.

Anne v. R. war zu Ende des fünfzehnten Jahrhunderts Aebtissin zu Blankenau.

Hermann und Asmus v. R. befehdeten mit mehreren andern 1485 die Stadt Frankfurt ⁸⁶).

Nachdem schon früher Heinrich und Johann
v. R. das Schloß Buttlar im Versatze gehabt, erwarben
Melchior Hartmann und Johann Georg v. R.
1523 dasselbe nochmals. Ihre Nachkommen veräußerten
es aber im Anfange des siebenzehnten Jahrhunderts
wieder.

Im Jahre 1607 erkaufte die Familie auch einen
Theil des Schlosses Lüder; doch Rudolph Wilhelm
vernachlässigte und belastete dasselbe so sehr mit Schulden,
daß es sein Sohn Aloysius unbewohnt stehen ließ. Es

nisteten sich nun Jesuiten darin ein, bis es endlich 1655 die v. Romrod an Caspar v. Bocholtz überließen.

Das Wappen der von Romrod ist eine Burg mit zwei Thürmen. Auch ihre Nachbarn, die von Altenburg, führten ein gleiches. Ob sie deshalb aber auch eines Ursprunges waren, läßt sich nicht erweisen.

Die Güter, welche die von Romrod noch jetzt in Hessen besitzen, sind nicht sehr bedeutend. Insbesondere sind es Güter zu Holzheim und Schrecksbach. Ihre ansehnlichen Güter im Amte Hauneck und dessen Nachbarschaft verkauften sie 1686 an den Landgrafen Carl von Hessen.

Unter den Landgrafen wurde das Schloß Romrod durch Amtleute (z. B. v. Gilsa, v. Boineburg u. a.) und Burgmannen bewohnt und vertheidigt.

Wie ich schon oben gesagt habe, ist das gegenwärtige Schloß nicht mehr das alte. Dieses wurde, wahrscheinlich schon verfallen, vom Landgrafen Ludwig d. ä. von Hessen-Darmstadt zum größten Theil abgerissen und 1578 von Neuem aufgeführt, wie auch eine Inschrift an einem der obern Theile bezeugt. Doch das Ganze mag nicht zu einer Zeit entstanden seyn; die einzelnen Theile zeugen für die Entstehung, wenigstens Erneuerung in verschiedenen Zeiten.

Die Form des Schlosses ist unregelmäßig, dabei das Ganze aber ziemlich weitläuftig. — Früher hatte es einen beinahe 50 Fuß breiten Wassergraben, über den eine Zugbrücke führte. Beide sind verschwunden und der ausgefüllte Graben jetzt mit Gärten bedeckt. Durch zwei

Thore tritt man in den geräumigen Hof. Gleich rechts an das zweite stößt das zweistöckige, etwa 27 Fuß lange Gesindehaus, welches sich südlich an das eigentliche Schloß-gebäude lehnt. Dieses ist an 65 Fuß lang und erhebt sich mit seinen vier Stockwerken und seinen sechs Fuß dicken Mauerwänden hoch über die Gebäude des Städt-chens. In einem Treppenthurme steigt man empor zu den meistens großen Gemächern, unter denen sich beson-ders der große Speisesaal auszeichnet. Dieses Gebäude wird durch eine hohe Mauer, welche oben einen vier Fuß breiten Umgang und eine Brustwehr hat, mit dem Kanz-lei-Gebäude verbunden. Einst soll, wie man erzählt, Land-graf Ludwig VIII., der der Jagd wegen diese Gegend viel besuchte, auf seinem Pferde, jene Wendeltreppe hin-auf, über diese Mauer hinweg, sich dann gewandt und wieder herabgeritten seyn; ein wahrlich halsbrechender Uebermuth, zu dessen Beweise man noch jetzt auf der Treppe eine Stufe zeigt, aus der ein Stück geschlagen und durch eiserne Banden wieder befestigt ist. Diese Be-schädigung soll durch einen Hufschlag des Pferdes geschehen seyn. Das Kanzlei-Gebäude ist, obgleich ebenfalls vier-stöckig, dennoch nicht so hoch, als das Schloßgebäude. An dieses stößt der zweistöckige Marstall, der durch eine hohe Mauer mit dem ihm schief gegenüberliegenden Küchenge-bäude, welches sich wieder an die linke Seite des Thores schließt, verbunden wird. Diese Mauer ist augenscheinlich der einzige Ueberrest der alten Burg der von Romrod. Sie ist sehr hoch und dick und wenn sie auch jetzt als Ringmauer benutzt wird, um den auf dieser Seite von

Gebäuden entblößten Hof zu schließen, so zeigen ihre zum Theil gothisch verzierten Fensteröffnungen, daß sie eine Wand des alten Schlosses gewesen. Auch ihre Schwärze und öfteren Reparaturen zeugen für ihr Alter.

Gegenwärtig stehen alle diese Gebäude unbewohnt und werden zu Fruchtspeichern benutzt. Im Marstalle stehen mehrere zum großherzoglichen Landgestüte gehörende Pferde.

Eine treue Ansicht des Schlosses findet man in den Werken Dilich's, Merian's und Zeiler's. Deutlich sieht man hier das Thor, das Küchengebäude, die erwähnte alte Mauer und über diese emporragend das hohe Schloß- und das Kanzlei-Gebäude mit der sie verknüpfenden Mauer.

Anmerkungen.

1) Schannat C. P. H. F. p. 199.
2) Kopp's heſſ. G. V. I. S. 297.
3) Lodderhofen's kl. Schr. 3. S. 195.
4) Histor. rechtsbegr. Nachr. ꝛc. Nr. 35. Retter II. S. 51. Estor. orig. p. 353. Gud. cod. d. IV. p. 878.
5) Beurk. Nachr. ꝛc. S. 13.
6) Schannat C. P. D. et H. F. p. 272.
7) Bernhard's Beschr. der Abtei Hersfeld. S. 139. Handschr.
8) Schannat Buch. vet. p. 366.
9) Wenk III. U. S. 117.
10) Wenk II. U. S. 193.
11) Kuchenb. A. H. C. XI. p. 143.
12) Gud. I. p. 705.

13) Hift. dipl. Nachr. Nr. 87.
14) Entdeckter Ungrund Nr. 76c. u. 76a.
15) Wenk. U. II. S. 257.
16) Ungedr. Urk.
17) Sch. P. H. F. p. 294.
18) Wenk III. U. S. 185.
19) Schannat Buch. vet. p. 388 und Retter's heff. Nachr. I. S. 11.
20) Ungedr. Urk.
21) Ser. Praeposit. etc. p. 9 et Würdtw. D. M. III. p. 400.
22) Schannat Cl. F. p. 149.
23) Kuchenb. A. H. C. IX. p. 203.
24) Ungedr. Urk.
25) Gud. C. d. III. p. 408.
26) Schannat C. P. H. F. p. 254.
27) Ungedr. Urk.
28) Ser. p. 8. Würdtw. D. M. III. p. 400.
29) Schannat C. P. D. H. F. p. 302.
30) Wenk II. U. S. 359.
31) Wenk II. U. S. 351.
32) Schannat C. P. H. F. p. 254.
33) Ungedr. Urk.
34) Wenk II. U. S. 178.
35) Wenk II. U. S. 174.
36) Wenk II. U. S. 213.
37) Daf. S. 227.
38) Daf. S. 241.
39) Kopp v. d. H. v. Itter. S. 218.
40) Wenk III. S. 167.
41) Daf. S. 170.
42) Joann. Script. Rer. M. II. p. 412.
43) Kopp v. d. v. Itter. S. 209.

44) Varnhagen. U. S. 122.
45) Gud. C. d. III. p. 14.
46) Varnhagen. S. 126.
47) Schannat P. D. et H. F. p. 305.
48) Varnh. S. 130.
49) Kopp v. d. H. v. Itter. S. 223.
50) Ser. p. 8.
51) Wenk. U. II. S. 246.
52) Würdtw. D. M. II. p. 99.
53) Wenk II. U. S. 227.
54) Schannat P. D. et H. F. p. 305.
55) Urk. Abschr.
56) Schannat Prob. Cl. F. p. 271.
57) Wenk II. U. S. 359.
58) Das. II. U. 332 u. 325.
59) Das. S. 359.
60) Das. S. 345 u. III. S. 216.
61) Das. II. U. S. 448.
62) Das. II. U. S. 203. Kuchenb. A. H. XI. p. 165.
63) Entdeckter Ungr. ꝛc. Nr. 76 b.
64) Kuchenb. A. H. XI. p. 166.
65) Retter 3. S. 17.
66) Schannat. Buch. vet. p. 378. Nach Gauhe's Adelslexicon S. 1983 hätte dieser Ludwig das Schloß Haselstein besessen u. im J. 1261 für 110 Mark Silber an die Abtei Fulda verkauft; wovon die Geschichte jedoch nichts weiß.
67) Fries ap. Ludwig Script. p. 587. Das Erbtruchseſſen- oder Erbküchenmeiſter-Amt des Bisthums Würzburg hatte nicht unbedeutende Vortheile. Wenn ein Bischof von Würzburg seinen bischöflichen Aufgang vollbracht und seinen Morgenanbiß genommen, so gehörten dem Truchseſſen die zwei ersten Silbergeschirre, welche er diesem aufgetragen. Ein

jeder Abt, Aebtiffin, Probst ꝛc., welcher die bischöfliche Bestätigung erhielt, mußte dem Truchseß eine Mark zahlen. Wenn der Bischof zu Felde zog, so gehörten ihm zwei Theile aller Häute des Schlachtviehs und bei dem Aufbruche alle übrig gebliebenen Lebensmittel, sowohl todt als lebendig. An seinem Wohnort hatte er freie Schaaftrifft und freie Fischerei im nächsten Wasser und wenn er an Hof kam, für vier Pferde Futter, Eisen und Nägel.

68) Wenk III. U. S. 220.
69) Schannat Prob. Cl. Fuld. p. 220.
70) Bernhard's Beschr. d. Abtei Hersfeld. S. 139. Handschr.
71) Schannat Buch. vet. p. 419.
72) Gud. c. d. III. p. 144.
73) Ungedr. Urk.
74) Schannat Prob. Cl. F. p. 271.
75) Kopp's heff. Ger. Verf. 1. Beil. S. 251.
76) Ungedr. Urk.
77) Spangenbg. hennebg. Chr. v. Heim II. S. 348.
78) Ungedr. Urk.
79) Desgl.
80) Schannat P. Cl. F. p. 292.
81) Schannat C. P. H. F. p. 281.
82) ibid. p. 275.
83) Sch. P. Cl. F. p. 254.
84) Bangen's thüring. Chr. S. 152.
85) Schannat Cl. F. p. 149.
86) Lersner's frankf. Chr. S. 370.
87) Schannat a. a. O.

VII.
Reichenbach.

Meine grauen Felsenthürme,
Grün vom Alter übermoost,
Die des Wetters wilde Stürme
Schon Jahrhunderte umtost,
Wichen, als mein Nam' im Lande
Ward gebraucht zu fremdem Lohn,
Aus des Kittes festem Bande
Mit des Donners Schreckens-Ton;
Und so hoch sie sich auch streckten
Zu den Wolken kühn hinan,
Sie mit ihren Trümmern deckten
Klagend meiner Burgstatt Plan.

7.

Reichenbach.

In dem südlichsten Theile des kurhessischen Kreises Witzenhausen lag ehemals auf einem der höchsten Gipfel des rauhen Riedforstes die alte berühmte Burg Reichenbach, deren spärliche Reste noch jetzt durch ihr graues Alter Ehrfurcht erwecken.

Von der Stadt Lichtenau, von welcher Reichenbach etwa eine Stunde entfernt liegt, führt der Weg erst zwischen Fluren und dann in einem moorigen, durch zwei Bergrücken gebildeten, Grunde hinauf, der anfänglich nur von einzelnen Bäumen, weiter aber mit dichterem Walde bedeckt ist. Je mehr man sich dem Burgberge nähert, um so enger und wilder wird dieses Thal. Ein schmaler Pfad, von dem dichtesten Gebüsche beschattet, führt an dem steilen Abhange des Burgberges empor, dessen Ersteigen nicht wenig Anstrengung kostet. Auf dem Gipfel des Berges angelangt erklimmt man noch einen kleinen Felsenhügel und steht dann, hoch über den niedern Regionen, auf den Trümmern eines der ältesten Denkmale unseres Vaterlandes.

Der Raum des Burgstättels ist beinahe viereckt und ziemlich geräumig. Auf seiner nördlichen Ecke steht der einzige Rest des alten Schlosses, ein etwa vierzig Fuß hoher runder Thurm, der jedoch nicht mehr ganz erhalten ist. In seiner Mitte hat er eine durch Einsturz erzeugte Oeffnung, durch welche die Dicke der Mauer sichtbar wird, die an fünf Fuß beträgt. Ein niedriger Erdwall umschließt diesen Thurm, der mit raschen Schritten seiner Vernichtung entgegen eilt. Südöstlich stand vor wenigen Jahren noch ein ähnlicher Thurm, doch nur noch ein unordentlicher Steinhaufen findet sich an seiner Stelle; einige Bewohner eines nahen Dorfes hatten, von Eigennutz getrieben, unten Steine aus der Mauer desselben gebrochen, um solche zu ihren Bauten zu benutzen; der Thurm verlor dadurch sein Gleichgewicht und stürzte mit einem so erschütternden Getöse zusammen, daß man es in den umliegenden Dörfern hörte[1]). Die sonstige Oberfläche ist mit kurzem Grase und wohlriechenden Blumen überzogen; nur in der Mitte, wo sich wohl die Keller befunden haben mögen, erblickt man zwei kleine, mit Gebüsche überzogene Vertiefungen, die allem Anscheine nach durch Einsturz entstanden sind.

Ueber die ehemalige Form und Bauart der Burg läßt sich jetzt nicht mehr urtheilen, da außer jenen beiden fast an den entgegengesetzten Enden liegenden Thurmtrümmern, aus deren Lage man auf eine besondere Größe der Burg schließen könnte, alle andern, ehemals vorhandenen, Mauern die Hand der Zeit auch bis auf den kleinsten Rest verwischt hat. Jener noch vorhandene Thurm muß, wie sich nach jenem Walle schließen läßt, von den übrigen Gebäuden abgesondert gestanden haben, man bemerkt auch keine Spur an ihm, daß sich noch eine andere Mauer an ihn gelehnt habe. Wie mir es scheint, mag die Vorderseite des Schlosses besonders nach Norden gerichtet gewesen seyn, denn hier senkt sich der allenthalben dicht bewaldete Berg am steilsten und seine obern Abhänge werden durch Widerlagsmauern unersteigbar gemacht, da hingegen auf der Seite, nach dem Dorfe Reichenbach zu, der Berg nicht so abschüssig ist, sondern sich nur mit einem geringen Falle senkt.

Die Aussicht ist mehr wild, als freundlich. Höhe drängt sich an Höhe, und alle sind mit dem dichtesten Walde bekleidet. Großartig ist das Bild der Landschaft; nordwestlich hebt sich der Weißner und westlich gleich einem Dunstklosse der Heiligenberg, nördlich die Höhen des Kaufunger-Waldes und in der Nähe die rauhen Höhen des Riedforstes. Nördlich erblickt man das Städtchen Lichtenau und die Dörfer Hopfeld, Glimmrode, Hambach, Velmeden, Friedrichsbrück und mehrere andere; jede andere Seite bietet jedoch nur bewaldete Gipfel dar.

Die Entstehung Reichenbach's, welches früher Widdergreiß geheißen haben soll, wird von den ältern Chronikenschreibern in die frühesten Zeiten versetzt; sie lassen dieses Schloß von den Römern erbaut werden [2]) und erzählen, daß, nachdem Pipin der Kleine, Carl des Großen Vater, die Hessen und Buchonier zum christlichen Glauben bekehrt, er von vier Grafen, welche er zur Bewachung dieser Länder niedergesetzt, einem derselben Reichenbach zum Sitze angewiesen habe. Auch lassen sie den Herzog Burchard von Thüringen, einen Schwiegersohn oder Schwager Conrad's von Hessen, hier residiren und melden endlich auch, daß Reichenbach ehemals eigene Grafen von Reichenbach gehabt habe. Alles dieses müssen wir auf sich selbst beruhen lassen, denn geschichtliche Beweise finden sich nirgends dafür. Wir lernen es erst im zwölften Jahrhundert kennen und zwar im Besitze der Grafen von Ziegenhain, von denen sich eine Linie nach ihm Grafen von Reichenbach nannte. Gozmar II. ist der erste, der unter diesem Namen erscheint; er lebte in der ersten Hälfte des zwölften Jahrhunderts und wird für den Stammvater der reichenbachschen Linie gehalten [3].

Der Sohn des Landgrafen Ludwig II. von Thüringen, Friedrich, erscheint im Anfang des dreizehnten Jahrhunderts auch im theilweisen Besitze von Reichenbach; wahrscheinlich kam er durch Heirath dazu, denn 1207 überließ Friedrich, Graf von Ziegenhain, — so nannte er sich — und seine Gattin Lukarde, sowie sein Sohn Ludwig, sodann Burkard Graf von Falkenstein und seine Gattin Kunigunde, Albert von Hackeborn und seine Gattin Gertrude und Heinrich Graf von Wegebach das Patronat der Kirche zu Reichenbach dem deutschen Orden [4]. Das Erzstift Mainz protestirte zwar gegen diese Vergabung, gab jedoch bald nach und bestätigte durch eine eigene Schenkungsurkunde das Eigenthumsrecht des Ordens [5]. Alle die Genannten mögen durch Heirathen zu dem Besitze reichenbachſcher Güter gelangt ſeyn. Die Geſchichte der beiden ziegenhainſchen Häuſer übergehe ich, da ſie nicht hierher gehört, und verweiſe auf Herrn v. Rommels Geſchichte von Heſſen (Thl. I. u. II.) und Herrn Schmidt's heſſen-darmſtädtiſche Geſchichte (Thl. II. S. 221 ꝛc.).

Landgraf Conrad von Thüringen und Heſſen befand ſich 1233 in Reichenbach's Beſitze. Man ſieht dieſes aus einem Vergleiche mit den Grafen Berthold und Gottfried von Ziegenhain wegen Güter, die, wie die Urkunde ausdrücklich ſagt, ehedem ſein Vatersbruder Friedrich beſeſſen hatte. Der Landgraf überläßt darin den Grafen von Ziegenhain alles dasjenige zu Lehn, was Friedrich innerhalb der Wälle von Ziegenhain beſeſſen, verzichtet auf Staufenberg und gibt hinſichtlich Treiſa's mehreres nach; wogegen jene auf alle Anſprüche an Reichenbach und Keſeberg verzichten[6]). Wahrſcheinlich hatten die Landgrafen dieſe Schlöſſer durch Kauf von einer Enkelin des Grafen Friedrich erworben, welchem ſich die andern Betheiligten widerſetzt haben mögen; denn die heſſiſchen Chroniken erzählen, daß Landgraf Ludwig der Heilige von Thüringen Reichenbach im Jahre 1225 erobert habe. Dieſer Beſitzergreifung folgte der oben angeführte Vergleich, durch welchen ſie, da ſie ſich wohl zu ſchwach fühlten, dem Landgrafen das Schloß wieder durch die Gewalt der Waffen zu entreiſſen, auf daſſelbe verzichteten und jenem überließen. Aber noch in demſelben Jahrhunderte fiel es wieder in andre Hände; denn da nach dem Ausſterben des thüringſchen Mannsſtammes die Herzogin Sophie von Brabant als Regentin von Heſſen auftrat, sah sie sich 1249 genöthigt, es durch Gewalt jenen fremden Besitzern wieder zu entreissen⁷).

Von nun blieben die Landgrafen von Hessen im ruhigen Besitze Reichenbach's, bis es Landgraf Heinrich II. und sein Sohn Otto im Jahre 1351 dem deutschen Orden, welchem die Schenkungen der ziegenhainschen und später der bilsteinschen Grafen einen Sitz im Dorfe Reichenbach begründet hatten, für 1000 Mark Silber auf Wiederkauf verkauften. Die Urkunde von 1351 spricht zwar von einem wirklichen Verkaufe, wird aber durch eine andere von 1354 berichtigt, in welcher die Landgrafen noch versprechen, es wie ihre andern Schlösser zu vertheidigen⁸). Wie lange diese Pfandschaft währte, weiß man nicht; der Name des Schlosses verschwindet von nun an auf eine lange Zeit aus der Geschichte und findet sich erst im fünfzehnten Jahrhundert wieder, in welchem hier ein Landgraf von Hessen seine Laufbahn beschloß. Dieser war Landgraf Ludwig der Freimüthige, Sohn Ludwig des Friedsamen. Er hatte mit seinem Bruder Heinrich III. das Land getheilt, aber diese Theilung brachte bald Zwist unter sie, den nun die Waffen entscheiden sollten; erst nach mehrjährigem Kampfe kam eine Sühne zu Stande, die jedoch Ludwig nicht lange überlebte; nachdem er sich noch mit seinem Bruder nach einer Jagd im Säulingswalde am Lemmerberge freundlich besprochen hatte, starb er den 6. November 1471 so plötzlich auf Reichenbach, daß man sich nicht des Verdachtes der Vergiftung enthalten konnte, mochte auch der Coadjutor von Fulda, Graf Johann von Henneberg, wegen einer mit Ludwig bevorstehenden Fehde, das Verdienst dessen Todes dem h. Bonifacius zuschreiben.

Die Landgrafen ließen Reichenbach, wie dieses gewöhnlich war, durch Burgmänner bewachen und vertheidigen. So findet man schon 1146 in einer hersfeldschen Urkunde einen Hermann von Reichenbach, der zum Niederadel gehörte und wahrscheinlich Burgmann war. Werner von Reichenbach verkaufte 1288 mit der Bewilligung Hartrad's von Reichenbach, Güter in Pasknarode und Haselbach dem Kloster Germerode. Später, in einer Urkunde des Klosters Breitenau von 1348 findet sich ein Hartrad von Reichenbach und 1355 Hartmann Vogt zu Reichenbach. Im Jahre 1383 nennt sich ein Hartmann von Wickerse Burgmann zu Reichenbach, bei Gelegenheit, als er einem Lichtenauer Bürger eine Schuldverschreibung über 20 Gulden ausstellt und ihm dafür jährlich 6 Viertel Hafer Gülte in Walburg anweist; 1393 findet sich dieser Hartmann nochmals als Burgmann zu Reichenbach und zwar mit seinem Sohne Stieg von Wickerse, indem beide der Aebtissin von Kaufungen 10 Viertel Hafer jährlicher Gülte und ein Gut zu Walburg verkaufen. Auch 1372 nennt sich ein Henrich Wyencze in einer meisenbugschen Urkunde Burgmann zu Reichenbach. Später finden sich auch die von Khannen und von Hundelshausen im Besitze von Burglehen auf Reichenbach 9).

Wann und wodurch das Schloß zerstört wurde, weiß man nicht; nach allem, was man sieht, muß es schon Jahrhunderte in Trümmern liegen. Im Jahre 1486 findet es sich noch in den Theilungen zwischen den Landgrafen Wilhelm d. ä. und dem mittlern; doch schon in dem Testamente Philipp's des Großmüth. von 1562 findet sich sein Name nicht mehr.

Anmerkungen.

1) Dieses soll, nach einer in der Umgegend allgemein verbreiteten Sage, an dem Tage geschehen seyn, wo eine Fremde den Namen Reichenbach erhielt.
2) Dilich I. S. 154 erzählt, man habe hier alte römische Goldmünzen mit den Bildnissen Nero's und Trajan's gefunden.
3) Wenk's hess. Landesgesch. Th. II. Urkbch. S. 82.
4) De Gudenus Cod. dipl. T. III. p. 175.
5) Ibid. p. 1075.
6) Wenk Th. II. Urkbch. S. 150.
7) Gerstenbergers th. u. hess. Chr. ap. Schminke Monimenta Hass. T. II. p. 326 u. 412 u. a. m.
8) Histor. diplomat. Unterricht und gründliche Deduction von dem hohen deutschen Ritterorden und insbesondere der löblichen Ballei Hessen. Beil. Sect. II. Nr. 83. Entdeckter Ungrund derjenigen Einwendungen ꝛc. Nr. 212.
9) Aus einem Kaufunger Copialbuche u. a. ungedr. Urk.

VIII.
Steinau.

———— und wären Frevlerrotten
Verschworen, Menschheit, gegen dich,
Mit schnödem Drucke dein zu spotten;
Sie bringen Spott nur über sich!
Starke.

8.

Steinau.

Etwa anderthalb Stunden nördlich von Fulda liegt in einer Thalebene, welche gegen Morgen die Höhen der Rhön besäumen, von der Haune durchflossen, das Dörfchen Steinau. An seinem östlichen Ende erhebt sich noch jetzt, zum Theil erhalten, zum Theil in Trümmer versunken, das gleichnamige Schloß, einst der Stammsitz einer der ältesten buchischen Familien vom niedern Adel.

Schon im Jahre 1105 finden sich drei Brüder Ditmar, Vinnod und Friedrich v. Steinau (Steinaha) in einer Urkunde des hersfeldschen Dienstmannes Vinnold [1]).

Eberhard v. St. bezeugte 1197 eine Urkunde des fuldischen Abts Heinrich III.[2]). Unter

Giso v. St. wird zuerst das Schloß Steinau genannt. Im Jahre 1269 verkaufte er mit seiner Gattin Hildegunde eine Fischerei bei dem Dorfe Pforten an den fuldischen Decan Bertho und wenige Jahre später nennt ihn die Geschichte als den Anführer einer furchtbaren und blutigen Verschwörung, durch die er sich und seine Familie in tiefe Schmach stürzte.

Auch über das Buchenland schwang das für Deutschland so traurige Zwischenreich seine zerfleischende Geisel; sowie durch ganz Deutschland, so auch hier, war der, sich unter der geistlichen Herrschaft ohnedem freier fühlende, Adel völlig verwildert und sein ganzes Treiben und Streben war Raub. Nichts war mehr heilig genug, selbst das, wovor sonst der gläubige Geist jener Zeit mit frommer Ehrfurcht scheu zurückwich, war vor diesen Räubern nicht sicher. Der damalige Abt von Fulda, Bertho von Leibholz genannt Fingerhut, ein kühner kräftiger Mann, bot alles auf, um die Ruhe und Sicherheit seines Staates wieder herzustellen; aber nichts half ihm der Sieg über die Banden des Grafen Gottfried von Ziegenhain, nichts die Eroberung von Bischofsheim und die Vertreibung der Räuber, die hier ihren Aufenthalt hatten, auch ein Bündniß mit seinen Vasallen schien ihn seinem Zwecke nicht näher zu führen; das Feuer fing immer wieder von neuem an zu glühen, so daß er 1271 wieder zu den Waffen griff und fünfzehn Schlösser eroberte und zum Theil niederbrach. Strenge schien ihm das einzige Mittel die Räuber zu Paaren zu treiben und er beschloß deshalb ein warnendes Beispiel zu geben. Einen der ärgsten seiner räuberischen Vasallen, Hermann von Ebersberg, der in seine Hände gerathen war, ließ er durch ein Gericht zum Tode verurtheilen und auf dem Markte zu Fulda durch Hermann Küchenmeister enthaupten.

Aber hierdurch hatte er Oel in's Feuer gegossen. Rache glühend bildete sich eine Verschwörung. Unter Giso von Steinau sammelten sich Heinrich und Albert v. Ebersberg, Albert v. Brandau, Conrad v. Roßdorf, Eberhard v. Spala, Giso v. Schenkwald und Conrad und Bertho v. Luplen — und schworen ihrem Freunde ein blutiges Sühnopfer. Wie Ursinus erzählt, geschah dieses an einem Brunnen zu Steinau, um den hierauf alles Grün verdorrte und nie wieder ein Grashalm emporkeimte.

Unter der Larve des Friedens erschienen die Verschwornen am 15. April 1271 vor der abteilichen Burg, ließen ihre Rosse, zur Flucht vorbereitet, zurück und traten, dem Anscheine nach ihr Gebet zu verrichten, in die Kapelle des heiligen Jakobs, in welcher eben der Abt das Hochamt verrichtete. Auf ein Zeichen Giso's stürzten sie über den Unglücklichen her und von sechs und zwanzig Stichen schrecklich zerfleischt, verhauchte er, am Altare verblutend, seinen Geist.

Schnell entflohen die Mörder und Giso von Steinau öffnete ihnen seine Burg.

Kritisch war die Lage der Abtei, das mußte jeder fühlen, und um sie vor größerm Ungemache zu schützen, wurde die Wahl eines neuen Abtes, der mit Muth und Eifer in das zerrüttete Getriebe zu greifen vermochte, höchst dringend. Eilig wählte deshalb der Convent ein neues Oberhaupt, Bertho III., aus der buchischen Familie von Mackenzell. Bald erschien dieser vor dem Schlosse Steinau und vertrieb die Mörder aus diesem Schlupfwinkel. Raubend und brennend durchstreiften diese nun das fuldische Gebiet; doch seine Reuter ließen ihnen keine Ruhe und erreichten sie endlich im Dorfe Hasel. Als die Räuber — es waren ihrer 22 zu Pferde und 30 zu Fuß — die Kirche dieses Dorfes plünderten, überfiel sie unvermuthet der Abt. Nicht an Widerstand denkend, flohen alle, selbst ihre Pferde mitnehmend, in die Kirche, deren Pforten sie verrammelten; doch diese wurden gesprengt und nun unter der Rotte ein schreckliches Blutbad angerichtet, alles wurde niedergemetzelt und nur zwei von Ebersberg, wahrscheinlich die beiden obengenannten, blieben übrig, denen jedoch noch ein furchtbareres Loos wartete. Sie wurden gefangen und auf kaiserlichen Befehl zu Frankfurt a. M. gerädert.

In jenem Gemetzel mag auch Giso von Steinau geblieben seyn. Die von Steinau und Ebersberg als die Häupter der Verschwörung wurden ihrer Güter entsetzt und die erstern erhielten insbesondere noch, zum ewigen Schandzeichen, Statt ihres bisherigen Wappenbilds, drei Räder. Auch sollte das Schloß Steinau niedergerissen werden und nur aus Rücksicht für die unschuldigen Verwandten wurde dieses nicht vollzogen[4]).

Giso hinterließ keine Kinder, aber er hatte noch einen Bruder Hermann, der den Beinamen des Langen führte. Man findet ihn in einer Urkunde des Abts Bertho im Jahre 1265. Dieser blieb mit seinem Schwager Friedrich v. Schlitz, der durch die Heirath mit ihrer Schwester Hildegunde zu einem Theile des Schlosses Steinau gekommen war, in dessen gemein=

schaftlichem Besitze. Im Jahre 1286 begann auch er die fuldische Kirche zu befehden, ob aus bloßer Raublust oder aus Rache für seinen Bruder, ist nicht bekannt. Der Abt Marquard sandte deshalb einen Haufen auserlesener Truppen zur Bestrafung dieses unruhigen Geschlechts aus. Steinau wurde erobert und der hermannsche Theil zerstört. Daß dieses nicht mit dem ganzen Schlosse geschah, wie gewöhnlich erzählt wird, ergibt sich aus einem Sühnevertrag, den Friedrich von Schlitz am 1. September 1287 in Gegenwart vieler Ritter mit dem Abte abschloß. Er erwähnt darin ausdrücklich seines noch unverletzten Schloßantheils und erklärt, hinsichtlich des andern, der seinem Schwager Ritter Giso gehört und der von Grund aus zerstört sey, daß dessen Hof oder Grund Eigenthum der Abtei sey und er denselben, ohne deren besondere Erlaubniß, nie wieder bebauen wolle [5]).

Hermann, der nun von seinem Stamm-Schlosse vertrieben war, ließ sich in dem jetzt baierschen Dorfe Poppenhausen, unter dem Schlosse Ebersberg, nieder. Mit seiner Gattin Hildegarde hatte er zwei Söhne Trabodo und Heinrich und einige (unbekannte) Töchter. Diese beiden Brüder söhnten sich mit dem fuldischen Abte Heinrich „vm die Geschicht die vnsern For„dern geschach an vnserm Apt Herren Ber„tholde" wieder aus. Sie verzichteten in dem betreffenden Sühnvertrage „vf alle Tadt die da ge„schach vnd geschehen ist an" ihuen „vnd an" ihren „Fordern an Lybe, an Gute, mit Worten „vnd mit Werken" und versprachen, ohne des Abtes

Erlaubniß keinen burglichen Bau zu Poppenhausen aufzuführen und aus ihrem Hofe daselbst der Abtei gegen ihre Feinde behülflich zu seyn, außer gegen Würzburg; wogegen sie diese auch in dem Besitze desselben schützen soll. Um diese Verbindung fester zu knüpfen, wiesen beide Brüder von ihren Gütern jeder zehn Pfund Heller an, wozu der Abt noch zu jedem sechs Pfund hinzulegte und nun die einen sechzehn Pfund Trabodo's Sohne Giso zu einem Burglehen auf Lichtenberg und die andern Heinrich's Sohne Heinrich, so bald er ein dazu fähiges Alter erreicht, zu einem Burglehen auf Biberstein anwies [6]).

Giso erkaufte 1338 von Johann v. Masbach noch ein fuldisches Burglehn auf dem Schlosse Lichtenberg mit einigen Gütern zu Ostheim für 102 Pfund Heller [7]). Im Jahre 1353 versetzte demselben und Lutzen von Herbelstätt der Graf Johann von Henneberg Stadt und Burg Wasungen — ausgenommen die Burg- und Mannlehen — ein Vorwerk und das Gericht daselbst, zwei Fischereien und an 150 Pfund Heller jährliche Gefälle zu Wasungen, Balbenberg und Hammelburg für 1000 Pfund Heller [8]). 1359 bestellte derselbe Graf auf den Fall seines Todes seine Gattin zur Vormünderin seiner Kinder und zu ihren Räthen und Beiständen auch Giso von Steinau [9]). Im Jahre 1365 verpfändete ihm der Abt Heinrich von Fulda das Schloß Fischberg für 300 Pfund Heller. Man sieht aus einer diese Pfandschaft betreffenden Urkunde, daß Giso bei diesem Abte ein besonderes Ansehen genoß; denn jene Pfandsumme war größtentheils Entschädigung für in dessen Diensten erlittenen Schaden. So verdarb er ein Pferd bei der Zusammenkunft des Abtes mit dem Herzoge von Baiern; verlor ein anderes in einer Niederlage vor Hünfeld; ein drittes verdarb er in einer Tageleistung zu Berka; ein viertes versetzte er in Vach und ein fünftes verlor er, als die fuldische Feste Nordheim erstürmt wurde; endlich verlor er auch einen Panzer auf einer Botschaft an den fuldischen Marschall Conrad von Hutten [10]).

Heinrich, Heinrich's von Steinau Sohn, der schon oben erwähnt, findet sich 1361 mit dem Beinamen Steinrück. Er ist der erste, der ihn führt und höchst wahrscheinlich der Stammvater der Linie v. Steinau genannt Steinrück. Auch er war in Streitigkeiten mit seinem Lehnsherrn gerathen, wegen deren er sich 1361 mit diesem wieder aussöhnte. Er erklärte nämlich, daß er um alle Stücke, über die er in seines Herrn Ungnade gefallen, gänzlich mit ihm ausgesühnet sey, daß er alles, was in seines Vaters und seiner Vettern Briefen stände, stets zu halten und insbesondere ohne des Abtes Erlaubniß keinen burglichen Bau in Poppenhausen anzulegen, versprochen habe. Auch bekannte er sich zu einem Burglehen zu Biberstein für jährlich sechzehn Pfund Heller. Hiergegen versprach ihm der Abt Schutz in dem Falle man ihn widerrechtlich aus Poppenhausen verdrängen wolle [11]).

Im Jahre 1388 wurde die Abtei von neuem in Streitigkeiten mit den von Steinau verwickelt, die in eine blutige Fehde ausarteten. Die Ursache derselben ist zwar nicht bekannt, aber wahrscheinlich waren sie durch Widersetzlichkeit gegen ihre Vasallenpflicht entstanden. Für die Abtei wurde diese Fehde noch besonders dadurch gefährlich, daß ihre Truppen das würzburgsche Gebiet verletzt hatten und sich der Bischof nun auch noch auf die Seite ihrer Feinde schlug. Endlich trat der Erzbischof von Mainz zwischen die Streitenden und brachte am 23. April zu Hamelburg eine Sühne zu Stande, nach welcher die Fehde beendet, alle Gefangenen auf eine alte Urfehde frei und alle noch unbezahlten Brandschatzungen niedergeschlagen seyn sollten [12].

Gegen ihr früheres feierliches Versprechen, ihren Hof in Poppenhausen nicht zu befestigen, erbauten sie in Gemeinschaft mit den v. Ebersberg — mit denen sie von jeher Poppenhausen als eine Ganerbschaft besessen zu haben scheinen — daselbst eine Burg, der sie zwar nicht durch die Lage auf einer Höhe, aber durch andere Werke eine trozende Stärke zu geben wußten. Das Jahr, in welchem dieses geschah, ist nicht bekannt, es liegt jedoch zwischen 1361 — 1391. Möglich, daß die vorerzählte Fehde eben diesen Bau betroffen. Treu dem Charakter ihrer Ahnen, deren trauriges Schicksal sie nicht zu warnen schien, ergriffen auch sie das Lieblingsgeschäft des damaligen Adels, Räuberei und Wegelagerung. Vertrauend der Festigkeit ihrer Burg und unterstützt durch eine ansehnliche Genossenschaft durchstreiften sie die Nachbarländer, insbesondere Fulda, Thüringen und Franken und bezeichneten ihre Gegenwart allenthalben durch Raub, Mord und Brand. Diese verwüstenden Züge nöthigten endlich im Jahre 1393 die

Herren jener Länder, den Landgrafen Balthasar von Thüringen, den Bischof Gerhard von Würzburg und den Abt Conrad von Fulda zu einem Bündnisse gegen die kecken Wegelagerer. Mit einem starken Heere zogen sie gegen Poppenhausen und umschlossen dasselbe. Aber die Festigkeit des Schlosses bot allen ihren Angriffen und den Geschossen ihrer Maschinen einen solchen Widerstand, daß sie nach einer langen Belagerung, ohne ihren Zweck erreicht zu haben, wieder abziehen mußten[13]). Diese siegreiche Vertheidigung gegen jene mächtigen Fürsten mußte ihren Stolz und ihre Kühnheit noch höher steigern; dieses zeigte sich schon im folgenden Jahre. Sie konnten nicht vergessen, daß mehrere Ritter jene Fürsten durch Anschließen an ihre Haufen unterstützt hatten, und rüsteten sich, um diese dafür zu strafen. Mit nicht weniger als 500 Pferden zogen sie gegen Hain, welches die von Herbelstädt besaßen. Graf Friedrich von Henneberg, der dieses erfahren, waffnete sich eilends und zog mit dem Grafen Wilhelm und den Römhildern ihnen nach, um, während sie mit der Eroberung von Hain beschäftigt seyen, einen günstigen Augenblick zu einem Ueberfalle zu benutzen. Aber die von Steinau kamen ihm entgegen, griffen ihn an und jagten seine Schaaren, nach einem blutigen Gefechte, in die Flucht. Allein die Römhilder verloren an 150 Mann[14]).

Um diese Zeit lebten Simon, Carl und Otto Gebrüder von Steinau gen. Steinrück. Gemeinschaftlich mit Dietrich von Ebersberg und Thomas und Peter Gebrüder, Hans, Eberhard und Hermann Gebrüder und Henne von Ebersberg gen. Weihers begannen sie 1395 die seit der Ermordung Abts Bertho in Trümmern liegende Burg Ebersberg wieder aufzubauen. Doch Abt Johann widersetzte sich diesem Baue und nahm den Berg als Eigenthum seiner Abtei in Anspruch. Im Anfange Januars 1396 kam zwischen beiden Theilen ein Vergleich zu Stande, zufolge dessen jene Ritter von dem Abte die Burg als Mannlehen empfingen und jedes Familienglied schon in seinem zwölften Lebensjahre der Abtei den Vasalleneid leisten sollte [15]).

Die Gebrüder Simon und Carl von Steinau gen. Steinrück standen im Bunde mit den von Romrod, Buchenau, Bimbach, Weihers und Trubenbach im Jahre 1397 in einer Fehde gegen den Landgrafen Hermann von Hessen.

Carl und Heinrich von Steinau gen. Steinrück finden sich seit dem Anfange des fünfzehnten Jahrhunderts. In den Jahren 1399 und 1400 lag der Bischof von Würzburg in einer blutigen Fehde mit der Stadt Würzburg, an welcher auch jener Carl, im Solde der Stadt, Theil nahm. Am 11. Januar 1400 beschlossen die Bürger, den mit Getreide gefüllten und befestigten Kirchhof des Dorfes Berchtheim zu erobern, und zogen mehrere Tausende stark jenem Dorfe zu. Doch die Bischöflichen stellten sich ihnen entgegen und ein Kampf begann. Schon waren die letztern geschlagen, da erhielten sie Hülfe und mit ihr auch bald den Sieg. Darf man den Chronisten glauben, so wurden von den Bürgern 1100 erschlagen und 4000 gefangen. Unter den letztern befand sich, neben mehreren andern fuldischen Edlen von Schlitz, Hutten ꝛc. auch jener Carl von Steinau [16]).

In demselben Jahre 1400 wurde die Stadt Brückenau mit mehreren in ihrer Nähe hausenden Rittern in
Streitigkeiten verwickelt, welche diese veranlaßten, die
Stadt heimlich zu überrumpeln; um diesen Zweck um so
leichter und sicherer zu erreichen, bedienten sie sich einer
List, die an ein großes Ereigniß des Alterthums erinnert.
Sie verbargen ihre Leute in große Weinfässer und ließen
dieselben auf Wagen nach der Stadt führen. Es geschah
dieses am St. Georgentage, also am 23. April. Diese an-
geblichen Weinfuhren geleiteten Caspar v. Bibra, Thomas
v. Ebersberg gen. Weihers, Conrad von Thüngen, Hans
v. Steinau gen. Steinrück u. a. In der Stadt
angelangt, überfielen sie die arglosen, unbewehrten Bürger,
deren Betäubung sie an keinen Widerstand denken ließ;
erst als sie die Räuber ihr geplündertes Eigenthum als
Beute wegzuführen im Begriffe sahen, da ermannten sie
sich wieder und ergriffen die Waffen, und mit so glückli-
chem Erfolge, daß sie ihnen die Beute wieder abnahmen
und sie siegreich zur Stadt hinaustrieben. Dieses geschah
aber auch nur durch den Beistand des heil. Ritters Georg
und dankbar feierten von nun an die Bürger jährlich seinen Gedächtnißtag [17]).

Im Jahre 1403 streiften die von Steinau wieder
mit den von Werberg, Ebersberg und Tann im Hennebergschen, allenthalben raubend und zerstörend, so daß sich
Graf Friedrich von Henneberg-Ascha mit seinem Schwie-
gervater, dem Grafen Heinrich X. von Henneberg-Schleu-
singen gegen sie verband [18]).

Conrad von Steinau gen. Steinrück mit

mehreren andern sühnte in demselben Jahre die v. Hutten mit dem Bischofe von Würzburg und dem Abte von Fulda aus [19]).

Im Jahre 1413 versetzte Bischof Johann von Würzburg an Hans v. Steinau gen. Steinrück die Stadt und das Amt Neustadt an der Saale (am südöstlichen Fuße der Rhön) für 3000 Gulden. Diese Pfandschaft ging 1435 auf Hansen's Sohn Heintz über, bei dem die Pfandsumme durch wiederholte Darlehen an den verarmten Bischof bis auf 7000 Gulden stieg; auch sollte er das, was noch außerdem von Neustadt verpfändet sey, an sich lösen. Der Convent, der schon lange mit Mißmuth der übeln Wirthschaft seines Obern zugesehen, hielt diese Verpfändung für einen wirklichen Verkauf und gebot dem dortigen Stadtrath, sich den von Steinau nicht höher zu verpflichten, als schon geschehen sey. Als Heintz nun von den Bürgern eine neue Huldigung forderte, wurde ihm diese verweigert, aus dem Grunde, weil ihnen das Capitel dieselbe verboten. Er beschwerte sich darüber beim Bischofe, der damals zu Kissingen seinen Hof hielt und daselbst auf den 10. August ein Gericht niedersetzte, welches Neustadt zur Huldigung anwies [20]).

Im Jahre 1435 mutheten die Aeltesten der Steinaue und Ebersberge von neuem das Burglehn des Ebersbergs, wobei sich Carl und Heinrich von Steinau gen. Steinrück, Gebrüder, finden [21]).

Jener Heintz v. Steinau hatte ums Jahr 1447 zugleich mit den Grafen von Schwarzburg, den v. Hutten ꝛc. Streitigkeiten mit dem Bischofe Gerhard IV. von

Würzburg. Man sieht dieses aus der durch den Erzbischof Dietrich von Mainz zwischen dem Markgrafen von Brandenburg und jenem Bischofe zu Biebelrieth vermittelten Sühne, worin auch jene Ritter aufgefordert wurden, sich gütlich mit dem Bischofe zu einen oder ihre Sache dem Ausspruche des Erzbischofs zu unterwerfen [22]).

Jakob, Ritter, und Hans, Gebrüder, finden sich 1435 in dem Besitze der Hälfte von Persdorf in Franken als eines gräflich schwarzburgschen Lehens [23]). Als der deutsche Kaiser Friedrich III. zwei Jahre nach seiner Thronbesteigung 1442 nach Rom zog, um sich dort durch den Pabst krönen zu lassen, und von da nach Neapel, um hier seine Vermählung mit der Prinzessin Leonore von Portugal zu feiern, sandte ihm auch der Bischof Gottfried von Würzburg einen Zug Edler zur Begleitung, unter denen sich neben den Grafen von Hohenlohe und Henneberg auch Jakob von Steinau befand. Alle empfingen durch den Kaiser in Neapel feierlich den Ritterschlag [24]). Jakob findet sich 1450 in einer hennebergschen Urkunde [25]).

Jene beiden Brüder Jakob und Hans nebst Conrad, Otto, Heinrich und Hildegard von Steinau gen. Steinrück befehdeten 1459 die Abtei Fulda, aber des Abts Reinhard kräftige Hand fiel diesesmal schwer auf ihren Nacken. Allenthalben sie schlagend, eroberte er auch noch ihr Schloß Poppenhausen und mochte nicht ungeneigt seyn, sie ganz aus dessen Besitze zu verdrängen. Doch Graf Georg von Henneberg nahm sich ihrer an und vermittelte eine Sühne, die am 16. October zu Stande kam. Die Fehde sollte beigelegt und alle Gefangenen frei seyn; auch sollten beide Theile das, was sie in und aus dem Schlosse verloren und gewonnen, alles auf den genannten Grafen stellen. Der Abt sollte dann das Schloß zurückgeben und dreizehn seiner Lehnmannen niedersetzen, vor denen sich die Ganerben verantworten und die darnach entscheiden sollten, ob Poppenhausen fuldisches Lehn sey. Die Vorladungen sollten 14 Tage vor dem Rechtstage zugestellt werden und das Urtheil bis zum nächsten 22. Februar (Petritag) gefällt seyn [26]. Dieses Urtheil ist zwar nicht bekannt, doch läßt sich vermuthen, daß dieses Gericht Poppenhausen für kein anderes, als fuldisches Lehn erkannt haben kann, so daß jene es von neuem zu empfangen gezwungen wurden. Aber wie lästig ihnen diese Lehnsverpflichtung gewesen seyn mag, beweist eine spätere Urkunde von 1470, in welcher Abt Reinhard sagt, daß er zwar in alten Urkunden fände, daß das Schloß Poppenhausen fuldisches Lehn sey; die Erneuerung desselben sey aber lange unterblieben und dadurch aus der Gewohnheit gekommen; er sey deshalb mit Kunz v. Steinau gen. Steinrück und Ritter Otto seinem Bruder Hans v. Ebersberg und Berlt und Hans v. Steinau gütlich dahin übereingekommen, daß er es diesen drei Parteien wieder von neuem zu Lehn gebe [27].

Im Jahre 1460 brach zwischen den Bischöfen von Bamberg und Würzburg mit dem bekannten Markgrafen Albrecht von Brandenburg, genannt der deutsche Achilles, eine Fehde aus. Auf der erstern Seite traten die Grafen von Henneberg und neben vielen andern fränkischen Rittern, auch Hans v. Steinau, welche dem letztern ihre Fehdebriefe sandten. Die Fehde wurde zwar zu Ende des Jahres beigelegt, brach aber im folgenden Jahre wieder von neuem aus [28].

Heinz v. Steinau gen. Steinrück d. j. besaß 1466 die Hälfte des Zehntens zu Langendorf als hennebergsches Lehn [29].

Otto und Hildebrand kamen 1470 in eine Fehde mit Henneberg, in der sie jedoch diesesmal den Kürzern zogen; denn Graf Heinrich eroberte die Burg zu Poppenhausen und plünderte sie rein aus.

Hans und Jakob v. Steinau g. Steinrück Gebrüder und Heinrich v. Steinau finden sich 1472 im theilweisen Besitze des Schlosses Salzburg. Mit ihren Ganerben Hans Voigt v. Salzburg, Albrecht und Otto v. Brenda und Adolph Marschall v. Wallbach, schlossen sie daselbst einen Burgfrieden [30].

In dem Lehen des Schlosses Poppenhausen folgten 1484 Hildebrand und Reinhard. Nachdem ersterer 1493 gestorben, kam sein Theil auf seine Söhne Balthasar und Caspar; Balthasar's Theil ging 1551 auf Christoph, das andere, Caspar'n zustehende, auf dessen Tochter Elisabeth, Gattin Carl's von Thüngen, über.

Jenes obengenannten Reinhard's Theil kam 1528 auf seinen Sohn Wendel und von diesem 1546 auf Conrad [31].

Im Jahre 1596 finden sich Adam Wolfgang, Heldrit und Albert v. Steinau.

Diensten, zum Theil in glänzenden Stellen. So Albrecht
v. Steinau g. Steinrück zu Weissenborn, Amtmann
zu Sonnefeld und Rath des Herzogs Johann Casimir von
Sachsen-Coburg. Vom Ende des sechszehnten Jahrhunderts
bis nach 1614 findet er sich oft als Gesandter und gewöhn­
lich in der Umgebung seines Fürsten.

Adam Heinrich Freiherr v. Steinau lebte 1699
und war sächsischer General, Feldmarschall, Geheimerath
und Oberst. Mit diesem gleichzeitig lebte auch der Oberst
Joh. Franz Rudolph v. Steinau.

Auch 1689 bei der Belagerung von Mainz findet sich
ein baierscher General-Major v. Steinau [32]).

Wann dieses Geschlecht, welches sich nach und nach
in verschiedene Linien zertheilte, von denen eine selbst den
Grafentitel erwarb, erlosch, ist mir nicht bekannt. Nach­
dem wir ihm in seinen mannichfaltigen Fehden von
den Ufern der Haune bis zu dem Fuße der Rhön und in
das gesegnete Franken gefolgt, wenden wir wieder den
Blick zu seiner alten Stammburg, deren eine nicht zer­
störte Hälfte sich noch 1325 in dem Besitze der v. Schlitz
findet. Man sieht dieses aus einer Urkunde von jenem
Jahre, in welcher Simon v. Schlitz zu seinem Stamm­
namen noch den v. Steinau fügt [33]).

Aber von dieser Zeit an bis zum sechszehnten Jahr­
hundert liegt die Geschichte derselben in tiefem Dunkel.
Die von Steinau waren wieder zu dem Besitze ihrer
Burg gelangt und Anne v. Steinau brachte ein Vier­
theil derselben an ihren Gatten Wilhelm von Buseck, der
im Jahre 1571 damit beliehen wurde; doch schon sein
Sohn Kraft veräußerte es 1591 wieder [34]). Wer die

übrigen Besitzer waren? wie es wieder frei an die Abtei Fulda kam? über alles dieses sind keine Nachrichten bekannt.

Die noch gegenwärtig vorhandenen Gebäude sind auf keinen Fall älter als das fünfzehnte Jahrhundert. Sie liegen an dem südlichen Ende des Dorfes und bestehen aus drei Hauptteilen oder einzelnen länglicht viereckichten Häusern. Die beiden größten derselben liegen sich gegen Südwesten und Nordosten einander gegenüber, und das dritte kleinere, gegen Südosten. Dieses Ganze wurde früher von einem tiefen Graben umschlungen, den die Haune bewässerte, die noch gegenwärtig durch ihre sumpfigen Ufer den Eingang deckt. Ueber jenen jetzt trockenen und größtentheils ausgefüllten Graben führte eine Zugbrücke zu dem nur noch in wenigen Trümmern vorhandenen Thore und in den engen Hof, der zwischen den beiden größern Gebäuden hinläuft. Nur noch das nordöstliche Gebäude ist erhalten, die übrigen beiden jedoch verfallen und nur noch in 10—12 Fuß hohen Mauern und ihren festen Kellergewölben sichtbar. Jenes erstere wird von drei Bauernfamilien bewohnt, die es vor Jahren an sich gekauft. Früher hatte es vier Stockwerke, von denen jedoch die zwei obersten hölzernen niedergebrochen wurden, so daß jetzt nur noch die zwei untersten massiven stehen, deren Mauern an sechs Fuß Dicke haben. Die südöstliche Wohnstube des einen Bauern soll früher eine Kirche gewesen seyn; doch zeigt sie hiervon keine Spur; überhaupt scheint an dem Gebäude viel verändert worden zu seyn. An einem Ecksteine dieses Hauses findet sich, etwa vier Fuß über der Erde, die freilich sehr unverständliche Zahl 80M.

Die Trümmer der andern Gebäude sollen besonders dadurch herabgekommen seyn, daß man ihre Steine zu dem Kirchenbaue im Dorfe genommen habe.

Ein Theil des Archivs der frühern Schloßbesitzer scheint in die Hände der gegenwärtigen übergegangen zu seyn; wenigstens erzählte einer derselben, daß er früher eine Menge Papiere besessen, die man in dem Schlosse vorgefunden habe, doch da er sie weiter nicht geschätzt, so habe er sie nach und nach verbraucht.

Schließlich erwähne ich noch des Wappens der von Steinau. Es bestand anfänglich in einem Adlerfluge, der in dem Fluggelenke ein Schwert hält; doch nach des Abts Bertho Ermordung erhielten sie statt dessen drei Räder. Beide sieht man in Schannat. Buch. vet. in Kupfer gestochen.

Anmerkungen.

1) Wenk II. U. S. 54.
2) Schannat C. P. H. F. p. 199.

Es finden sich zwar noch mehrere v. Steinau aus jener Zeit, aber es ist zu ungewiß, ob sie zu dieser Familie gehörten. So findet sich Blieger von Steinaha 1209 zu Mainz (Wenk II. U. S. 131) und Conrad von Steinaha 1219 zu Frankfurt a. M., wo er mit seiner Gattin Adelheid die Schenkung seines Schwiegervaters E. Waro des Waldes Eberhardeswarenvorst an das Kloster Eberbach bestätigt (Gud. C. D. V. p. 755).

Die Annahme, daß die von Steinhaus (Lapidea domo) eine Linie der von Steinau gewesen, läßt sich durch nichts erweisen und ist blos dadurch entstanden, daß man deren Sitz in das bei Steinau liegende Dörfchen Steinhaus legte, welches jedoch gleichfalls eine durch nichts begründete Vermuthung ist. Ueberhaupt gab es der Familien dieses Namens sehr viele.

3) Sch. C. P. H. F. p. 204.
4) Sch. H. F. p. 199. Brower p. 311. Ursini Chronc. Thur. ap. Menke S. R. G. III. p. 1299. Brevarium fuldense ap. Paulini. p. 439.
5) Sch. Buch. vet. p. 378.
6) Ibid. p. 379.
7) Schultes hist. stat. Beschr. v. Hennebg. U. II. S. 5.
8) Spangenb. hennebg. Chr. II. S. 10—13.
9) Schultes dipl. Gesch. d. H. Henneb. U. II. S. 148.
10) Schultes hist. stat. Beschr. v. Henneb. U. II. S. 9. Spangenb. h. Chr. v. Heim III. S. 122.
11) Sch. P. Cl. F. p. 335.
12) Ibid. p. 367.
13) Fries würzb. Chr. S. 667 nennt nur den Bischof v. Würzburg und läßt die Belagerung von Pfingsten bis Michaelis währen; wohl etwas zu lange. Histor. Landg. Thuring. ap. Pistor. S. R. G. I. p. 949.
14) Schultes dipl. Gesch. I. S. 345 u. Spangenb. henneb. Chr. v. Heim I. S. 265.
15) Sch. P. Cl. F. p. 285.
16) Fries S. 677. Schoettgen etc. Chron. Schwarzb. I. p. 224.
17) Brower Antiq. Fuld. p. 326.
18) Schultes dipl. Gesch. d. H. Henneb. I. S. 347.
19) Sch. P. H. F. p. 284 u. a. Urk. das.
20) Fries S. 741.
21) Sch. C. P. Cl. F. p. 286.
22) Fries S. 811.

23) Chr. Schwarzb. ap. Schoetgen I. p. 529.
24) Fries S. 806. Würdtwein Sub.-dipl. Mog. XII. p. 35. An letzterm Orte erzählt ein Zeitgenosse die kaiserliche Reise und alle Feierlichkeiten umständlich.
25) Schultes dipl. Gesch. d. H. H. I. S. 592.
26) Sch. C. P. Cl. F. p. 335.
27) Ibid. p. 335.
28) Spangenbg. hennebg. Chr. S. 231.
29) Schultes dipl. Gesch. d. H. H. I. S. 600.
30) Reinhards Beiträge zur fränk. Gesch. III. S. 141.
31) Sch. Cl. Fuld. p. 165 et 175.
32) S. Müllers sächs. Annalen.
33) Ledderhosens kl. Schr. III. S. 201.
34) Sch. Cl. Fuld. p. 63.

IX.

Schweinsberg.

Mit einer Ansicht.

Kühler Rasen überschleiert
Sorgsam der Verwesung Spur;
Auf des Moders Halle feiert
Frühlingsfeste die Natur;
Und die Thräne der Empfindung,
Wenn ihr Grabgeläut verklingt,
Schmückt die Kette der Verbindung,
Die in's Geisterreich sich schlingt.

v. Salis.

SCHWEINSBERG.

9.

Schweinsberg.

Am rechten Ufer der Ohm, in einer weiten Wiesenebene, nahe an der großherzoglich hessischen Grenze, lehnt sich das Städtchen Schweinsberg an einen Hügel, von welchem die gleichnamige Stammburg der hessischen Erbschenken herabblickt. Nur wenig erhebt sich der Hügel über die flache Gegend; ohne Mühe ersteigt man den Gipfel und tritt mit jenem ehrfurchtsvollen Staunen, welches uns das Alter einflößt, in die weitläuftige Burg, die, halb erhalten halb verfallen, die ganze Aufmerksamkeit des denkenden Besuchers fesseln muß.

Von dem ebenen, jetzt mit schattigen Kastanien-Alleen bepflanzten Walle, der sich auf der Nord- und Westseite der Ringmauer hinzieht, gelangt man östlich zu dem ersten Thore, welches über sich noch die Wohnung des Thorwächters zeigt, und von der linken Seite durch einen runden Thurm gedeckt wurde. Durch dieses Thor kommt man zu einem zweiten und dann zu einem dritten. Die beiden letztern waren frü-

her durch ein Gewölbe verbunden, über dem sich ein hohes
vierecktes Gebäude erhob, das jedoch, da es mit dem Ein-
sturze drohte, niedergerissen wurde und jetzt nur noch in einem Theile seiner festen Außenwände erhalten ist. Der
Weg durch diese drei Thore geht nicht gerade, sondern bildet
beinahe einen Bogen, so daß das innere nach Süden blickt.
Durch das dritte Thor gelangt man in den innern Schloßhof
und zu den Gebäuden.

Gleich rechts an dieses Thor schließt sich ein hohes, in
seinen untern Stockwerken massives Gebäude, dessen Länge
an 27 Fuß beträgt. Diesem gegenüber, in einer Entfernung
von etwa 30 Schritten, liegt das zweite erhaltene Gebäude
von etwa 42 Fuß Länge und 34 Fuß Breite; ein starker
runder Thurm enthält die steinerne Wendeltreppe, welche
zu den verschiedenen Gemächern führt, von denen eines der
untersten ehedem zur Schloßkapelle diente. An den hintern
Theil dieses Gebäudes, wo es sich an die innere Ringmauer
lehnt, stößt ein etwas tiefer liegender runder Thurm, der
zwar nicht sehr hoch ist, aber dafür einen um so größern Umfang hat. Er ist noch in seiner ursprünglichen Größe und
diente augenscheinlich früher zu Gefängnissen, denn sein Inneres enthält noch schreckliche Behälter. Man nennt ihn
den Hexenthurm. Wie er zu diesem Namen gekommen,
ist nicht bekannt, doch mag wohl dadurch die Benennung
entstanden seyn, daß man ihn einst zur Aufbewahrung s. g.
Hexen gebrauchte. Diese Vermuthung gewinnt um so mehr
Wahrscheinlichkeit, da man auch an der Ohm ein Loch zeigt,
welches das Hexenloch genannt wird, wo diese Opfer des
Aberglaubens die Wasserprobe bestanden haben mögen, und

auch in dem schenkschen Familienarchiv sollen sich noch die Akten eines Hexenprozesses vorfinden.

Zur Linken des innern Thores und wenig entfernt von ihm, steht ein vierecktes thurmähnliches Gebäude, welches nur noch in seiner untern Hälfte erhalten und jetzt zu einer Capelle eingerichtet ist.

Außer diesen, wenigstens größtentheils noch erhaltenen Gebäuden, erheben sich in der Mitte des Ganzen die noch etwa 12—16 Füß hohen Trümmer eines großen runden Gebäudes. Wie es scheint, ist dieses der älteste Theil des Schlosses, den Winkelmann die Oberburg nennt, welche der dreißigjährige Krieg in Trümmer stürzte. Dieses Gebäude soll früher eine besondere Ringmauer umschlossen haben und wie es nach der Jahrzahl 1482 über dem innern Thore scheint, wurden erst im fünfzehnten Jahrhundert die andern Gebäude um dasselbe herum erbaut, um der zahlreichen Familie Wohnungen zu verschaffen. So entstanden um diese alte Burg nicht weniger als fünf neue Burghäuser, von denen die nicht mehr vorhandenen wahrscheinlich auf der Nordostseite gelegen haben, wo man noch mehrere Ueberreste davon antrifft.

Sehr tief und zum Theil doppelt sind die Kellergewölbe der Burg, deren man nicht weniger als sechzehn zählt und wohl noch mehrere vorhanden sind, wie man aus dem Dröhnen des Bodens an manchen Orten vermuthen kann.

Die Befestigung des Schlosses war nicht unbedeutend. Außer jenem Walle umschlingen dasselbe noch jetzt zwei hohe und starke Ringmauern mit Rondelen und Schießscharten und an die Stelle jenes Walles, der sich auf der Süd- und

Ostseite verliert, tritt das bis an die Mauern sich heraufziehende Städtchen. In früheren Zeiten muß es noch fester gewesen seyn, indem die ganze Umgegend ein Sumpf gewesen seyn soll, durch den nur ein Weg zu dem Schlosse geführt habe. Es ist dieses nicht unwahrscheinlich; noch jetzt findet sich am Fuße des Berges ein Sumpf und die ganze Umgegend, beinahe eine halbe Stunde rings umher, ist durch die niedere Lage sehr feucht und jede Anschwellung der Ohm setzt sie unter Wasser.

Bis jetzt habe ich noch von den Anlagen, die sich innerhalb der Ringmauern befinden, geschwiegen, aber sie verdienen eine ehrenwerthe Erwähnung. Der ganze innere Raum ist aufs freundlichste ausgeschmückt und bildet einen Lustgarten seltner Art. Zwischen den grauen Trümmern der Vorzeit blühen die lieblichsten Blumen, die üppigsten Gesträuche und Bäume, und schattige Lauben und Bänke laden zur Ruhe ein. In diesem freundlichen Garten, in welchem man Tage weilen möchte, um in den Armen der Natur die hohen Gefühle sanfter stiller Einsamkeit zu genießen, treten uns auch mehrere Denkmale menschlicher Endlichkeit entgegen. Außer zwei von Rosengesträuchen traulich umschatteten Urnen auf der s. g. Oberburg, steht auch noch ein drittes am östlichen Abhange. Dieses letztere ist das Grabmal des verstorbenen Landraths Schenk zu Schweinsberg, der mit seiner Gattin in einem alten Gewölbe ruht, über welchem sich früher ein Gebäude befand, das in der Mitte des vorigen Jahrhunderts niederbrannte. Ueber dem Eingange zum Grabgewölbe steht die von ihm verfaßte Inschrift: „Der Müde, dem das „Leben dämmert, findet Ruh allhier."

Das Grabmal selbst, von einem Eisengeländer und Blumenanlagen umschlossen, ist von rothem Sandstein und im gothischen Geschmacke bearbeitet. Auf seinen drei Seiten hat es die Inschriften: „Johann Moritz Schenk zu Schweins„berg 1825 — Geboren d. 27. März 1736. gestorben d. 11. „Octbr. 1822 — Seine Gattin Louise von Loewenstein geb. „d. 8. Aug. 1739. gest. 9. März 1821."

Von demselben Landrath Schenk zu Schweinsberg befindet sich auch noch im Garten, bei einer Ruhebank, eine Sonnenuhr. Dieselbe besteht aus einem Würfel mit abgeschnittenen Ecken und ruht auf einer Säule, deren Seiten, nach den Hauptwinden gewendet, folgende Inschriften zeigen: „Erquickende Morgensonne senke tief in mein Herz „die reinen Gefühle der Tugend, — Daß der Mittag mei„nes Lebens solche reife Früchte bringen lasse, — Noch am „Abend meiner Tage ich des ersten Keims der Jugend mich „erfreuen könne — Und kein Sturm aus Mitternacht das „Andenken verdränge, rechtschaffen gehandelt zu haben."

Die Aussicht vom Schlosse ist zwar nicht viel weiter, als sich die Ebene ausdehnt, aber demungeachtet hat sie durch das Sanfte ihres Charakters etwas ausnehmend Anziehendes. Durch das erquickende Hochgrün der sich ringsum ausdehnenden Wiesenmatten schlängelt sich ruhig und langsam die Ohm mit mehreren kleinen Bächen. Nördlich erblickt man die hohe felsenreiche Amöneburg und weiter Kirchhain, zwischen denen 1762 die letzte Schlacht des siebenjährigen Krieges geschlagen wurde. Dann die Dörfer Plausdorf, Niederklein und Rüdigheim. Südlich erblickt man Nieder- und Oberofleiden, Haarhausen, Erfurtshausen und die Höhen um Nordeck. Gegen Osten erhebt sich hoch der Frauenberg und in der Ebene erblickt man Schröck mit dem nahen Brunnentempel der heiligen Elisabeth, sowie die Dörfer Mardorf, Roßdorf und Wittelsberg.

Ich gehe nun zur Familiengeschichte der Besitzer des Schlosses, der Schenke zu Schweinsberg, über.

Gleich wie ein düsterer Schleier die Urgeschichte der Völker unseren Blicken entzieht und nur mythische Sagen und Fabeln einen dämmernden Schein hindurch fallen lassen, so liegt auch der Ursprung beinahe aller Uredelgeschlechter in einem Dunkel verhüllt, dessen Erhellung stets schwierig, ja unmöglich und deshalb der Versuch dazu meistens eine undankbare Mühe ist; — denn allen solchen genealogischen Gebäuden läßt sich selten ein festerer Grund geben, als unverbürgte Sagen und schwankende Hypothesen. Auch über die schenkische Familie ist eine Sage vorhanden, die deren Ahnherrn aus dem Auslande kommen läßt.

Diese Sage erzählt, daß ein Walter mit der heiligen Elisabeth aus Ungarn nach Hessen gekommen sey, sich hier eine Burg erbaut, und da er auf dem dicht verwachsenen Berge viele Schweine getroffen, sie Schweinsberg genannt habe. Dieser Walter sey nun der Stammvater der Schenke zu Schweinsberg.

Was auf diese Sage zu geben ist, brauche ich wohl nicht zu bemerken; sie trägt zu sehr das Gepräge aller derer, deren Quelle nur in thörichter Eitelkeit oder in niedriger Schmeichelei zu suchen ist. Erst die Chronisten des sechzehnten und siebenzehnten Jahrhunderts gedenken ihrer und nicht ein einziger aus früherer Zeit.

Es war früher eine gewöhnliche Meinung, daß die von Schweinsberg erst nach der Trennung der Länder Thüringen und Hessen, wodurch letzteres eigne Fürsten erhielt, von dem ersten derselben mit dem Erbschenken-Amte beliehen worden seyen; doch da man später aus einer alten Urkunde entdeckte, daß sie schon früher, unter den Landgrafen von Thüringen und Hessen, dieses Amt bekleidet, mußte jene Annahme wegfallen. Da aber die alten thüringschen Erbschenken die mächtigen Herren von Vargila waren, und nicht zwei Familien an einem Hofe ein und dasselbe Amt zugleich bekleiden konnten, — so wußte Kuchenbecker diese Schwierigkeit nicht anders zu heben, als daß er die Schenken zu Schweinsberg zu einer Linie der Schenken von Vargila machte, die sich aus Thüringen entfernt und mit ihrer Niederlassung in Hessen auch ihren Namen geändert. Diese Annahme mußte jene Sage auch noch bekräftigen, da ein Walter von Virgila sich unter denen befand, welche zur Abholung der heil. Elisabeth nach Ungarn gesandt wurden, um sie nach Thüringen zu geleiten[1]). Diese Gründe schienen ihm genügend, wenn sich auch in der Geschichte der von Vargila nirgends eine Spur einer solchen Linienabtheilung fand[2]).

Eigentliche thüringsche Erbschenken konnten freilich die von Schweinsberg nicht seyn, aber wohl für die hessische Provinz. Nachdem Hessen durch das Aussterben der Grafen von Gudensberg mit Thüringen verbunden, wurde es immer noch als ein besonderes Land betrachtet. Beinahe die ganze Zeit des thüringschen Besitzes wurde Hessen von einem jüngern Bruder des Landgrafen verwaltet. Dieser hatte seinen Sitz in Hessen und hielt sicher einen eignen Hofstaat, an dem unmöglich die höhern Hofbeamten fehlen konnten, da selbst bloße Grafen deren hatten. Also hatte er auch Schenke — und läßt sich da nicht annehmen, daß die von Schweinsberg dieses Amt bekleidet? Zwar findet sich der erste Schenk zu Schweinsberg erst unter dem letzten Landgrafen Heinrich Raspe IV., der beide Lande allein regierte, aber er konnte ja schon früher, allenfalls schon unter Conrad, dazu bestellt seyn und nun auch bei dem Alleinherrscher wohl nicht allein den Titel führen, sondern auch bei dessen Aufenthalte in Hessen sein Amt verrichten. Diese Annahme hat sehr vieles für sich, denn sie ist natürlich und auch jene Urkunde, welche der Schenke zuerst gedenkt, ist in Hessen ausgestellt und betraf das Kloster Arnsberg.

Aber auch jene Herleitung der Familie wird durch eine Urkunde beseitigt, welche uns zeigt, daß die Schenke zu Schweinsberg aus einer niederadeligen Familie von Marburg entsprossen sind, deren mir bekannte Glieder ich deshalb auch zuerst aufführen werde. Diese Familie, welche jedoch nicht mit der im Hofe (in Curia), da einzelne Glieder derselben sich gleichfalls von Marburg nannten, verwechselt werden darf, hatte ihren Namen von ihrem Hauptsitze, der Stadt Marburg. Sie scheint hier zu den Patricierfamilien gehört zu haben, da sie sich oft in dem dasigen Stadtrathe findet. Schon im Anfange des dreizehnten Jahrhunderts scheint sie im Besitze des Schlosses Schweinsberg gewesen zu seyn, denn noch ehe sich die Linie, welche sich von Schweinsberg nannte, von dem Hauptstamme trennte, findet man schon einige Personen, die sich nach dem Schlosse Schweinsberg benannten und höchst wahrscheinlich zu dieser Familie gehörten.

Richer von Marburg findet sich schon im Jahre 1151 [3]), sowie

Christian im Jahre 1171 [4]).

Guntram und Ludwig empfingen 1225 die Zehnten zu Münchhausen und Wollmar als mainzische Mannlehen [5]), welche noch bis auf unsere Zeit sich bei der Familie erhalten haben. Guntram bezeugte 1227 zu Marburg eine Urkunde des Landgrafen Heinrich von Thüringen und der Grafen von Battenberg [6]); war 1233 bei einem Vergleiche des Landgrafen Conrad mit den Grafen von Ziegenhain [7]) und in demselben Jahre auch noch in einer andern Urkunde desselben Landgrafen [8]). Sein Sohn war Kraft von Schweinsberg, auf den ich später zurückkommen werde.

Wiederhold von Marburg hatte 1227 einen Streit mit dem St. Albansstift zu Mainz wegen des Zehntens zu Bruchhausen [9]). Wahrscheinlich ist dieser Wiederhold derselbe W. v. Marburg, welcher 1226 mit andern, in einem Streite des St. Stephansstifts zu Mainz mit Christian von Staufenberg, Schiedsrichter war [10]).

Friedrich v. Marburg bezeugte 1233 eine Urkunde Hartrad IV. von Merenberg, welcher ein Schwestersohn desselben war [11]). Im J. 1240 verkaufte er mit seiner Gattin Mathilde einen Hof in Frankfurt a. M. an das Kloster Haina [12]) und befand sich 1254 auf dem Schlosse

Münzenberg in der Wetterau, wo er mit einigen andern einen Streit zwischen dem Kloster Arnsberg und den Gebrüdern v. Gunse vermittelte. In demselben Jahre befand er sich auch in dem Gefolge Ulrich's Herrn zu Münzenberg zu Mainz, als dieser dem dasigen Domcapitel bedeutende Güter schenkte, um sich dadurch einen ehelichen Erben zu erkaufen [13]). Er lebte noch 1263 und war in diesem Jahre unter den dreißig Edlen, welche sich in dem Felde zu Langsdorf für die Herzogin Sophie, hinsichtlich deren Versprechen dem Erzbischof von Mainz 2000 Mark zu zahlen, verbürgten [14]).

Conrad v. Marburg, Ritter, bezeugte 1241 eine Urkunde der Gebrüder Gottfried und Bertholp Grafen von Ziegenhain [15]). In einer andern Nachricht aus der ersten Hälfte des dreizehnten Jahrhunderts wird er der Kleine (parvus) genannt [16]). Schon im J. 1239 verehelichte er sich mit Kunigunde von Reilshausen. Man sieht dieses aus einem noch ungedruckten Schreiben des Abts Conrad v. Fulda, aus Fulda vom XVI. Kalend. Januar. MCCXXXX (17. Decemb.), in welchem dieser an die Grafen Gottfried und Berthold von Ziegenhain schreibt, daß er auf die Bitte Rudolphs ihres Notars, die Hälfte der Kinder Conrad d. j. v. Marburg, die er mit der jetzt zur Gattin genommenen Kunigunde v. Reilshausen erzeugen würde, ihnen, den Grafen, unter der Bedingung gegeben habe, daß sie die genannte Kunigunde in die Lehnschaft ihres Mannes mit aufnehmen sollten.

Rudolph v. Marburg, Ritter, war 1264 zu Ziegenhain bei der Ausstellung einer Urkunde der Gräfin Eilika von Ziegenhain [17]).

Andreas v. Marburg, Ritter, pachtete 1264 mit seiner Hausfrau Gertrude die Vogtei Kölbe (nördlich von Marburg gelegen) vom Stifte Wetzlar auf Lebenszeit. Nach ihrem Tode folgte ihr Sohn Conrad in dieser Pachtung, welche endlich 1334 die Landgrafen mit der Vogtei Bürgel an sich brachten und 1358 den von Bürgel zu Lehn gaben [18]). Jener Andreas findet sich 1263 unter den schon oben gedachten Bürgen für die Herzogin Sophie, sowie 1264 als Zeuge in einer Urkunde Guntram's Schenk zu Schweinsberg.

Gottfried und Ludwig v. Marburg hatten von den Grafen von Wittgenstein Güter in Siberterode zu Lehn, welche sie, nachdem dieselben sie auf ihre Bitte befreit, 1275 dem Kloster Haina übertrugen [19]). Ludwig, Ritter, befand sich 1264 bei der Ausstellung einer Urkunde des ersten Schenken Guntram auf dem Kirchhofe zu Schweinsberg, wobei er sich Vogt (advocatus) von Marburg, gleichwie 1270 Scheffe (Scabinus) in Marburg nennt [20]). Im J. 1278 erhielt er zwei Äcker zu Rengershausen (Kr. Frankenberg) und Nalle vom Kloster Haina zur lebenslänglichen Pacht und schenkte 1283 demselben Kloster Güter in Langengöns (unfern Giessen), bei welcher Gelegenheit er sich filius quondam Ludovici Sculteti de Marburg nennt. Im J. 1285 bezeugte er zu Rauschenberg eine Urkunde des Grafen Gottfried von Ziegenhain [21]) und lebte noch 1300, wo er eine Urkunde desselben Grafen bezeugte [22]).

Guntram Vogt (advocatus) v. Marburg, Ritter, und Conrad v. Marburg, Knecht, bezeugten 1295 eine Urkunde des Grafen Heinrich von Waldeck [23]).

Ob auch der berüchtigte Beichtvater der heiligen Elisabeth, jener Inquisitor Deutschlands, der Magister Conrad v. Marburg, zu dieser Familie gehört oder den Namen Marburg blos deshalb geführt, weil er daselbst geboren, ist eine schon oft aufgeworfene Frage, deren Beantwortung jedoch dahin gestellt bleiben muß; denn den Angaben einiger Chronisten, die für das letztere stimmen ließen, ist wenig zu vertrauen. So soll er ein altes Weib, welches den Schenken gehörte, zum Hexentode verurtheilt und die Schenke selbst an Conrad's Ermordung Theil genommen haben.

Jener schon oben aufgeführte Ritter Guntram war der eigentliche Stammvater der Erbschenken zu Schweinsberg, obgleich sich schon früher einige unter dem Namen von Schweinsberg finden. So erscheint 1215 Hermann v. Schweinsberg in einer Urkunde des Erzbischofs Sifried von Mainz zu Fritzlar [24]) und 1238 lebte ein Conrad Truchses (dapifer) v. Schweinsberg mit seinem Sohne Sifried [25]). Man kann zwar nicht beweisen, daß diese Personen wirklich zu dieser Familie gehörten, doch ist es nicht unwahrscheinlich, wenigstens wohnten sie auf der Burg Schweinsberg; denn sie finden sich in deren Gegend, so daß, da kein anderer Ort dieses Namens in Hessen oder dessen Nähe vorhanden ist, man nur auf unser Schweinsberg schließen kann. Jener Guntram v. Marburg bezeugte 1233 mit mehreren der angesehensten Ritter zu Marburg einen Vertrag, welchen der Landgraf Conrad von Thüringen mit den Grafen Gottfried und Berthold v. Ziegenhain abschloß [26]).

1234 findet er sich in einer Urkunde des Erzbischofs Sifried von Mainz[27]). Im J. 1236 nennt ihn

Kraft v. Schweinsberg seinen Vater. Um dieselbe Zeit lebte auch Guntram v. Schweinsberg, der wahrscheinlich gleichfalls ein Sohn Guntram's v. Marburg war. Kraft, Ritter, findet sich zuerst 1236, wo er mit seiner Hausfrau Bertha, Tochter des Ritters Eckhard von Hatzfeld, seinen vierten Theil an der Vogtei zu Selheim, mit allen Rechten und Zubehörungen, dem deutschen Orden zu Marburg für 40 Mark Silber verkaufte. Der Vertrag wurde durch den Decan Eckhard von Amöneburg im Hofe des deutschen Ordens zu Selheim abgeschlossen. Ein anderes Viertel besaß die Familie von Mölln oder Mühlen, welche dasselbe zugleich mit Kraft jenem Orden verkaufte [28]). Die noch übrige Hälfte besaß die Familie im Hofe, welche wegen dieser Besitzung in öfterem Streite mit dem deutschen Orden lag. 1245 war Kraft Zeuge zu Amöneburg, als Erzbischof Sifried daselbst eine Urkunde ausstellte, wobei er als dasiger Burgmann bezeichnet wird [29]). 1249 bestellte Erzbischof Christian von Mainz ihn mit Ludwig Vogt v. Marburg zum Burgmanne auf dem Schlosse Amöneburg, wogegen er versprach, gegen jeden, nur die Abtei Fulda, deren Ministerial er sey, ausgenommen, zu dienen [30]). In diesem Jahre wohnte er auch dem Lehnsauftrage des Schlosses Hohenfels an die Herzogin Sophie bei [31]). Im J. 1264 war er todt; denn in diesem Jahre erscheint seine Witwe Bertha, auf deren und des Ritters Gerlach v. Nordeck und seiner Gattin Antonia Bitte, Graf Gottfried von Reichenbach zwei ihm aufgesagte Theile des Zehntens in Heimbach) von aller Lehnsverbindlichkeit befreite und diese dem Kloster Haina schenkte ³²). Den übrigen dritten Theil scheint Guntram Schenk besessen zu haben und derselbe gewesen zu seyn, auf welchen er 1268 verzichtete. Antonia mochte demnach ihre Schwester seyn, Bertha schenkte auch 1274 dem Kloster Haina Güter in Holzhausen ³³) und bezeichnet sich hier noch als Witwe Kraft's; doch später schritt sie zu einer zweiten Ehe und schenkte 1280 als Gattin Gerlach's von Nona dem Kloster Haina Güter in Gantershausen, unfern Kirdorf ³⁴). Kraft hinterließ einen Sohn Kraft und zwei Töchter, welche beide den Namen Agathe führten.

Kraft II. bezeugte 1268, daß Heinrich gen. Teufel (Diaboli) und dessen Brüder auf alle und jede Ansprüche an das Kloster Haina, wegen Güter in Hadewerken, entsagt hätten ³⁵), und findet sich zuletzt 1275 zu Amöneburg ³⁶).

Zwei Urkunden vom Jahre 1272 geben über Güter, welche Kraft I. — man würde Kraft II. darunter verstehen, lebte dieser nicht noch 1275 — besessen, und deren näheres Verhältniß einigen Aufschluß. Unterm 16. August (XII. Kal. Septb.) 1272 bekennt nämlich Graf Gottfried von Reichenbach, daß er die Vogteien in den Dörfern Wohra und Langendorf (Kr. Kirchhain), welche ihm durch den Tod Kraft's von Schweinsberg erledigt worden, der Witwe des Grafen Gottfried von Ziegenhain, Hedwig, und ihren Kindern Gottfried, Bertha und Jutta gegeben und zu mehrerer Sicherheit deren Ministerialen Sibodo von Marbach, Friedrich von Schwarzenberg, Conrad, Gratho und Theoderich von Burbach, zu Lehen geliehen habe. — Dieser Vergabung widersprachen jedoch die Schenken zu Schweinsberg und Reinhard d. j. von Altenburg und verlangten dieselben für sich; unter dem 23. Novemb. d. J. stellte der Graf Gottfried eine Urkunde aus, in der er sagt: „daß, als er der Gräfin Hedwig und ihren Kindern die Vogteien Wohra und Langendorf, welche ihm durch Kraft v. Schweinsberg heimgefallen, übertragen und ihre vier Ministerialen damit belehnt, hätten die Söhne des Schenken zu Schweinsberg (pincernae de Suenesberg) nebst Reinhard v. Altenburg d. j. genannte Gräfin wegen jener Vogteien so lange angegangen, bis sie mit ihnen zu verschiedenen Malen Vergleichsunterhandlungen zu Anzifar gehalten, worin sie endlich mit ihren Beiständern und Vermittlern Schiedsrichter ernannt hätten; so nun diese das Gegentheil erkennen und aussprechen würden, daß er, Graf Gottfried, jene Vogteien zu vergeben habe, so sollte er suchen, solche von den Schenken an sich zu bringen und sie dann der Gräfin Hedwig zu ewigem Besitze übergeben." Leider sieht man aus der Urkunde nicht, auf welche Rechte sich die Ansprüche der Schenke gründeten; geschah dieses blos auf Erbrechte, so war Kraft I. Sohn, Kraft II., ein näherer Erbe und ohnedem der Lehnfolger seines Vaters. Nur einen Ausweg findet man aus diesem Dunkel, wenn man jenen in den eben erwähnten Urkunden gedachten Kraft für Kraft II. erklärt und das Jahr 1275 der Urkunde, in dem dieser sich zuletzt findet, durch einen Schreibfehler einige Jahre zu weit hinausgesetzt annimmt. Dann würden die Schenken als Erben Kraft II. auftreten.

Reinhard v. Altenburg mochte durch Heirath zum Mitbesitze schweinsbergscher Güter gelangt seyn.

Da Kraft II. keine Kinder hinterließ, so erlosch mit ihm sein Stamm und ich gehe deshalb zu dem andern, zu dem der Schenken, über.

Guntram, wie schon gesagt, wahrscheinlich ein Bruder Kraft I., findet sich zuerst unter dem Namen Schenk (pincerna) und zwar schon unter den Landgrafen von Thüringen. Es war im J. 1244, als er eine Urkunde des Landgrafen Heinrich Raspe IV. von Thüringen bezeugte, durch welche dieser dem Kloster Arnsburg die Eisengruben zu Engelrod (im Vogelsberge) schenkte [37]; auch bezeugte er in demselben Jahre eine Urkunde der Gebrüder von Merlau [38]. 1245 befand er sich mit dem Landgrafen bei der Ausstellung einer Urkunde der Gebrüder von Itter, in welcher die Verlegung des Klosters St. Georgenberg bei Frankenberg festgesetzt wurde [39]. Als nach dem Aussterben des thüringschen Mannsstammes die Herzogin Sophie von Brabant für ihren Sohn Heinrich die Zügel der Regierung über Hessen ergriff, bestätigte sie auch Guntram in seinem Amte. Häufig findet er sich nun in ihrem Gefolge. So bezeugte er 1249 eine Urkunde dieser Fürstin [40] und wohnte später dem Lehnsauftrage des Schlosses Hohenfels an dieselbe bei, wo sein Name gleich nach den der Grafen von Ziegenhain und Wittgenstein genannt wird [41]. 1250 war er Zeuge in einer Urkunde des Grafen Gottfried von Reichenbach [42]. 1252 begleitete er die Herzogin Sophie nach Thüringen, wo man ihn im September in ihrem Gefolge findet [43]. 1256 schenkte er durch eine, zu Schweinsberg (apud Suensberg) ausgestellte Urkunde, dem reichen Kloster Haina Allodialgüter zu Ofleiden, bei Homberg an der Ohm, zu seinem und seiner Familie Seelen-Heil [44]); 1257 desgleichen dem deutschen Orden zu Marburg eine Manse zu Wilmansdorf und da diese ein Lehn der Grafen von Solms war, so ersetzte er diese durch eine andere zu Bellershausen [45]). Im J. 1264 war seine Gattin Gieslein schon todt und er schenkte zu ihrem Seelenwohle verschiedene Güter in Niederofleiden an die Abtei Haina. Die betreffende Urkunde wurde auf dem Todtenhofe zu Schweinsberg (Cimiterio Suensberg) ausgestellt, wobei sich die Pfarrer zu Schweinsberg, Glenn, Amöneburg und Mausbach, ferner Ludwig Vogt von Marburg, Gumpert genannt im Hofe, Andreas von Marburg, Embricho von Erbenhausen und Berthous von Jhringshausen als Zeugen befanden [46]). 1268 verzichtete er für sich und seine Söhne zum Besten des Klosters Haina auf den Zehnten in Heimbach [47]). Diese Söhne waren

Guntram II., Ritter, Eberhard I. und Guntram III., welche 1279 gemeinschaftlich ihre Burg dem Landgrafen Heinrich I. öffneten. Sie versprachen hierbei zugleich dem Landgrafen ihre Hülfe und dieser besserte deshalb ihre Burglehen. Alle drei Brüder werden Schenken, pincernae, genannt [48]). Im J. 1301 stellten sie zu Marburg eine Urkunde aus, in welcher sie alle als Ritter erscheinen [49]).

Guntram II., Ritter, befand sich 1294 am 16. October in dem Gefolge des Erzbischofs Gerhard von

Mainz zu Erfurt⁵⁰). 1296 war er gegenwärtig, als Werner von Westerburg dem Landgrafen das Schloß Löwenstein öffnete⁶¹). 1311 wohnte er dem Lehnsauftrage des Schlosses Hatzfeld an den Landgrafen Otto bei, und aus der, diesen betreffenden Urkunde ersieht man, daß er eine Tochter Gottfried's von Hatzfeld zur Gattin hatte⁵²). Im J. 1316 gab er mit seinen Söhnen Guntram IV., Rupert und Eberhard II. dem Kloster Haina einen Hof zu Queckborn (bei Grünberg)⁵³). Guntram II. lebte noch 1317⁵⁴).

Guntram IV. scheint ohne Kinder gestorben zu seyn.

Rupert I., Ritter, befand sich 1324 unter den Edlen, welche am 12. July d. J. in dem Kloster Arnsburg dem Abschlusse des durch den Abt Heinrich von Fulda zwischen dem Landgrafen Otto von Hessen und dem Erzbischofe Mathias von Mainz zu Stande gekommenen Sühnevertrags beiwohnten, und wurde von dem letztern zu seinem Austrägen ernannt⁵⁵). Am 11. Novemb. d. J. war er zu Amöneburg und bezeugte mit vielen andern Rittern vor den mainzisch-hessischen Schiedsrichtern, dem Grafen Emicho von Nassau und den Rittern Erwin Löwe von Steinfurt und Conrad Ruden, die zwischen den landgräflichen Brüdern Otto und Johannes ehemals geschehene Theilung⁵⁶). 1331 hatte er einen Streit mit dem Erzstifte Mainz, wegen dessen er sich am 16. März zu Aschaffenburg mit dem Stiftsverweser Erzbischof Balduin von Trier dahin verglich, daß ihm dieser 400 Pfund Heller zahlte⁵⁷). Rupert focht in den Kriegen des deutschen Kaisers Ludwig gen. der Vater und zeichnete sich darin so sehr aus, daß dieser, zum Zeichen seiner Achtung und seines Dankes, ihm 1332 mehrere Privilegien gab. Er befreite die Stadt Schweinsberg und verlieh ihr mit Frankfurt a. M. gleiche Rechte, sowie einen Wochenmarkt; gleichwie durch einen andern Gnadenbrief die Freiheit vier Juden in ihre Mauern aufzunehmen [58]). Auch Ruprecht scheint ohne Kinder gestorben zu seyn. Sein Bruder

Eberhard II., der sich schon 1298 mit seiner Hausfrau Guda (Jutta?) findet [59]), starb zwischen 1316 und 1317. Seine Söhne

Mengot, Guntram V., Hermann und Hentzel, welche sich 1317 zuerst finden, verkauften 1318 an den Edlen Eberhard von Breuberg ihre Leibeigne (homines servilis conditionis) Peterlinge genannt zu Bobenhausen, Felda und Oberamöne (Oberohmen?), zusammen Byfang genannt (im Vogelsberge), welche sie von ihm zu Lehn gehabt, für 80 Mark Denarien. Sie behielten sich hierbei ihre Vasallenschaft vor, zu welchem Zwecke sie andere Güter, welche allodial, an der verkauften Stelle zu Lehn anweisen wollten [60]).

Hermann, Ritter, wurde 1343 vom Abte Heinrich von Fulda zum Erbburgmann auf dem Schlosse Herbstein ernannt und erhielt als solcher für das Jahr 6 Pfund Heller angewiesen [61]). 1345 wohnte er der Schließung eines Vertrages zwischen Hartrad Herrn zu Merenberg und seiner Frauen Schwester Lisa von Merenberg [62]), sowie 1353 einem Vogteigerichte in Ebsdorf bei [63]). Als im J. 1350 der Graf Philipp von Solms dem Landgrafen Heinrich die

Burg Königsberg verkaufte, sollte Hermann Schenk und der Knappe Heinrich Schabe dieselbe so lange besetzen, bis die Kaufsumme abgetragen sey. 1354 war er Obmann bei der Schlichtung eines Streites zwischen dem deutschen Orden und Volprecht im Hofe [64]. 1355 findet man ihn auf der Burg Gleiberg (bei Giesen), wo er als nassauischer Vasall in einem Gerichte saß, welches der nassauische Amtmann Heinrich von Michelbach, wegen eines Streites zwischen den deutschen Ordensherren zu Schiffenberg und dem Dorfe Leihgestern hegte [65]. Man findet ihn 1357 zulezt, wo er sich in einem Vertrage des Landgrafen Heinrich mit dem Grafen Philipp von Solms für den erstern verbürgte [66].

Bis hierher war es möglich, den Faden der Geschlechtsfolge zu halten, aber mehrere Lücken machen es, will man nicht blosen, durch nichts begründeten Vermuthungen folgen, unmöglich, diesen weiter fortzuführen. Ich lasse deshalb die einzelnen Glieder chronologisch folgen, da auch überhaupt der Raum dieses Werkes zu einer vollständig ausgeführten Geschlechts-Geschichte zu beschränkt seyn würde.

Werner, Knecht, erkaufte 1333 von seinem Schwager und seiner Schwester, Ritter Eckhard von Bicken und dessen Hausfrau Gertrud, einen Hof, Starnhorn genannt, zu Hausen (Husin, bei Giesen) für 100 Mark cöll. Denarien (3 Heller für 1 Denar) [67]. Derselbe Werner war auch 1345 bei dem Abschlusse des schon oben gedachten Vertrags.

Ludwig, Knappe, befand sich 1349 mit Gottfried von Hatzfeld zu Eltvilla, am Rhein, dem gewöhnlichen Aufenthalte der mainzischen Kurfürsten, als dieser sich dem damaltgen Stiftsverweser gegen die Feinde des Erzstifts verschrieb [68]). Im J. 1351 wurde er von trimbergscher Burgmann auf dem Schlosse Ortenberg, unfern Nidda, und versprach Hülfe gegen alle, nur Mainz ausgenommen, wofür ihm jährlich 10 Mark angewiesen wurden [69]).

Wolf, Knappe, findet sich 1346 zuerst, als Zeuge bei der Stiftung einer Seelenmesse zu Schweinsberg, wobei auch eines Henne Schenk d. ä. gedacht wird [70]). 1357 erhielt er 6 Mark zu einem Burglehn in Marburg angewiesen, [71]) und 1358 von dem Dynasten Ulrich von Hanau eine Mühle zu Kalde (die Kaltenmühle bei Altenschlirf?) zu Erbburglehn [72]). Dieser Wolf oder Wolfram erhielt 1364 am 8. April mit Guntram d. j. und Johann Schenken von den Edlen Conrad und Conrad von Trimberg (Vater und Sohn) das am Vogelsberge liegende Städtchen Schotten versetzt. Es gehörte hierzu die Burg, ein Theil der Stadt, der Petershainer Wald und einiges andere. Die Pfandsumme betrug 1500 Goldgulden, wozu sie noch 100 Gulden verbauen, mehrere Burglehne verabreichen und das Versetzte einlösen sollten. Bei der Ablösung des Pfandes sollte das Geld entweder in Grünberg oder Amöneburg gezahlt werden. Am folgenden Tage erklärten sie durch eine zweite Urkunde, jenen Herren 550 Gulden — wahrscheinlich den Rest der nicht gleich vollgezahlten Pfandsumme — schuldig zu seyn und diese bis Martini zahlen zu wollen [73]).

Guntram der alte, Knappe, und seine Gattin Hilla erhielten 1364 vom Landgrafen Heinrich jährlich 50 Mark Pfenninge auf die Beede zu Marburg auf so lange ange-

Ruprecht, Knappe, folgte 1376 in dem oben bei Wolf gedachten hanauschen Burglehn und war wahrscheinlich der Sohn desselben [74]).

Johann, Volpert, Eberhard und Friedrich Schenken schlugen 1387 für die erledigte Pfarre bei dem St. Margarethen-Altare zu Schweinsberg dem mainzischen Amtmann zu Amöneburg, Hermann Gutin, zur Bestätigung vor [75]). Jener Eberhard befand sich 1388 in einer Fehde mit dem Landgrafen, welche durch die Vermittelung Heinrich's Schenk und Johannes v. Schwalbach gesühnet wurde.

Heinrich Schenk und seine Söhne kamen 1395 zu einer Fehde mit Hans von Eisenbach, wovon dieser unterm 2. August die Stadt Marburg benachrichtigte, um sich wegen etwaigen Schadens, den er ihr an Gütern brächte, welche sie mit den Schenken in Gemeinschaft besäßen, seiner Ehre zu bewahren.

Wolf d. ä. und seine Hausfrau Sophie (Fyge) schlossen 1391 mit Eberhard Herrn zu Eppenstein wegen der Pfandschaft Schotten einen Vertrag ab. Eberhard gab darin seine Einwilligung, daß sie 200 Gulden an der Wahlstatt, auf der die Burg Schotten gestanden, verbauen und diese Summe zu der Pfandsumme schlagen möchten. Auch versprach Wolf für den Fall, daß seine Mitganerben eine etwaige Lösung verweigerten, demungeachtet seinen Ganerbentheil für den ihm zukommenden Theil an der Pfandsumme und jene 200 Gulden geben zu wollen [76]). Im J. 1403 befand sich Wolf mit einigen andern seiner Familie auf dem bekannten Turniere zu Darmstadt. Da dieses Kampfspiel unter die denkwürdigsten seiner Art gehört und ich es noch mehr erwähnen werde, so will ich seinen Hergang hier erzählen.

Das Turnier wurde von der rheinischen Ritterschaft (insbesondere durch Graf Johann III. von Katzenellnbogen) veranstaltet, aus welcher 10 Ritter die We r be r machten. Nachdem diese alles Nöthige, sowie einen geräumigen Platz, die Geleite für die Besuchenden und die Herbergen besorgt hatten, schrieben sie mit ihrem Turniervogt das Turnier aus und luden alle Edeln der s. g. vier Lande (des Rheinstroms, Schwabens, Baierns und Frankens) feierlich dazu ein. Den Sonntag vor Lichtmesse sollte man sich in Darmstadt einfinden, dann sollte den Montag aufgetragen, den Dienstag geschaut — nämlich die Wappen geprüft — und umgeritten und endlich den Mittwochen und Donnerstag geturnt werden. Zahlreich fanden sich die Kampf- und Schaulustigen an dem bestimmten Tage ein und Darmstadt wogte von einer nie hier gesehenen Menschenmenge. Die glänzendste üppigste Pracht wechselte mit der schmutzigen Armuth, der Jubel der Freude, die Töne der Musik und des Gesanges mit dem Tosen und Lärmen des Volkes. Aber dieses frohe heitere Treiben wurde bald getrübt. Schon in den ersten Tagen wurde zwischen den Hessen, Wetterauern, Buchnern und Franken ein gefährlicher Haß bemerkbar, und einen Ausbruch befürchtend, wählten die vier Turniervögte aus jedem Lande noch drei, so daß ihrer zusammen nun sechzehn waren, die hofften, das drohende Wetter kräftig beschwören zu können.

Da in Darmstadt kein tauglicher Platz war, hatte

man einen außerhalb der Stadt in Stand gesetzt; die Schranken wurden noch mehr befestigt, um die Kämpfenden in denselben halten zu können. Nachdem auch die Grieswärtel bestellt und die vorhergehenden Ceremonien vorüber waren, begann am Mittwoch das Turnier. Als alle versammelt waren, wurden die Seile, welche zur Trennung der Parteien dienten, zerhauen und das Kampfspiel nahm seinen Anfang, aber es wurde ein blutiges Spiel. Immer hitziger, immer ernstlicher wurde der Streit zwischen den Hessen und Franken, zuletzt bis zu wilder Wuth gesteigert. Nichts halfen hier die Grieswärtel und Prügelknechte, welche, ihrem Amte gemäß, die Streitenden scheiden wollten; sie wurden bald aus den Schranken vertrieben. Da diese das Fruchtlose ihres Bemühens sahen, öffneten sie die Schranken, damit die, welche an diesem Kampfe nicht Theil nehmen wollten, herausreiten konnten; doch Viele blieben in den Ecken halten und sahen dem Blutspiele müssig zu. Der Hessen waren an hundert vier und vierzig und der Franken an hundert und zwanzig Helme. Von beiden Seiten gab es Todte, von den Hessen blieben 9, von den Franken jedoch 17. Nachdem endlich die Parteien, besonders wohl durch Ermattung, geschieden, ritten zwar viele alsbald nach Hause; die Festlichkeiten wurden jedoch dadurch nicht sehr gestört, obgleich wohl mehr Mißmuth, als heitere Freude sichtbar werden mochte. Noch am Abend des blutigen Tages wurden nicht allein die Preise ausgetheilt, sondern auch die gewöhnlichen Tänze gehalten.

Dieser traurige Zwist hatte zu Wertheim seinen Ursprung genommen. Die Franken hatten hier die Hessen der Räuberei und diese dagegen jene der Kaufmannschaft beschuldigt und die Ausgleichung dieses Streites auf das nächste Turnier bestimmt. Auf den spätern Turnieren findet man nur noch wenige Hessen [77]).

Johann findet sich 1396 und 1415 als Domherr zu Wetzlar [78]).

Im J. 1400 schlossen die sämmtlichen Schenken einen Burgfrieden zu Schweinsberg. Es waren die Gebrüder Ritter Johann, Heidenreich, Ludwig, Henne d. ä., Henke, Gottfried und Henne d. j., die Gebrüder Henne und Wolf, die Gebrüder Günter, Johann und Heidenreich, so wie die Gebrüder Eberhard gen. Stamm und Heinrich [79]). Da dieser Vertrag dem schon an andern Orten erwähnten gleich ist, so übergehe ich hier seinen Inhalt und bemerke nur noch, daß er mehrere Male und zuletzt am 30. Juni 1740 förmlich erneuert wurde.

Eberhard und Heidenreich, Gebrüder, und Ludwig Schenk hatten 1214 einen Streit mit Wilhelm von Lunen und dessen Ganerben, zu dessen Entscheidung sie vor einem Gerichte zu Dudorf erschienen [80]). 1418 wurden ihnen 9 Gulden zu einem Burglehen auf Homberg angewiesen.

Hermann und Reinhard, Ritter, standen 1416 in einem Bunde mit Simon von Wallenstein gegen die Stadt Hersfeld [87]).

Eberhard d. j. erhielt mit seiner Hausfrau Grete 1417 vom Landgrafen Ludwig 60 Gulden Gülte angewiesen.

1418 war er Schiedsrichter zwischen diesem Landgrafen und den von Eisenbach [82]).

Johann findet sich 1420 als mainzischer Amtmann zu Amöneburg und 1427 in dem Gefolge des Erzbischofs Conrad von Mainz in dem Schlosse Höchst [83]).

Schon seit einiger Zeit hatten die Schenken mit dem Landgrafen, besonders dem 1413 verstorbenen Landgrafen Hermann im Streite gelegen, wegen dessen sie sich 1421 mit Hermann's Nachfolger, Landgrafen Ludwig, verglichen. Es lebten damals **Volbrecht** und **Eberhard d. j.**, Gebrüder, **Eberhard d. ä.** und **Ludwig**, Gebrüder, **Philipp** und **Henne**. Es wurde festgesetzt, daß das Schloß Schweinsberg auf ewige Zeiten hessisches Lehen und dasselbe dem Landgrafen stets offen seyn sollte. Jeder Schenke, der zwölf Jahre erreicht, sollte dem Lehnsherrn schwören. Dagegen sollten die Landgrafen sie schirmen und ihnen zu allen Landesschlössern die Oeffnung erlauben. Endlich trafen sie noch einige Bestimmungen wegen eines gemeinschaftlichen Gerichtes [84]).

Ludwig befand sich in mainzischen Diensten. So findet man ihn schon 1425 als Amtmann zu Amöneburg und Staufenberg und 1427 zu Amöneburg und Neustadt; auch diente er 1430 mit 6 Bewaffneten und acht Pferden.

Henne war gleichfalls 1434 Amtmann zu Amöneburg [85]).

Heinrich überfiel 1437, nachdem schon vorher Rüdiger von Reifenberg das dem Kloster Kornberg gehörige Dorf Wickstadt, unfern Friedberg, beraubt und an 600 Schaafe weggetrieben hatte, dasselbe nochmals und führte auch das noch übrige Vieh mit fort [86]).

Gottfried diente 1445 dem Erzbischof Dieter von Mainz gegen den Pfalzgrafen Friedrich [86 a]).

Martin trat in den deutschen Orden und brachte es bis zum Comthur zu Marburg. Im J. 1448 wurde er zum Burgmann in dem Reichsschlosse Friedberg aufgenommen [87]).

Henne d. ä. stand 1451 als Hauptmann in den Diensten der Stadt Frankfurt und wurde 1455 frankfurtscher Amtmann zu Bonames. Schon 1459 war er todt [88]).

Günter war 1463 mainzischer Amtmann zu Amöneburg [89]).

Johann, Guntram's Sohn, war einer der angesehensten hessischen Ritter seiner Zeit und ein treuer Gefährte des mächtigen Hans von Dörnberg. Er war Marschall am hessischen Hofe und mit jenem, welcher Hofmeister war, nicht allein durch Verwandtschaft, sondern auch durch jene Uebereinstimmung in ihren Ansichten und Plänen verbunden, welche gewöhnlich die Grundlage der Freundschaft wird. Mächtig durch seinen hohen Stand im Staate, vermochte er seine Familie zu heben und den alten Glanz ihres Namens wieder zu erneuen.

Schon im J. 1460 wurde er zum Burgmann in die Reichsburg Friedberg aufgenommen. Um diese Zeit hatte er mit Conrad von Viermünden die Städte Winterberg, Hallenberg, Schmalenberg und Medebach als Pfandschaft in seinem Besitze, bis sie 1474 das Erzstift Mainz wieder einlöste, um sie dem Landgrafen Heinrich III. von Hessen von neuem zu verpfänden [90]). Im J. 1472 findet man ihn als Amtmann zu Frankenberg. Diese zwar damals

gegen ihren frühern, durch einen blühenden Handel erzeugten, Wohlstand schon sehr gesunkene, aber dennoch immer
wohlhabende Stadt, hatte aus dem benachbarten Westphalen
manches zu leiden. Um diese Unbilden zu rächen, sandte
Landgraf Heinrich III. zur Verstärkung der Stadt seine
Schützen unter Peter von Biedenfeld nach Frankenberg,
und Johann forderte nun als Amtmann auch die Bürger zur Rüstung auf, gleichwie auch die Waffenfähigen des
Amtes Battenberg, und brach ohne Zögern über die westphälische Grenze hinein. Am 25. November erschienen sie
vor dem Schlosse Schartenberg (?) und nahmen, nach dem
Kriegsgebrauche der Zeit, alles Vieh mit fort. Der Winter
hatte sich in diesem Jahre schon frühe eingestellt und gerade
dieser Tag war einer jener unfreundlichen, wie der frühe
Winter sie gewöhnlich mit sich führt; unaufhörlich tanzte
der Schnee herab und deckte Fluren und Wege mit seinem
weißen Mantel. Durch das Waten im Schnee und auch
durch Hunger entkräftet, sehnte sich der Krieger nach Ruhe
und Erholung, und die Wachsamkeit, die unter solchen
Umständen hätte verdoppelt werden müssen, mochte nachge-
lassen haben. Da zog gegen sie ein Unglück heran, dessen
Nahen ihnen das heftige Schneegestöber verbarg und erst
da gewahr werden ließ, als es schon hereinbrach. Sorglos
durchzogen sie gerade einen tiefen Hohlweg, als die Briloner
mit wildem Geschrei über sie hereinbrachen. Diese hatten
sich auf die Nachricht von dem Nahen der Hessen mit den
andern Bewohnern der Gegend schnell gerüstet und in einem Hinterhalte verborgen. Hart war der Kampf und
unglücklich für die überraschten Hessen. Mehrere wurden

erschlagen und beinahe alle gefangen. Auch Johann mit Peter von Biedenfeld und Lorenz Winter befanden sich unter den letztern. Der Landgraf forderte zwar die Freilassung der Gefangenen, da der Zug der Stadt Brilon nicht gegolten habe; aber vergeblich blieb sein Drängen, und die Gefangenen mußten sich endlich selbst lösen [91].

Im J. 1478 zog Johann als Marschall mit Landgraf Heinrich zur Fehde gegen den Herzog Wilhelm von Braunschweig und zeichnete sich besonders in der Schlacht gegen die Eimbecker aus. Diese, welche sich hinter einer Wagenburg aufgestellt hatten, griff er zuerst mit den Reutern an, eroberte dieselbe und erwarb sich so den größten Antheil am Siege. Lauze erzählt bei dieser Gelegenheit: „Es hat mir der Strenge und Ehrnueste Rudolff Schenk „zu Schweinsberg auf ein Zeit selbs angezeigt diesen „Handel, vnd wie gemeldter Johann Schenk dazu„mal mit einer Hand voll Bluts, Herzog Heinrichen, den „man nachher den Junger genannt," — welcher sich unter den Gefangenen befand — „vmbs Maul gestrichen weidsch „zu werden, welches er doch nicht bedorfft hette." Die Eimbecker, welche sich schon vor dem Beginnen des Gefechts als Sieger träumten, wurden jämmerlich geschlagen; sie verloren an 400 Todte und 700 Gefangene, welche letztere mit nach Hessen genommen wurden [92].

Im J. 1481 erwarb er die Burg Hermannstein und wurde dadurch der Stammvater einer besondern Linie, der Hermannsteiner. Dieses in seinen Trümmern noch ziemlich erhaltene Schloß liegt eine Stunde von Wetzlar und wurde vom Landgrafen Hermann erbaut. Johann löste dasselbe von der Wittwe Ludwig's von Mudersbach für 1000 Gulden an sich. Schon früher hatten die Grafen von Solms Ansprüche auf dasselbe gemacht. Auch Graf Otto machte solche auf die Hälfte des Schlosses. Johann berief sich zwar unter anderm darauf, daß der Graf nie im Besitze dieses Schloßantheils gewesen, daß er das Schloß erkauft und mit dem ganzen Schlosse belehnt worden. Landgraf Wilhelm d. j. versprach auch 1486, ihn in dem Besitze desselben zu schützen. Doch die Streitigkeiten mochten ernstlicher werden, so daß endlich 1489 der Kurfürst Philipp von der Pfalz einen Vergleich vermittelte; nach diesem sollte Graf Otto zwar die Hälfte des Schlosses von Hessen zu Lehn erhalten, aber dem Johann und seinen Erben als Afterlehn reichen. Landgraf Wilhelm belehnte darauf Johann und seine Erben, nach deren Abgange aber den ganzen Stamm der Schenken, mit der Hälfte des Schlosses und wies ihn wegen der andern Hälfte an Solms, ohne der Wiederlösbarkeit ferner zu gedenken. Auf diese Art wird es noch jetzt gehalten. Doch sind darüber mit den Grafen von Solms, namentlich der braunfelsschen Linie, mancherlei Streitigkeiten entstanden. Sie wollten den Schenken keine Gerichtsbarkeit außerhalb des Schlosses gestatten, sowie in den Wäldern keine Jagd und in der Dill keine Fischerei [93].

Johann und Hans von Dörnberg genossen der besondern Gnade des römischen Kaisers Maximilian. Sie hatten diesem edlen Fürsten so wesentliche Dienste geleistet, daß dieser, um seinen Dank zu bethätigen, als er im Februar des Jahres 1486 sich zu Cöln aufhielt, ihnen

3333⅓ rheinische Gulden in Gold verschrieb, um sie bis Michaelis völlig abzuzahlen. Auch ein Herr von Bibra erhielt ansehnliche Geschenke.

So freigebig Maximilian übrigens auch seyn mochte, so fehlten ihm jedoch nur zu oft und zu sehr die Mittel dazu, jener Haupthebel beinahe alles irdischen Handelns, das Geld. Auch jene Gnadengeschenke konnten binnen der bestimmten Frist nicht ausgezahlt werden. Jene drei Personen hatten im Gegentheile zu der ihnen geschenkten Summe selbst noch einen baaren Zuschuß von 10000 Gulden, in ungleichen Theilen gethan, wovon Max 4000 baar erhielt und die übrigen 6000 Gulden zur Einlösung der an drei cöllner Bürger versetzten kostbaren Kleinodien, insbesondere eines sehr reichen Schwertes, verwendet wurden. Diese Kostbarkeiten erhielten nun die Darleiher als Sicherheit. Maximilian wurde damals zu Brügge gefangen gehalten und sein Kammerknecht Fax stellte um diese Zeit, im J. 1488, eine neue Pfandverschreibung aus, nach der die Schuld bis Michaelis 1490 gezahlt werden sollte und in dem Nichterfüllungsfalle den Gläubigern der Verkauf der Kleinodien freigestellt wurde. Die ganze Geschichte dieser verpfändeten Gegenstände durchzuführen, ist viel zu weitläuftig; ich bemerke nur, daß die Inhaber mit bedeutenden Mühen und Kosten zu kämpfen hatten und erst im J. 1654 damit zu einer Ausgleichung kamen [94]).

Landgraf Heinrich III. ernannte 1483 in seinem Testamente, neben seinem Bruder, dem Erzbischofe Hermann von Cöln, auch seine Günstlinge Hans von Dörnberg, Johann Schenk und Volpert Schenk und den Canzler

Johann Stein zu Vormündern seines Sohnes, Landgrafen Wilhelm III.; und da Hermann wegen seines Erzbisthums nicht immer in Hessen bleiben konnte, so bestimmte er die genannten Personen zu seinen Statthaltern. Nachdem Wilhelm die Regierung angetreten, befestigten sie sich, gleichwie bei seinem Vater, auch in seiner Gunst. Als die Landgrafen Wilhelm III. zu Marburg und Wilhelm II. zu Cassel im J. 1495 den Reichstag zu Worms besuchten, um dort ihre Reichslehen zu empfangen, befand sich auch Johann in ihrem Gefolge, welches nicht weniger als 300 Pferde hielt. Nachdem Johann als Marschall mit dem s. g. Rennfähnlein, auf welchem das hessische Wappen, den kaiserlichen Thron berannt, folgten ihm im feierlichen Aufzuge die Landgrafen mit ihrem Gefolge, welches ganz in Roth und Weiß gekleidet und mit rothen Fähnchen versehen war. Auch die Schenken Eberhard, Günter d. ä. und j. und Henne befanden sich auf diesem Tage [95]). Johann starb ums Jahr 1506.

Volpert war 1481 hessischer Rath und 1483 Amtmann zu Rheinfels, sowie 1486 Amtmann zu Didorf. Er starb vor 1522 [96]).

Henne, Johann d. ä., Johann, Hermann, Thönges, Curt, Eberhard, Volpert und Friedrich errichteten 1481 mit Hessen wegen ihrer Gerichte einen Vergleich [97]).

Hermann, Ritter, Guntram's Sohn, stand zuerst in hessischen Diensten. Landgraf Heinrich III. ernannte ihn 1478 zu seinem Diener und Rathe und wies ihm 40 Gulden zur Besoldung an; später hatte er den Löhnberg pfandweise im Besitze und war 1486 nassauscher Amtmann daselbst, 1487 und 1489 Amtmann zu Dillenburg. 1490 kaufte er das Hansbacher Gut zu Löhnberg von den von Sprikasten. Während der Minderjährigkeit Landgraf Philipp's, befand er sich in der Regentschaft, welche aus den damals angesehensten hessischen Edeln bestand, bis diese durch die fürstliche Wittwe Anna, unterstützt durch den von der Regentschaft entsetzten Marschall Philipp Meisenbug und einige andere, sowie den größten Theil der Landstände und der Bürger Cassels, 1514 gestürzt wurde. Rachedürstend fiel man nun über die früher Mächtigen her und suchte sie ganz zu beugen. Auch Hermann wurde seiner Güter entsetzt. Doch eine mächtige Stütze fanden sie an dem edlen Franz von Sickingen, der in dem am 27. September 1518 zu Darmstadt mit den bedrängten Hessen geschlossenen Friedensvertrage auch die Wiedereinsetzung derselben in ihre Güter ausbedung.

Conrad war 1486 Amtmann zu Lich und trat 1487 zu Worms in die Gesellschaft des Steinbocks. Im J. 1493 erhielt er mit Dieter von Isenburg vom Grafen Philipp von Hanau die münzenbergschen Mann- und Burglehen als Burgmänner zu Assenheim angewiesen [98].

Als Graf Johann V. von Nassau, wegen mehrerer Erbansprüche mit Cleve 1483 in eine Fehde gerieth, traten auch die Schenken in seine Dienste. Doch die Fehde wurde noch im Beginn friedlich beigelegt [99].

Eberhard wurde 1488 auf zehn Jahre zum Amtmann zu Amöneburg ernannt [100]. 1508 bewarb er sich um die Amtmannsstelle zu Bonames, aber vergeblich; er wurde jedoch Hauptmann der Stadt Frankfurt, und erst 1518 erhielt er jenes Amt [101]). Später trat er wieder in hessische Dienste und focht in dem Vernichtungskriege gegen Franz von Sickingen im J. 1523. Er und der pfälzische Ritter Fritz von Fleckenstein zogen unter andern von dem eroberten Drachenfels am 12. Mai gegen die Hohenburg, welche sie, nachdem dieselbe sich ergeben, zerstörten. Dasselbe Schicksal bereiteten sie am 14. und 16. Mai auch dem Ohanstein und der Lützelburg [102]).

Rudolph (auch Ruprecht) genoß eines hohen Ansehens bei Landgraf Philipp. Er war Statthalter zu Cassel und Oberamtmann an der Werra und findet sich 1527 zuerst. 1530 war er im zahlreichen Gefolge des Landgrafen auf dem denkwürdigen Reichstage zu Augsburg. 1535 sandte ihn Philipp mit dem Kanzler Feige an den römischen Kaiser, um die Vollziehung des württembergschen Vertrags zu bewirken. 1541 begleitete er Philipp auf dem Reichstag nach Regensburg. 1542 war er hessischer Gesandter auf dem Reichstage zu Speier und bekleidete während des Landgrafen Gefangenschaft das Statthalteramt zu Cassel.

Reinhard folgte dem 1559 verstorbenen Heinz von Lüder in dem Obervorsteher-Amte über das Hospital Haina und in der Hauptmannschaft über die Festung Ziegenhain. Er verwaltete diese Aemter bis 1573 und starb im 74. Jahre seines Alters [103]).

Maria Schenkin zu Schweinsberg wurde 1559 Aebtissin des Prämonstratenserklosters Altenburg bei Wetzlar, und starb als solche im J. 1580 [104]).

Philipp Georg, ein Sohn Georgs, von der Schweinsberger Linie, widmete sich dem geistlichen Stande. Seine Zeitgenossen nennen ihn einen sehr verständigen und gelehrten Mann und selbst die Universitäten Cöln und Mainz gaben ihm dieses Zeugniß. Er war Dechant zu Fulda, als ihn der Abt Johann III., bei dem Herannahen seines Todes, dem Capitel zu seinem Nachfolger vorschlug. Drei Tage nach Johann's Tode wurde er am 12. Mai 1541 zum Fürstabte von Fulda erwählt. Er war ein Feind der Reformation und dieses Widerstreben gegen das unaufhaltsam um sich greifende bessere Licht führte ihn in manchen Kampf mit seinem Volke und ließ ihn von den protestantischen Fürsten manche Unbill ertragen. Er war streng im Leben und Wandel und hielt mit Schärfe auf Ordnung und Sittlichkeit unter seinem Clerus. Er starb nach einer zehnjährigen Regierung am 15. Januar 1550.

Wenig später bestieg ein anderer Schenke aus derselben Linie den fürstlichen Stuhl Fuldas.

Georg Rabe (Walrab), ein Brudersohn von Philipp. Er war zuerst Dechant und Probst auf dem Andreasberg und folgte dem Abte Wolfgang, doch schon nach dreimonatlicher Regierung starb er am 25. Februar 1568.

Johann Bernhard aus der Hermannsteiner Linie und ein Sohn Friedrich's, war der dritte fuldische Abt aus der schenkischen Familie. Nachdem er Probst im Nonnenkloster Blankenau gewesen, wurde er 1618 Dechant und 1623 zum Abte erwählt, wozu besonders viel der kaiserliche Gesandte von Senftenau beitrug. Die Sittlichkeit der fuldischen Geistlichen war tief gesunken, und er strengte nun seine Kräfte an, dieser wieder aufzuhelfen. Er wurde hierin vom Pabste aufgemuntert und der päpstliche Nuntius Peter Aloys Caraffa kam besonders nach Fulda, um ihn in dem schwierigen Geschäfte zu unterstützen. Er setzte die Franziskaner auf den Marienberg und gab den Jesuiten einen Gnadenbrief. Auch stiftete er 1631 ein Nonnenkloster zu Fulda und übernahm auch die Verwesung des Stiftes Hersfeld. Doch des Schwedenkönigs herannahende Schaaren verscheuchten ihn aus seinem Sitze. Er floh und hielt sich unter andern in Wien und Murbach auf. Endlich folgte er dem kaiserlichen Heere, aus welchem Grunde, ist nicht bekannt. Er war in dem Blutkampfe bei Lützen am 6. November 1632, als er, der Nichtkrieger, sein Leben einbüßte. Hochverehrt wie ein Heiliger von dem dummgläubigen Haufen, ertheilte er den Kroaten, gedrängt durch ihr Verlangen, seinen Segen, ja selbst den Segen für ihre Geschütze. So ritt er um die Kämpfenden, als diese die Flucht ergriffen und ihn eine Kugel unter die Opfer des Tages warf. Sein Leichnam wurde zuerst nach Regensburg und dann nach Fulda gebracht.

Noch ließen sich manche Männer dieser Familie, zum Theil hochverdient ums Vaterland, nennen, doch ich breche hier mit dem Personen-Verzeichnisse ab, um zu einem kurzen Güterverzeichnisse überzugehen; ich sage kurzen, denn ein vollständig ausgeführtes würde zu viel Raum wegnehmen.

Wie alle Familien, welche Burgfrieden unter sich errichtet, so haben auch die Schenken zu Schweinsberg ihre besonderen Vorsteher, **Baumeister** genannt, deren Amt hier von den jedesmaligen Aeltesten der beiden Hauptlinien versehen wird. Ihr Zweck ist, die Verwaltung der Sammtgüter, sowie überhaupt die Wahrung des Sammtinteresses der Familie, die zur Rechnungsablage und Besprechung jährlich eine Generalversammlung zu Schweinsberg hält. Die Hauptbesitzungen der Familie sind:

I. An Stammgütern

1) das **Erbschenken-Amt**, welches jetzt nur noch im Namen besteht und höchstens bei großen Hoffeierlichkeiten, wie Vermählungen, Begräbnissen 2c., wo man das Ceremoniell des Feudalismus wieder aus der Rüstkammer der Vorzeit herbeisucht, in dem Schattenkleide seiner früheren Bedeutsamkeit erscheint. Der jedesmalige Aelteste der Familie ist Erbschenk und wird als solcher sowohl von Kurhessen als dem Großherzogthum Hessen beliehen [105]).

2) Die Burg und Stadt Schweinsberg, ehemals mit Gerichtsbarkeit.

3) Der Zehnte zu Kirchhain.

4) Den vierten Theil des Gerichts Niederohmen (unfern Grünberg).

5) Burglehen zu Homberg und Stauffenberg.

6) Die Gerichtsbarkeit im **Eußer-Gericht**, einem Landstriche, welcher die Dörfer Arnshain, Bernsburg, Erbenhausen, Lehrbach, Oberglenn und Wahlen umschließt. Die Gerichtsbarkeit in erster Instanz steht dem Staate und den Schenken gemeinschaftlich zu. Die streitige Gerichtsbarkeit wird auf einem bestimmten Amtstage zu Homberg an der Ohm von dem großherzoglichen Landrathe und dem

schenkschen Amtsverweser gemeinschaftlich, hingegen die Administrativ-Geschäfte ausschließlich von dem Landrathe ausgeübt. Als Nassau einen Antheil am Eußer-Gericht erworben, belehnte es gleichfalls die Schenken damit. Jene Orte gehörten zum Amte Kirdorf.

7) Das Gericht der Reizberg (bei Marburg, von einem Berge so genannt). Es besteht aus 14 Dörfern. Noch 1800 schloß die Familie wegen desselben einen besondern Vertrag mit dem Landgrafen; doch seit der westphälischen Besitznahme Hessens hörte die Patrimonialgerichtsbarkeit auf. Gleiche Bewandniß hat es mit

8) dem Gerichte Eigen, bestehend aus Rod, Argenstein, Wenkbach, Oberweimar und Weitershausen.

9) Burghaus und Dorf Frohnhausen, der Frohnhof daselbst und die Hälfte der Vogtei Wenkbach, welche sie von den ums Jahr 1568 ausgestorbenen Vögten von Frohnhausen, mit denen sie in Ganerbschaft saßen, ererbt. Ehemals war es ein Lehn der Abtei Essen.

10) Schloß und Dorf Hermannstein. Die Gerichtsbarkeit wurde 1822 dem Staate abgetreten.

11) Das Patronatrecht über 13 Pfarreien.

II. Die besondern Güter der Schenken sind gleichfalls bedeutend, doch werde ich deren nur wenige nennen.

1) Der Schmitthof, unfern Kirdorf.

2) Ein Gut zu Buchenau, unfern Hersfeld. Nach dem Aussterben der v. Haune (1628) gelangte ein Theil von Burghaune durch den fuldischen Abt Joh. Bernhard Schenk an seinen Vetter den fuldischen Rath Volpert Daniel Schenk zu Schweinsberg, der eine Tochter des letzten v. Haune zur Gattin hatte.

Von ihm kam es auf seine Söhne Ludwig und Wilhelm Burchard. Letzterer vertauschte 1680 seinen Antheil mit der Abtei Fulda und erhielt dagegen, außer 2000 Gulden bedeutende Güter und Gefälle in der Wetterau. Diesem Beispiele folgte auch 1692 Ludwig's Sohn, der hessische Generallieutenant und Gouverneur des Oberfürstenthums und der Stadt Marburg Wolf Christoph Schenk gegen ein Gut zu Buchenau.

3) Kestrich, bei Alsfeld.

4) Waltershausen, bei Homberg.

5) Bönstädt, unweit Vilbel.

6) Hönscheid, ehemals ein Augustiner-Nonnenkloster im Waldeckschen.

7) Das Gut Neustädtchen, sowie das Dorf Willmar, in Franken. Letzteres im sachsen-meinungschen Amte Maßfeld liegend, gehörte zur Hälfte der Herrschaft, bis diese Herzog Ernst Ludwig am 12. Mai 1721 für 10400 Gulden an Carl Ludwig Schenk verkaufte, der sich dabei verbindlich machte, nicht allein diese, sondern auch die schon früher erworbene Hälfte vom Herzoge zu Mannlehen zu nehmen. Stürbe er oder seine Brüder aber ohne männliche Erben, so sollte das Ganze, gegen Zahlung von 9000 Gulden, an ihre Allodialerben fallen. Dieses geschah 1746 [106]).

Das Wappen der Schenken zu Schweinsberg blieb sich nicht immer gleich. Der sich häufig findenden mehr oder minder fehlerhaften Verschiedenheiten nicht zu gedenken, trat durch die Beerbung der Vögte von Frohnhausen eine Hauptveränderung ein. Früher hatten sie in dem quer durchschnittenen Schilde, in dessen obern Theile im blauen Felde, einen rechts gehenden goldenen Löwen mit offenem Rachen, vorgestreckter rother Zunge, vorgeworfenen Pranken und übergeschlagenem, doppeltem Schwanze; im untern Theile des Schildes aber, im weißen Felde, vier rothe Quadersteine, von denen drei nebeneinander und der vierte unter dem mittelsten, mit den scharfen Ecken sich berührend, standen. Auf dem Helme erhob sich ein rechts sehender Wolfskopf und Hals von natürlicher Farbe mit offenem Rachen und vorgestreckter rother Zunge und gespitzten Ohren, wovon eines eine rothe, das andere eine weiße Feder zierte. Die Helmdecke war oft blau und weiß, und oft roth und weiß.

Das neue Wappen weicht jedoch von diesem im Helmschmucke ab. Es hat nämlich zwei gegen einander gerichtete Helme, von denen der rechte den schenkschen Wolfskopf, im rechten Ohr mit der rothen und im linken mit der weißen Feder, über sich trägt. Der linke Helm trägt dagegen von dem vogtschen Wappen zwei schwarze Flügel und an diesen das oben beschriebene Wappenschild mit der Helmzeichen. Denn das erstere war bei beiden Familien gleich.

Schließlich erwähne ich noch der Schicksale der Burg im dreißigjährigen Kriege. Dieser, der allenthalben, in jeden friedlichen Winkel, seine blutige Fackel schleuderte, ließ auch die Burg Schweinsberg nicht verschont.

Nachdem Landgraf Wilhelm den Prager Frieden verworfen, brachen bald die Feinde zerstörend über die hessischen Grenzen herein. Schrecklich, jedes Menschengefühl empörend, war ihr Wüthen und den Oberbefehlshaber, den baierschen General-Wachtmeister von Bönningshausen, stellt uns die Geschichte als einen Teufel in Menschengestalt dar. Nachdem er den schönen Löwensteiner Grund in eine Einöde verwandelt, wandte er sich gegen Amöneburg und von da gegen Schweinsberg, dessen Besatzung nur aus 80 Mann Hessen bestand, deren Zweck war, den Kaiserlichen die Contribution der Gegend zu hintertreiben. Mit Bönningshausen erschienen zugleich die Grafen von Mansfeld und Rittberg und 16 Regimenter umlagerten Schweinsberg. Da die Aufforderung zur Uebergabe verweigert wurde, so zündeten die Barbaren am 6. Juli 1635 das unglückliche Städtchen an und nach drei Stunden sah man einen großen Trümmerhaufen, aus dem nur noch die schwarzen Mauern der Kirche und zwei kleine Häuschen traurig emporschauten. Auch das Schloß hatte durch diesen Brand gelitten.

Kaum hatten sich wieder einige Wohnungen aus dem Schutte erhoben, so nahte schon neues Verderben. Im J. 1646 erschienen Schweden und Hessen und umschlossen die feste Amöneburg. Wrangel und Königsmark hatten ihr Hauptquartier in Kleinselheim und auch Schweinsberg besetzt; doch nur eine kurze Zeit, denn sie räumten dasselbe und stellten ihre Vorwachen eine halbe Stunde davon am Hufegeweide auf. Die kaiserlich-baierische Armee zog indessen zum Entsatze Amöneburgs über Gemünden heran und lagerte sich am 26. Juny auf dem Hohenberg bei Niederofleiden, da sie jedoch hier Wassermangel litt, zog sie sich herab und versuchte das Ufer der Ohm zu gewinnen. Zu diesem Zwecke warf sie eine Abtheilung in die, etwa 8 — 10 Minuten von Schweinsberg entlegene Häusermühle, welche besonders befestigt wurde. Der Erzherzog Leopold Wilhelm untersuchte hierauf Schweinsberg und die Umgegend. Am 27. verließ Wrangel seine Stellung und setzte sich auf dem Mardorfer Felde, der Ebel genannt; mit mehreren Regimentern zogen die Baiern vom Hohenberge gegen diese Stellung; Wrangel griff sie bei jener Mühle an, wo sich nun ein heftiges Gefecht entspann, welches erst das Dunkel der Nacht beendete; Wrangel mußte sich mit einem Verluste von etwa 100 Mann zurückziehen. Obgleich die Feinde Sieger geblieben, so war deren Verlust dennoch beträchtlicher, sie zählten unter den Verwundeten sogar die Generale Hatzfeld und Geleen, von denen der letztere besonders stark verletzt war. Sie, die zwar die Schweden aufgesucht und sich an 10,000 Mann (?) stärker hielten, verließen nun auch plötzlich in der Nacht ihr Lager und zogen sich mit Zurücklassung vieler Sachen nach Laubach und Hungen. Der Entschluß zu diesem Rückzuge soll besonders durch den Gestank der vielen gefallenen Pferde herbeigeführt worden seyn. Die Besatzungen von Schweinsberg und Homberg ergaben sich nun, und beide Schlösser wurden von den Schweden und Hessen besetzt. Während der kaiserlichen Besatzung war es, wo durch die Nachlässigkeit eines Feldwebels der festeste Thurm und ein Theil der Schloßmauer in die Luft gesprengt wurden.

Anmerkungen.

1) Kuchenbeckers Erbhofämter S. 65 u. Justi's Elisabeth b. H. Lbgr. v. Thüringen. S. 26.
2) Struv. Histor. pincern. Varila-Tautenberg.
3) Kuchenb. A. H. I. p. 155.
4) Gudenus Cod. d. I. p. 262.
5) Joann. S. R. Mog. II. p. 544.
6) Kuchenb. Erbhofämter, Beil. S. 6.
7) Das., Text S. 108.
8) Gud. C. d. III. p. 1105.
9) Joann. p. 553.
10) Gud. II. p. 235.
11) Wenk. U. II. S. 149.
12) Gud. I. p. 452.
13) Ibid. III. p. 1121. Grüner's Diplom. Beitr., 2tes Stück, S. 176.
14) Gud. I. p. 705.
15) Wenk. U. II. S. 149. Kuchenb. A. H. XI. p. 136.
16) Kopp I. Beil. S. 119.
17) Wenk II. U. S. 193.
18) Kopp. Gerichtsverf. I. B. S. 357. Kuchenb. A. H. C. II. p. 247. Wahrscheinlich ist es dieses Pachtverhältniß, welches Herrn Schmidt in s. hess.-darmst. Gesch. verleitet, die v. Bürgel als eine Linie der Schenken zu vermuthen.
19) Wenk II. U. S. 209.
20) Kuchenb. Erbh. B. S. 10.
21) Wenk II. S. 208.
22) Kuchenb. A. H. C. XI. p. 174.
23) Ibid. p. 171.
24) Gud. I. p. 437.
25) Ibid. p. 549.

26) Wenk II. U. S. 151.
27) Entdeckter Ungrund ꝛc. Beil. Nr. 22.
28) Daſ. Nr. 46.
29) Wenk II. U. S. 163. Gud. C. d. I. p. 589.
30) Gud. I. p. 609.
31) Wenk II. U. S. 173.
32) Daſ. S. 193.
33) Daſ. S. 202.
34) Kuchenb. A. H. XI. p. 183.
35) Wenk. U. II. S. 202.
36) Gud. III. p. 1150.
37) Kuchenb. Erbh. Beil. S. 8. Gleichzeitig mit Guntram findet ſich: Dominus Wernerus, olim Abbas dictus de Schweinburg, in einer Urkunde des Hersfelder Stadtraths vom J. 1256. (Entdeckter Ungrund derjenigen Einwendungen ꝛc. Nr. 71.) Dieſer Werner war Abt zu Hersfeld geweſen und von ſeinem Amte entſetzt worden. — Gehörte er zu der Familie v. Schweinsberg? Dieſe Frage läßt ſich ſchwerlich beantworten.
38) Hiſt. dipl. Unterricht ꝛc. Nr. 51.
39) Eſtor's alte kl. Schr. II. S. 42.
40) Kuchenb. Erbh. S. 51.
41) Wenk II. U. S. 172.
42) Kuchenb. Erbh. S. 52. Kuchb. A. H. C. XI. p. 158.
43) Tentzel in Suppl. II. Hist. Goth. p. 602.
44) Kuchenb. A. H. C. XI. p. 142.
45) Gud. IV. p. 891.
46) Kuchenb. A. H. C. XI. p. 150.
47) Wenk II. U. S. 202.
48) Kuchenb. A. H. C. I. p. 87. Estor. Annal. Fuld. p. 63.
49) Kuchenb. Erbh. S. 53.

50) Gud. V. p. 886.
51) Wenk II. U. S. 241.
52) Daſ. III. U. S. 177.
53) Gud. III. p. 142. Kuchb. A. H. C. XI. p. 177.
54) Senkenb. Selecta jur. et hist. III. p. 554.
55) Gud. III. p. 220.
56) Wenk II. U. S. 295.
57) Wenk II. U. S. 318.
58) Kuchenb. A. H. C. I. p. 91 et 93. Eſtors kl. alte Schr. I. ſiehe das kaiſerliche Siegel.
59) Kuchenb. Erbh. S. 53.
60) Senkenb. III. p. 554.
61) Schannat Prob. Cl. Fuld. p. 330.
62) Wenk II. U. S. 358.
63) Würdtwein Dioec. Mogt. III. p. 299.
64) Entdeckter Ungr. Nr. 56.
65) Daſ. Nr. 206.
66) Wenk II. U. S. 390.
67) Kuchenb. A. H. C. I. p. 93.
68) Würdtw. Subs. dipl. Mog. VI. p. 268.
69) Senkenb. III. p. 584.
70) Kuchenb. A. H. C. I. p. 94.
71) Kuchenb. Erbh. S. 66.
72) Deduction wegen des Unterſchieds der H. v. Hanau und Carben. S. 434.
73) Senkenb. III. p. 606 et 609.
74) Deduction ꝛc. S. 434.
75) Kuchenb. A. H. I. p. 96.
76) Senkenb. V. p. 545.
77) Rürner, Turnierbuch in Burgmeiſters Bibliotheca equest. II. p. 220 ꝛc.

78) Gud. V. p. 314 et 326.
79) Kuchenb. A. H.
80) Retters heſſ. Nachr. III. S. 29.
81) Lauze's handſchr. Chr.
82) Wenk III. U. S. 226.
83) Gud. I. p. 995 et IV. p. 167.
84) Estor. orig. jur. pub. has. p. 241.
85) Gud. I. p. 996.
86 a) Schmidt's heſſ.-darmſt. Geſch. II. S. 151.
86 b) Joann. K. M. p. 766.
87) Mader, üb. d. Bg. Friedberg. S. 327.
88) Lersner, frankf. Chronik. S. 423 u. 470.
89) Gud. I. p. 998.
90) Mehrere ungedr. Urk. v. 1474 u. 1483.
91) Gerſtenb. frankenb. Chr. ap. Kuchenb. A. H. V. a. a. O.
92) Lauze's handſchr. Chr.
93) Wenk III. S. 155 ꝛc. Ueber die Streitigkeiten ſ. m. Gründlicher Bericht — Hr. Wilhelm Gr. zu Solms ꝛc. vber Hermannſtein wieder vnd gegen die Schenken zu Schweinsberg ꝛc. (Ged. 1631. 4. und Gründlicher Gegenbericht der Schenken zu Schweinsberg, Erbſchenken zu Heſſen gegen — Hr. Wilhelmen Gr. z. Solms ꝛc. Marburg. 1631. 4.
94) S. ausführlich: Von des weiß Kuniges Schwert, v. Frh. v. Dörnberg in Juſti's heſſ. Denkwürdigk. II. S. 79—140 u. III. S. 63—108.
95) Senkenbergs ungedr. Schr. S. 148. Müllers Reichstheater. Vorſt. II. Cap. LXI.
96) Arnoldi's Miscellaneen. S. 388.
97) Daſ. S. 387.
98) Daſ. u. Deduction ꝛc. S. 434.
99) Arnoldi's naſſ. Geſch. III. S. 27.

100) Gud. I. p. 998.
101) Lersners frankf. Chr. S. 471.
102) Münch's Leben ꝛc. Franz von Sickingen. I. S. 303 u. III. S. 67.
103) Justi's hess. Denkw. II. S. 207.
104) Thuringa sacra, p. 300.
105) Merkwürdig ist es, daß sich dieses Amt so ununterbrochen bei einer Familie erhielt und dann — was alle Schenken=Familien im Allgemeinen betrifft — daß die einzelnen Glieder solcher Familien den Namen ihres Familien=Amtes, Schenk, als Eigennamen führen, da dieses bei allen andern Erbhofämtern, wie bei den Marschällen, Kämmerern, Küchenmeistern ꝛc. nie der Fall ist.
106) Schultes, Beiträge zur fränk. u. sächs. Gesch. S. 187.

Vollständigeres über die schenkischen Güter s. m. in Justi's hess. Denkw. IV. a) S. 428—453. Estors kl. Schr. I. S. 39 ꝛc., wie auch die übrigen Bände.

X.
Friedewald.

Leer gebrannt
Ist die Stätte,
Wilder Stürme rauhes Bette,
In den öden Fensterhöhlen
Wohnt das Grauen
Und des Himmels Wolken schauen
Hoch hinein.

Schiller.

10.

Friedewald.

In einem Thale des großen Säulingswaldes liegt am Fuße des, einst mit einer nun verschwundenen Burg gekrönten, Dreienbergs, der Flecken **Friedewald**, etwa dritthalb Stunden von Hersfeld. An seinem obern Ende liegen die Trümmer seines stattlichen Wasserschlosses, dessen Geschichte in so mancher Hinsicht — bald als der Sitz glänzender Fürstenversammlungen, bald als der Ort kriegerischen Muthes und hoher Tapferkeit — merkwürdig ist und für dessen möglichste Erhaltung man, als für die eines heiligen Denkmals, Sorge tragen sollte.

Unbekannt ist seine erste Gründung. Obgleich sein Name sich erst im Anfange des vierzehnten Jahrhunderts findet, so ist es sicher doch schon früher vorhanden gewesen. Schon in jener Zeit war es im Besitze der Landgrafen von Hessen, die es von der Abtei Hersfeld zu Lehn trugen. Im J. 1302 verbesserte Landgraf Heinrich I. das Burglehn Simon's v. Landeck auf dem Schlosse **Friedewald** mit einem neben demselben liegenden Hofe und Garten.

1317 gab Landgraf Otto die Hälfte des Schlosses an die Ritter Albrecht v. Buchenau, Friedrich v. Romrod, wohnhaft zu Mansbach, und Albert v. Romrod, für die Summe von 160 Pfund Pfenn. zu Erbburglehn und bestellte später 1323 die Gebrüder Heinrich, Hermann und Friedrich v. Heringen zu seinen Burgmannen. 1344 findet sich Friedewald im theilweisen Besitze der Ritter Helmrich und Ludwig v. Baumbach; desgleichen auch Ludwig's und Conrad's v. Hattenbach, welche 1351 ihren Theil an die v. Buchenau verkauften. Diese bekamen dadurch die eine Hälfte des Schlosses in ihren Besitz; im J. 1353 erklärten sie sich bereit, dieselbe gegen Zahlung von 175 und 150 Mark Silbers, sowie 1000 kl. Gulden dem Landgrafen wieder zurückzugeben. 1359 wurden Volkwin und Sinkram v. Hornsberg zu Burgmannen bestellt. Im J. 1361 räumte Landgraf Heinrich II. seinem Sohne Otto außer Rotenburg auch Friedewald ein und zwar als eine Pfandschaft für 400 Mk. S. Der buchenauische Pfandantheil mußte demnach abgelöst worden seyn; aber dennoch machten im J. 1400 die v. Buchenau Ansprüche und setzten sich darauf gewaltsam in den Besitz des Schlosses; in der hiernächst erfolgenden Sühne versprachen sie jedoch, sich nicht mehr damit zu bewehren und ihre Ansprüche der schiedsrichterlichen Entscheidung des Abts von Fulda zu unterwerfen. — Im J. 1414 gab Landgraf Ludwig I. das Schloß Friedewald mit allen seinen Zubehörungen an Hans v. Romrod auf drei Jahre amtsweise ein.

Im J. 1429 kam der Landgraf Ludwig in einige Streitigkeiten mit den v. Milnrod und v. Altenburg, welche schon seit lange Burgsitze im Schlosse Friedewald erworben hatten. Unter dem Vorsitze des Rentmeisters von Rotenburg hegten deshalb die Scheffen von Bebra, Weiterode und Ronshausen ein Gericht zu Friedewald, vor welchem Curt v. Heringen von Friedewald, dessen Vater unter Landgraf Heinrich die Burg inne gehabt, der selbst ehemals Richter gewesen und jetzt der Bejahrteste in Friedewald war, über des Landgrafen Recht aussprach, daß der Burghof halb des Landgrafen und halb der v. M. u. v. A. sey, daß deren Leute nur vor das peinliche Gericht des Landgrafen gefordert werden könnten, daß sie aber den Zaun zwischen der Burg und dem Wassergraben unterhalten und diesen letztern des Winters eisen müßten, dagegen sich aber auch in den landgräflichen Wäldern mit dem unschädlichen Urholze behölzigen dürften. Endlich müßten die Burgmannen dem Amtmann zu Rotenburg das Geleit bereiten helfen.

Nachdem 1476 Landgraf Heinrich III. von Reinhard v. Altenburg und Helwig und Ludwig von Rückershausen die denselben im Schlosse Friedewald zustehenden Burgsitze, mit andern in der Umgegend gelegenen Gütern, angekauft, ließ derselbe die alten Burggebäude niederreissen und an deren Stelle das noch gegenwärtig in seinen Trümmern vorhandene Schloß aufführen [1]).

Das Schloß bildet ein regelmäßiges Viereck, an dessen Ecken sich mächtige runde Thürme oder Basteien erheben und das ringsum ein tiefer an sechzig Fuß breiter Wassergraben umschlingt. Von dem sehr geräumigen Hofe der bedeutenden Oeconomie-Gebäude kommt man über einen Erdwall, der die Stelle der ehemaligen Zugbrücke vertritt, zu dem Schloßthor, über welchem man noch den Behälter des Thorwächters sieht, und so in den engen Schloßhof. Links führt eine Thüre in die Mauern des eigentlichen Schloßgebäudes, welches diese ganze Seite einnimmt und größtentheils nach dem Flecken blickt. Auch die gegenüber liegende Seite hatte früher noch Wohnungen, die jedoch beinahe spurlos verschwunden sind, nur an der, dem Thore gegenüber liegenden Seite zieht sich noch ein Gebäude hin.

Die Eckthürme sind nicht von gleichem Umfange und nur ihre Höhe scheint, hinsichtlich ihres Mauerwerks, gleich gewesen zu seyn. Der vordere rechte Eckthurm, der dem Eingange zunächst steht, ist besonders stark und hat in seinem Innern noch Holztreppen, auf denen man auf seine Zinnen gelangt, die jetzt ein kleines Blumengärtchen umschließen. Die beiden hintern Thürme haben den mindesten Umfang. Alle hatten früher hohe spitz zulaufende Dächer und die vordern noch jeder vier kleine Eckthürmchen. Auch über dem Thore erheben sich zwei kleine Thürmchen.

Landgraf Heinrich, bekannt als leidenschaftlicher Jäger, hielt sich nun oft in seinem neuen Schlosse auf, denn die reiche Wildbahn des Säulingswaldes zog sowohl ihn als auch manchen seiner Nachfolger in dessen stille Mauern.

In späterer Zeit erweiterten Heinrichs Nachfolger die Zubehörungen des Schlosses mit verschiedenen Gebäuden; so baute Landgraf Wilhelm IV. 1583 den alten Marstall, Moritz 1596 die Meierei und 1602 und 1605 den neuen Marstall nebst mehreren andern Gebäuden, zur Beherbergung seines Gefolges und Wohnung eines Burggrafen und Beamten. Diese wurden zwar durch die Verheerungen des dreißigjährigen Krieges zum Theil verwüstet, doch später wieder hergestellt und dienen nun zur Wohnung des Justiz= und Renterei=Beamten.

Ein besonderes Interesse erhielt das Schloß durch mehrere Zusammenkünfte, die in ihm gehalten wurden. Nachdem Landgraf Philipp den Aufruhr der Bauern, durch deren Niederlage bei Frankershausen, erstickt hatte, hielt er hier mit dem Abte Krato von Hersfeld eine Zusammenkunft, in welcher sie über die Entschädigung wegen der gegen die Bauern aufgewandten Kriegskosten überein kamen.

Aber wichtiger, als diese Zusammenkunft, war die mehrerer Fürsten und Gesandten, um sich wegen der Be= freiung Philipp des Großmüthigen zu berathen, welche dem Schlosse wahrhaft geschichtliches Interesse verleiht.

Im J. 1530 hatten die protestantischen Fürsten Deutsch= lands sich zu Schmalkalden zu Aufrechthaltung ihrer Re= ligion und zu gegenseitigem Schutze verbunden und 1536 diesen Bund erneuert. Nachdem Luther 1546 am 16. Febr. gestorben, rüstete sich Kaiser Carl V. zur Sprengung jenes Bundes und im July d. J. begann der blutige schmalkaldi= sche Krieg, dessen trauriger Ausgang — besonders durch die allzu geringe Eintracht zwischen den Verbündeten, herbei= geführt — bekannt ist. Durch die Schlacht bei Mühl= berg (24. April 1547) wurde die sächsische Macht gebrochen und der Kurfürst Johann Friedrich von Sachsen in die Hände des Kaisers geliefert. Auch Landgraf Philipp fügte sich nun; doch das Vertrauen auf des Kaisers Rechtlichkeit mußte er schrecklich büßen; derselbe erklärte ihn, trotz aller Protestationen mehrerer Fürsten, für seinen Gefangenen.

Lange mußte er als solcher dem kaiserlichen Hoflager folgen und zuletzt zu Oudenarde an der Schelde ein Gefängniß beziehen. Da alle Mittel zu seiner Befreiung, selbst das der Flucht, fehlschlugen, so entstand ein Bund, um diese durch die Gewalt der Waffen zu erzwingen. Zu dem förmlichen Abschlusse desselben wählte man das Schloß Friedewald, dessen abgesonderte einsame Lage ganz dazu geeignet war, das, was hier vorging, vor den Augen der Welt zu verbergen. Außer Philipp's Sohne, dem Landgrafen Wilhelm IV. oder Weisen erschienen der Kurfürst Moritz von Sachsen, der Markgraf Albrecht von Brandenburg und als französischer Gesandter der Bischof von Bayonne Jean de Fresse und in dem sonst nur zur Jagd besuchten Schlosse bewegte sich jetzt ein glänzendes Leben. Am 5. October 1551 kam der bezweckte Bund zu Stande. Während der Unterhandlung zuckte ein grasser Blitz vom heitern Himmel, dem ein so schrecklicher Donner folgte, daß die Felsenmauern des Schlosses erbebten. Erschrocken fuhren die Fürsten von ihren Sitzen, denn sie hielten dieses für ein böses Vorzeichen; doch der gewandte Bischof ergriff schnell das Wort und stellte ihnen dieses als ein wohlgefälliges Zeichen des Himmels vor und suchte ihnen dieses durch viele ähnliche Beispiele zu beweisen. Dieser Bund wurde so geheim zu Stande gebracht, daß selbst in Hessen, außer dem Fürsten, nur der Marschall Wilhelm von Schachten und Simon Bingen davon wußten, denn es war die Zeit noch nicht öffentlich aufzutreten. Erst im folgenden Jahre griffen sie zu den Waffen und drangen siegend bis zu den Bergen Tirols. Am 16. Juny 1552 machte der Friede zu Paſſau dem Kriege ein Ende und erlöſte den Landgrafen aus ſeinem Gefängniſſe.

Auch im J. 1588 wurde hier ein Vertrag geſchloſſen. Landgraf Wilhelm IV. hatte zwiſchen dem Abte Krato von Hersfeld und den ſächſiſchen Herzogen Friedrich Wilhelm und Johann Caſimir wegen des Amtes Kreienberg einen Vergleich vermittelt, den die genannten Parteien am 25. November j. J. in einer Zuſammenkunft im Schloſſe Friedewald unterzeichneten.

Der dreißigjährige Krieg, der ſo manches Schloß in Trümmer ſtürzte, bedrohte auch das Schloß Friedewald mit einem ähnlichen Schickſal. Schon im Jahre 1631 als Tilly von den rauchenden Trümmern Magdeburgs durch Thüringen in Heſſen eindrang, wurde das Schloß Friedewald — nachdem es 1629, bei der gewaltſamen Wiedereinführung des katholiſchen Gottesdienſtes in Hersfeld mehreren vertriebenen Beamten zum Zufluchtsorte gedient hatte — vom Oberſten Fugger im Auguſte erobert und erſt nach der Schlacht bei Lützen (1631 den 7. November) wieder geräumt. Schrecklich verheerend war ſchon dieſer kurze Aufenthalt für die Umgegend; aber noch mehr mußten die unglücklichen Bewohner in der Folge leiden, beſonders durch verſchiedene Parteigänger, die in Friedewald ihren Waffenplatz aufſchlugen. Als im J. 1633 der kaiſerliche Hauptmann Hannibal das Schloß zu verlaſſen ſich gezwungen ſah, zündete er, grauſam genug, das Dorf an; auch der Kroaten-Oberſtlieutenant Corpus brannte 1634 einen Theil des Orts nieder. Im J. 1640 eroberte das Schloß der General Gill de Haſſia und den bei dieſer

Gelegenheit erfolgten Tod seines Vetters mußte das Dorf mit gänzlicher Einäscherung büßen. So im stets wechselnden Besitze blieb es nach dessen Abzuge bis 1647 in hessischen Händen. Doch in diesem Jahre, wo der kaiserliche General Graf Peter von Holzapfel (Melander), der vor Kurzem erst die hessischen Dienste verlassen, raubend und brennend das unglückliche Hessen durchzog, wälzte sich der Kriegslärm auch wieder vor das Schloß Friedewald. Nachdem Holzapfel am 25. October Hersfeld besetzt, griff er schon am folgenden Tage das Schloß Friedewald an und beschoß es mit sieben Stücken und zwei Mörsern. Tapfer vertheidigte sich der muthvolle Commandant mit seiner kleinen Schaar und erwarb sich dadurch die Achtung seines Feindes so sehr, daß dieser ihn mit seinen 66 Mann frei abziehen und selbst noch bis Spangenberg durch seine Truppen geleiten ließ. Bis zum 19. Februar 1648 blieb Friedewald im Besitze der Kaiserlichen. Nur mühevoll und blutig gelang die Vertreibung der östreichisch-baierschen Armee aus Hessen. Nachdem Rabenhaupt die Ruine des Schlosses Homberg erobert, zog er gegen Friedewald; doch die Nachricht von einem sich bei Meiningen sammelnden feindlichen Corps gebot ihm Vorsicht, wodurch der Marsch seiner Truppen verzögert wurde; aber ein Hauptmann Reußdorf vermochte seine Ungeduld nicht zu zügeln und eilte mit der Erlaubniß seines Befehlshabers mit zwei bis drei Soldaten und durch einen Förster geleitet, dem Zuge voraus. Unbemerkt erreichte er die nahe am Schlosse liegenden Oeconomie-Gebäude und ließ unter fremdem Namen den kaiserlichen Commandanten des Schlosses Friedewald zu einer angeblich geheimen Unterredung, im Auftrag einer bekannten Person, zu sich einladen. Nichts argwohnend erscheint derselbe mit seinem Fähndrich in Erwartung wichtiger Neuigkeiten; doch kaum ist er am Ziele, so streckt ein Schuß den letztern nieder und er selbst sieht sich als Gefangener in feindlichen Händen. Er mußte sich nun dem Willen seiner Gewalthaber fügen und die Besatzung durch einen Brief zum Abzuge auffordern; willig, ohne Widerstand, verließ dieselbe das Schloß und der listige Reußdorf nahm mit seinen Begleitern Besitz davon.

Endlich hemmte der westphälische Friede das zerstörende Wüthen des Krieges und Städte und Dörfer erhoben sich wieder aus ihrer Asche. Auch das Schloß Friedewald wurde ausgebessert und sah nach langer Zeit sich wieder als Jagdschloß eingerichtet und von einem Commando hessischer Invaliden bewacht. Erst der siebenjährige Krieg brachte ihm neue Gefahren und endlich — Zerstörung.

Gleichwie im dreißigjährigen Kriege wechselte es auch in diesem oft seine Besitzer. Im J. 1759 hielt es eine Abtheilung des östreichischen Husarenregiments v. Czetschiny besetzt, weshalb der hessische Generallieutenant v. Urf am 2. März mit 600 Reutern, 2 Escadrons preußischer und 1 Escadron hessischer Husaren und 200 hessischen Fußjägern, beide letztere von dem Oberstlieutenant v. Schlotheim und dem Major v. Buttlar angeführt, gegen Friedewald zog. Hier angelangt, wurden die Ausgänge gegen Hersfeld und Schenklengsfeld besetzt. Preußische Husaren bildeten die Vorhut und sollten den Angriff machen; rasch sprengten diese gegen die östreichschen Feldwachen, trieben diese zurück und drangen mit denselben ins Schloß. Die Besatzung suchte nun ihr Heil in der Flucht, doch diese sperrten die hessischen Husaren, welche von den Flüchtlingen einen Rittmeister und zwanzig Reuter zu Gefangenen machten.

Im folgenden Jahre befanden sich die Franzosen im Besitze Friedewalds, desgleichen auch 1762. Nachdem sie es am 26. Juny des letztern Jahres verlassen, besetzte es am folgenden Tage der hannöversche Lieutenant Steigleder vom Jägerregimente v. Freitag mit 50 Mann dieses Regiments und 10 Reutern, um von hieraus die Umgegend von dem vielen Raubgesindel, welches dieselbe beunruhigte, zu säubern. Aber bald sollte der Kriegsdonner sich wieder vor das Schloß wälzen, um es in Trümmer zu stürzen und diese zu einem Denkmale hoher Tapferkeit zu weihen.

Wahrscheinlich war die Besatzung den Franzosen weit stärker geschildert, als sie wirklich war, und um sie aus diesem Haltpunkte zu vertreiben, erschien frühe am 6. August der französische General Stainville mit nicht weniger als 4000 Grenadiren, 1000 Mann Carabiniers und 3000 Mann leichter Reuterei nebst 8 Geschützen und 2 Haubitzen vor Friedewald. Flecken und Burg wurden umschlossen und die umliegenden Höhen besetzt, doch die Aufforderung zur Uebergabe wurde mit Festigkeit zurückgewiesen. So begann dann ein Sturm von drei Seiten zugleich, aber ein Ausfall des tapfern Häufchens brach dessen Kraft und trieb die Massen des Feindes zurück. Um einen zu großen Menschenverlust zu verhüten, stand nun der französische General von einem nochmaligen Sturme ab und entschloß sich, die Burg in Brand zu schießen. Bald erhob sich eine heftige Kanonade und Kugeln und Granaten wurden gegen dieselbe geschleudert; noch zeigt man den Ort im Dorfe, wo die Kugeln glühend gemacht wurden. Doch gleich Felsen standen die Mauern des Schlosses und den ganzen Tag hindurch brüllte in tausendfachem Widerhall der Donner. Muthig vertheidigte sich die kleine Heldenschaar, bis endlich Feuer ausbrach und Flammen und Rauch in hohen Säulen über ihr emporwirbelten. Hitze und Qualm wurden immer schrecklicher und schon waren zwei ihrer Pferde erstickt, da gaben sie am 7. August ein Zeichen zur Uebergabe. Erbittert über einen solchen Widerstand, wollten die Franzosen keine Gnade geben und alles niederhauen, und nur mit Mühe wurde dieses verhindert; doch der erste, der die Zugbrücke betrat, sank noch durch eine französische Kugel. Stainville hielt das kleine Häufchen nur für ein Commando der Besatzung und glaubte, diese werde nun folgen; aber wie groß war sein Staunen, als er in diesen Wenigen die ganze Macht sah, welche seinen 8000 Kriegern, in einem wenig befestigten Orte, ganze zwei Tage den tapfersten Widerstand geleistet hatte.

Alte Leute in Friedewald erzählen noch ferner: daß die Gefangenen in einer Scheune, von einer französischen Wache umgeben, die Nacht über gelegen, um den folgenden Morgen nach Mühlhausen transportirt zu werden; doch da ihnen gesteckt worden, daß diese Stadt an die Verbündeten übergegangen sey, hätten sie sich zu einem neuen Wagstücke entschlossen und ihre Wache überfallen, entwaffnet und sich so befreiend, diese im Triumphe als

Das Feuer hatte nur die kahlen Mauerwände übrig gelassen, wie sie die Gegenwart noch dem Blicke des Wanderers zeigt.

Anmerkungen.

1) Orig. u. alte abschr. Urk. im kurheſſ. Haus= u. Staatsarchiv.
2) Man ſchwankt wegen dieſer Tapfern zwiſchen Hannoveraner und Heſſen. So gern ich für meine Landsleute ſtimmen würde, ſo ſind doch die meiſten und bewährteſten Angaben für die erſtern. Möglich, daß auch einige Heſſen dabei geweſen. Möge immerhin noch einiger Zweifel obwalten, dem Vaterlandsfreunde wird es genug ſeyn, daß jene braven Krieger Deutſche waren.

Eine Anſicht des Schloſſes Friedewald aus dem VII. Jahrhundert findet ſich in den Werken Dilich's und Marian's.

XI.

Haselstein.

Mit einer Ansicht.

(Siehe die Titelvignette.)

Wehe, sobald wir in Wahn und zügelloser Verwild'rung
Nimmer gebändigt und frech die gewaltigen Kräfte vergeuden!
Wehe, sobald wir mit Trotz die Schranken der Ordnung durch-
brechen,
Daß der eigene Wille nur gilt und zerstörende Selbstsucht!
Denn wenn hämischer Neid uns zu Frevelthaten empöret,
Wenn anmaßender Stolz nach Sturz und Zerrüttungen trachtet,
Wenn der grausame Haß mit dem Dolche der Rache sich rüstet:
Ach, dann wendet der Friede von uns sein heiteres Antlitz,
Dann wird Recht und Gesetz hohnvoll zu Boden getreten,
Und es fühlet nicht sicher sich mehr der Mensch vor dem Men-
schen!
Dann versinkt in Trümmer und Graus die gemeinsame Wohl-
fahrt.

Neuffer.

11.

Haselstein.

In einer nicht ungeräumigen Thalfläche zwischen Hünfeld und Geisa, südlich von dem von den Fuldaern viel besuchten Gehülfensberg, hebt sich mitten in derselben, ein zwar nicht sehr hoher, aber um so steilerer, spitz zulaufender Phonolit: Felsen. Seine isolirte Lage, seine kühne schlanke Gestalt, die zwischen dem üppigen Grüne seines Gebüsches hervor: schimmernden Klippen, alles dieses gibt ihm eine so eigene, so romantische Ansicht, daß das Auge des Wanderers sich gleichsam an ihn gefesselt fühlt und das malerische Natur: bild tief in die Seele senkt. Auf dem Gipfel dieses Felsens lag die, einst als Raubnest berüchtigte Burg Haselstein. Von dem am Fuße des Felsenhügels liegenden Dorfe, steigt man neben dem ehemaligen Amthause hin durch ein Gärt: chen und dann durch das dicke Gebüsche den steilen Abhang empor bis zum Gipfel. Die Burgstätte ist klein und von wildem Gesträuche und selbst kleinen Bäumen bewachsen.

Von den Resten der Burg ist jedoch nur noch wenig übrig, so wenig, daß sich jetzt nicht mehr daraus erkennen läßt, wie einstens die Burg gestaltet war. Am Rande der Burgstatt steht noch ein Stück Mauer, und auch am Hange hin läuft ein ähnliches von noch 20 — 30 Fuß Höhe, das einen rechten Winkel bildet und wahrscheinlich der Rest von einer Ringmauer ist. Auch sieht man hie und da noch Reste von Widerlagsmauern. Die Keller befanden sich nicht oben, sondern am Fuße des Berges, zwei sind davon zusammengestürzt, einer wird dagegen noch jetzt benutzt.

Die Umsicht von der Höhe erstreckt sich nicht weiter, als die Ebene sich ausdehnt, wo ringsum höhere Berge den Blick beschränken; nur gegen Westen öffnet sich durch einige Thäler eine weitere Aussicht, die bis zu dem hohen Stopspelsberge reicht.

Haselstein gehört unter die ältesten Burgen im Lande der Buchen und sein Name verliert sich bis zu den Zeiten, deren Geschichte nur in trübem Nebel unsern Blicken sichtbar wird. Wenn diese Burg auch noch damals nicht vorhanden war, als die in ihrer Nähe liegenden und ihr namensverwandten Dörfer: Haselstein und Kirchhasel, uns schon genannt werden, — denn schon im J. 860 nennt eine Urkunde drei Dörfer Hasel (tria Haselaha)[1], — so mag sie doch nicht lange nachher begründet worden seyn.

Schon im zwölften Jahrhundert hatte die Burg ein eignes, ihren Namen führendes Geschlecht zu ihren Bewohnern, welches sie von der Abtei Fulda zu Lehn trug und anfänglich selbst zum hohen Adel gehörte.

Im Anfange des zwölften Jahrhunderts trieb der fuldische Adel schon ein wildes Räuberleben, weder die Straßen noch die Wohnungen waren sicher vor den Ueberfällen der Wegelagerer. Auch die von Haselstein gehörten hierzu und mit Hülfe ihrer Genossen entrissen sie der Abtei den Haselstein, der nun zu einer der ärgsten Raubhöhlen wurde. Dieses geschah im J. 1113. Abt Wolfhelm vermochte sich diesem nicht zu widersetzen und sein bald nachheriges Unglück nahm ihm auch für die nächste Zukunft alle Hoffnung dazu. Er mußte im J. 1114 mit Kaiser Heinrich V. gegen die Sachsen ziehen und fiel bei der Belagerung der Wartburg in die Gefangenschaft des Grafen Ludwig von Thüringen, der ihn drei Jahre lang in der Milseburg im Gewahrsam hielt. So wurde denn der Zustand des Landes immer beklagenswerther. Der kluge Abt Erlof trat endlich 1119 mit kräftiger Hand seinen zügellosen Vasallen entgegen, eroberte die beiden Burgen Haselstein und Milseburg und verjagte ihre Besitzer. Beide besetzte er nun mit getreuen Burgmannen und gab ihnen durch neu angelegte und wieder hergestellte Werke mehr Festigkeit und seiner Kirche dadurch eine mächtige Schutzwehr. Jener traurige Zustand hatte diese so in Armuth gestürzt, daß sie selbst der nothwendigsten Lebensbedürfnisse ermangelte [2]).

Wie es scheint, kamen die v. Haselstein, nachdem sie sich mit der Kirche ausgesöhnt, wieder zu dem Besitze ihrer Burg. Der erste, der sich von dieser Familie findet, ist

Wigger, der sich 1135 als Freiherr (vir ingenuus oder vir liber) in dem Gefolge des Erzbischofs Adelbert von Mainz findet [3]).

Gerlach, wahrscheinlich ein Bruder des Vorgenannten, findet sich 1137, wo er eine Schenkungs-Urkunde der Wittwe Christians von Goldbach bezeugte [4]).

Dieser Gerlach scheint derselbe gewesen zu seyn, der im J. 1156 mit dem Abte Marquard I. von Fulda in eine Fehde gerieth. Damals dauerte jene alte Anarchie noch fort, denn wo Zügellosigkeit gewurzelt, wo des Gesetzes Achtung einmal erloschen, da ist Ordnung und Recht nicht leicht wieder aufzurichten und zu beleben. Auch Abt Marquard hatte manchen Kampf für seine Kirche zu bestehen gegen seine eignen räuberischen Vasallen, und namentlich war dieses im J. 1156 mit Gerlach von Haselstein der Fall, da dieser in seiner Feste eine Rotte hegte, mit der er das Gebiet der Kirche beunruhigte und durch Raub und Brand in Schrecken und Verwirrung setzte. Abt Marquard zog deshalb gegen ihn aus, belagerte den Haselstein und erstieg siegreich die steilen Felsen desselben. Gerlach mit seinen Genossen wurde vertrieben [5]).

Nachdem nun Marquard die Burg mit neuen Mauern umgeben, setzte er zu ihrer Bewachung und Vertheidigung einen Grafen Heinrich auf dieselbe, der ihn schon 1157 auf einer Reise begleitete [6]). Später kamen die v. Haselstein jedoch wieder zum Besitze ihres Schlosses, wahrscheinlich durch eine Sühne mit der Kirche und das Gelübde, ferner als treue Vasallen derselben zu dienen. Doch nicht Gerlach, sondern erst seinen Söhnen scheint dieses gelungen zu seyn. Diese waren, aller Wahrscheinlichkeit nach, Gerlach und Hartwig; sie bezeugten 1171 eine Urkunde des Abts Burghard von Fulda [7]). Mit diesen beiden Brüdern lebten zugleich die Gebrüder Lüdiger und Dietrich, welche sich 1170 in dem Gefolge des Abts Burghard finden [8]) und wohl Söhne des oben gedachten Wigger's gewesen seyn könnten. Lüdiger war kaiserlicher Gesandter (imperii legatus) und vollbrachte als solcher eine Sendung nach Fulda an den damaligen Abt [9]).

Im J. 1187 wohnte er mit seinem Bruder einer Güterschenkung Hartmann's v. Sonneborn, sowie 1189 der Ausstellung einer Urkunde des Abts Conrad bei [10]). Dietrich findet sich hier zuletzt; dagegen befand sich Lüdiger 1193 in dem Gefolge des Abts Heinrich von Fulda, als dieser in Gegenwart des Kaisers Heinrich und des Erzbischofs Conrad von Mainz eine Urkunde ausstellte [11]). Er lebte noch 1197, wo er sich zweimal, das einemal mit seinem Sohne Gerlach, in dem Gefolge des Abts Heinrich III. von Fulda findet [12]). Außer diesem Gerlach hatte er auch noch zwei andere Söhne, Marquard und Lüdiger, von denen die beiden ersten Ritter, der letztere aber Geistlicher und zwar mainzischer Domherr und Probst zu Rasdorf war. Im J. 1223 verkauften diese drei Brüder mit Genehmigung und in Gegenwart des Abts von Fulda alle ihre Güter zu Nordenstadt dem Erzstift Mainz [13]). Gerlach wurde 1332 in einem Bündnisse des Abts Conrad von Fulda mit dem Grafen Poppo von Henneberg für etwa entstehende Streitigkeiten zum Schiedsrichter bestellt [14]). Im folgenden Jahre und 1235 findet man ihn zu Fulda [15]). Er trug von der Abtei Hersfeld das Dorf Badelachen zu Lehn, dieses gab er 1239 mit deren lehnsherrlicher Genehmigung und in Gemeinschaft mit seiner Gattin Mathilde dem Kloster Kreuzberg, gleichwie der fuldischen Kirche sein Eigen in den Dörfern: Thaiden (Doiten), Batten, Seiferts (Syfrides) und Findlos (Vindelines), südlich von Hilters zu beiden Seiten der Ulster gelegen[16]). Im J. 1240 schenkte er dem nahen Stifte Rasdorf eine Manse zu Wiesenfeld, zwischen Rasdorf und Geisa, wie er sagt, wegen seiner Sünden und zum Troste seiner Seele. Er lebte noch 1244, wo er dem Abschlusse eines Vertrags zwischen dem Kloster Höste und den Burgmannen des Otsbergs beiwohnte. Sein Bruder Marquard, der im J. 1247 sich als Verwandter Heinrich's v. Morsberg bezeichnet, und 1258 die obige Schenkung an das Kloster Kreuzburg bestätigte, lebte noch 1274. Kaiser Rudolph ertheilte in diesem Jahre dem Reinhard Edlen von Hanau die Anwartschaft auf Marquard's Reichslehen, wenn dieser ohne rechtmäßige Lehnserben sterben sollte. Nach seinem Tode wurde derselbe auch wirklich damit belehnt[17]).

Reinhard war deutscher Ordensritter zu Marburg und findet sich 1235 zu Fulda und 1236 zu Selheim bei Marburg[18]).

Johannes und Ludwig finden sich, entfernt von ihrer Stammburg, in der Wetterau und in der Maingegend; wie sie zu dasigen Besitzungen gelangt, ist unbekannt. Johannes findet sich 1254 auf der Münzenburg bei der Ausstellung einer Urkunde Ulrich's Herrn zu Münzenberg, sowie am 7. Decbr. d. J. zu Mainz. Ludwig war 1259 bei einer Verhandlung zwischen dem Grafen Diether von Katzenelnbogen und dem Ulrich Herrn zu Münzenberg, wo er sich als katzenelnbogenscher Burgmann auf Voberg bezeichnet und den Namen dieser Burg seinem Familiennamen zufügt: Ludewicus dictus Hasilstein de Voberg [19]).

Herting und Ditmar, Gebrüder, waren 1273 bei der Ausstellung einer Urkunde des Landgrafen Albert I. von Thüringen, zu Eisenach [20]).

Heinrich findet sich 1322 als Probst des St. Andreasklosters [21]).

Noch im J. 1465 lebte ein

Georg v. H., den Schannat [22]) für den letzten der Familie hält, mit dem diese erloschen sey. Sicher irret er darin. Georg scheint nur Burgmann auf Haselstein gewesen zu seyn und gegen dessen Namen, seinen Familiennamen vertauscht zu haben. Die Familie v. Haselstein muß im Gegentheil schon früher, etwa mit jenem Heinrich, wenn nicht wohl schon mit Marquard, erloschen seyn; der Zeitraum zwischen 1322, wo Heinrich sich findet, und 1465 ist zu groß, als daß sich von den Gliedern, die in demselben gelebt hätten, keine finden sollten. Diese Meinung findet auch dadurch eine Stütze, daß seit 1330 andere Familien Burgmannslehen auf Haselstein erhielten.

Im J. 1330 nennt sich Heinrich von Neuenkirchen Vogt (advocatus) in Haselstein [23]). Auch einer gen. Schaden wurde um diese Zeit Burgmann zu Haselstein und erhielt 1331 zu Besserung seines Burglehns noch 5 Morgen Land vor Haselstein angewiesen. Im J. 1333

erhielt der Knappe Heinrich von Haſſel zu einem Burg=
lehn 6 Pfund Heller jährlich auf den Zoll in Vach an=
gewieſen. Im J. 1360 wurde Johannes v. Taffta Burg=
mann, und nach ſeinem Tode der Ritter Eberhard v. Bu=
chenau. Auch Conrad v. Warthes beſaß ein Burglehn 24).

Als der Abt Conrad von Fulda 1382 eine Regent=
ſchaft an ſeine Stelle ſetzte, die aus Herren v. Iſenburg,
v. Lisberg und v. Buchenau beſtand, ſetzte er derſelben
als Pfand für ihre dereinſtige Befriedigung wegen auf=
gewandter Koſten und etwa erlittenen Schaden, außer der
Neuenburg bei Fulda, auch die Burg Haſelſtein 25).

Im J. 1512 findet man den Haſelſtein, auf dem
damals Dietrich v. Ebersberg Amtmann war, zuletzt ge=
nannt. Wahrſcheinlich wurde er nicht zerſtört, ſondern
zerfiel, wie ſo viele andere Burgen, durch Vernachläſſi=
gung und den Einfluß von Zeit und Wetter allmälig in
Trümmer, für deren Verminderung oder vielmehr Vertil=
gung, der Eigennutz der Menſchen in neuerer Zeit recht
eifrig beſorgt geweſen iſt.

Bis zum Anfalle Fulda's an Heſſen war das Dorf
Haſelſtein der Sitz eines eignen Amtes.

Anmerkungen.

1) Schannat. Buch. vet. p. 439.
2) Cornelii Monachi Breviarum Fuldense historicum ex edi-
tione F. Paulini a. a. DCCXLIV — MCCCCLXVIII ap.
Schannat. C. P. H. F. p. 8 et 9. Münzers fuld. Chr.
Blatt 134. Annalista Saxo ap. Eccard. p. 637.
3) Gud. C. d. I. p. 119.

4) Sch. C. T. F. p. 265.
5) Cornel. p. 10. Münzer 137.
6) Wolf's G. d. Eichsfelds. Ubch. I. S. 10. Henricus comes et castellanus nostrae ecclesiae in Hassstein.
7) Sch. C. P. H. F. p. 194.
8) Ibid. p. 192. Scheid. mantissa. p. 562.
9) Brower A. F. p. 202.
10) Sch. P. T. F. p. 273. Gud. C. d. V. p. 358.
11) Wenk I. U. S. 292.
12) Sch. C. P. D. et H. F. p. 269 et C. P. H. F. p. 198.
13) Gud. I. p. 482.
14) Sch. C. P. H. F. p. 201.
15) Gud. IV. p. 875. Hist. dipl. Unterricht 2c. Nr. 48. Spangenb. henneb. Chr. v. Heim. III. p. 76.
16) Wenk III. U. S. 112. Sch. C. T. F. p. 273.
17) Sch. C. P. D. et H. F. p. 276, 277 et 278. Beil. z. d. Anh. d. Beschr. der Hanau-Münzenb. Lande. S. 9.
18) Hist. dipl. Unterr. 2c. Beil. 48. Spangenb. henneb. Chr. v. Heim. III. S. 76, u. Entdeckter Ungr. 2c. Beil. 46.
19) Grüsner's dipl. Beitr. 2. St. S. 176. Gud. II. S. 114.
20) Sch. C. P. H. F. p. 208. Nach Münzers fuldischer Chronik, Blatt 145, soll Abt Berthous von Fulda den Haselstein von Ludwig v. Romrod für 110 Mark erkauft haben. Dieses würde bei Herting's und Ditmar's Zeiten gewesen seyn, wo diese sicher noch im Besitze ihrer Stammburg waren. Der leichtgläubige Münzer irret auch hier, wie an andern Orten. S. Romrod, S. 194 d. Bandes.
21) Sch. D. et H. F. p. 86.
22) Sch. Buch. vet. p. 356.
23) Sch. C. P. D. et H. F. p. 310.
24) Sch. C. P. Cl. F. 329, 300, 279, et Cl. F. p. 169 et 187.
25) Sch. C. P. H. F. II. p. 277.

XII.

Brandenfels.

(Mit einer Ansicht.)

Als das Faustrecht seine Dolche wetzte
Und mit Deutschlands edlem Blut sich letzte,
Da erhob sich dieses Schlosses Bau.
Erst nachdem Jahrhunderte entschwunden,
Nahten langsam der Zerstörung Stunden
Und der Mauern altes Band zerbrach.

12.

Brandenfels.

Im Süden des Kreises Eschwege, etwa drei gute Stunden von Eisenach und drei Stunden von Netra, erheben sich über dem Dorfe Markershausen die Trümmer des alten Schlosses Brandenfels. Die schönste Ansicht des Schlosses bietet der nördliche Eingang des engen Thales, in welchem Markershausen liegt, dar; von dem hochliegenden Felde, neben sich den rauschenden Bach, blickt man in eine, von bewaldeten Höhen gebildete Bergschlucht hinab, über der sich aus dem Grüne hochstämmiger Buchen die grauen Trümmer wahrhaft malerisch erheben.

Am Ende eines sich von Westen gegen Osten hinziehenden, sehr steil abdachenden Bergrückens, von einer Viertelstunde Länge, stehen die Ruinen des Schlosses. Ringsum ist der Berg dicht bewaldet, nur eine Stelle unweit der Burg, der sogenannte Burgtriesch, ist frei und bebaut, und soll den Schloßbewohnern früher als Uebungsplatz gedient haben.

BRANDENFELS.

Von der Abendseite, von welcher der einzige, nicht zu sehr beschwerliche Weg herführt, gelangt man zu dem Schloß= graben, der, dreißig Fuß tief in den Kalkfelsen gehauen, den übrigen Berg von dem Schlosse abschneidet und sich auch noch auf der Mitternachtsseite unter den Mauern des Schlos= ses hinzieht. Früher führte eine Zugbrücke über diesen Graben. Doch da diese nicht mehr vorhanden ist, so muß man, freilich etwas mühsam, ihn durchklettern, um in den Burghof zu gelangen, dessen ebener ovalförmiger Raum etwa fünfunddreißig Ruthen hält. Die hier beigefügte An= sicht ist von diesem Hofe aus aufgenommen und zeigt die innere, am meisten verfallene Seite des Schloßgebäudes. Dieses bildet ein unregelmäßiges längliches Viereck, dessen noch ziemlich erhaltene Außenwand nach Nordosten blickt. Die nach Innen zu stehenden Wände sind zum Theil vier und einen halben Fuß dick, jedoch alle sehr verfallen, und die Räume zwischen denselben mit Schutt angefüllt, in welchem hohe Bäume sich eingewurzelt haben. Auch eine Kapelle hatte das Schloß, und jene drei Fenster, welche man rechts auf der Ansicht sieht, gehörten derselben; doch diese sind auch ihr einziges Ueberbleibsel; besser erhalten sind noch die Kellergewölbe, zu denen man durch einige Oeffnungen hinabsteigen kann. Dem Schloßgebäude gegen= über, läuft auf der Südseite, dicht am Bergabhange hin, eine einzelne Mauer von etwa sechsunddreißig Fuß Länge und zehn bis zwölf Fuß Höhe, die den Hof von dieser offe= nen Seite rings umschließt. Am rechten Ende derselben hat sie eine Pforte, zu der einige Stufen hinabführen; aber wehe dem, welcher durch diese einen gebahnten Weg suchet, er muß sich durch das dickste Gebüsche und Dorngesträppe mühsam hindurcharbeiten, und ohne zerrissene Kleider vermag er nicht hinabzukommen.

Die Aussicht von dieser Höhe ist weit und schön, und wäre die Nord- und Westseite nicht durch den nahen hohen Wald versperrt, so daß nicht einmal die hohe Boineburg und der Weißner sich dem Blicke darbieten, so würde sie unter die vorzüglichern gehören. Man überschaut das blühende fruchtbare Werrathal von dem Dorfe Wartha bis eine Stunde oberhalb der Stadt Berka mit dem schönen Flusse, der durch seine Krümmungen die mit Dörfern bedeckte Gegend ungemein verschönt; man sieht die Dörfer Wartha, Lauchröden, über dem sich auf einem kahlen, steilen Felsen die Trümmer der Brandenburg erheben; Salmannshausen, Neustadt, Hertha, Stadt Berka, Gerstungen, Ober- und Unter-Suhl, Großensee, und auf hessischem Gebiete Herleshausen mit dem Schlosse Augustenau, Nesselröden mit seinem Schlosse, Wommen, Markershausen, Holzhausen, Unhausen, Breitzbach, ohne die vielen Höfe, Meiereien und Mühlen. Im Hintergrunde bemerkt man deutlich die Wartburg bei Eisenach, den Gipfel des hohen Hellersteins südlich von Wanfried, den Inselberg, die Schneekuppe, nebst vielen andern Höhen des Thüringer Waldes; weiter nach Süden und Westen den Dollmar bei Meiningen, den Ochsenberg, den Emanuelsberg bei Rothenburg und das Knüllgebirge bei Schwarzenborn.

Zwischen den Schlössern Brandenfels und Brandenburg soll ein unterirdischer Verbindungsweg vorhanden seyn und, wie die Sage erzählt, wäre einst ein Mann, ihn zu unterſuchen, hinabgeſtiegen, jedoch nicht wieder zurück gekommen.

Das dreizehnte Jahrhundert, die Zeit der Blüthe des Fauſtrechts und der Fehden, welche, durch das große Zwiſchenreich, in welchem ſich alle Banden geſellſchaftlicher Ordnung auflöſten, genährt, furchtbar unſer großes ſchönes Vaterland zerrütteten, erzeugte die meiſten Burgen. Zwar begann dieſe traurige Zeit erſt um's Jahr 1254 mit dem Tode Kaiſer Conrad IV.; aber das Ausſterben des thüringiſchen Mannsſtamms im J. 1247 führte in Thüringen und Heſſen ſchon früher eine ähnliche Anarchie herbei. Verſchiedene traten auf, um auf die herrenloſen Länder ihre Anſprüche geltend zu machen, und erſt ein blutiger Kampf konnte entſcheiden. In dieſer Zeit erhoben ſich auf den Bergen an der thüringiſch-heſſiſchen Grenze eine Reihe von Burgen, aus denen der raubluſtige Adel ungeſtört die Thäler durchſtreifte und den blutbefleckten Raub hinter deren feſte Mauern in Sicherheit brachte. Man muß ſtaunen über die Anzahl ſolcher Raubneſter, wenn man lieſt, daß ſolcher allein der große Kaiſer Rudolph (von Habsburg) in Thüringen nicht weniger als ſechsundſechzig zerſtörte.

Die heſſiſchen und thüringiſchen Chroniſten liefern uns Verzeichniſſe der um dieſe Zeit an der heſſiſchen Grenze aufgeführten Burgen und nennen das J. 1248 als das der Erbauung derſelben, obgleich ſie ſchwerlich alle in einem Jahre entſtanden. Auch der Brandenfels wird unter dieſen Schlöſſern genannt. Er wurde von der mächtigen Familie der v. Boineburg[1]), welche damals ihr Schloß noch unmittelbar vom Reiche als Miniſterialen desselben zu Lehn trugen, erbaut, von der sich nun eine Linie absonderte, die den Namen v. Brandenfels annahm. Der Stammvater derselben, der Erbauer des Schlosses, hinterließ, wie es scheint, nur zwei Söhne, Heimerad und Conrad. Heimerad, Ritter, findet sich zuerst im J. 1261 auf dem Reichsschlosse Boineburg, als auf demselben Graf Gottfried v. Reichenbach für das Kloster Spießkappel eine Urkunde ausstellte. Im J. 1275 bezeugten beide Brüder gemeinschaftlich eine Urkunde des Abts Heinrich von Hersfeld, eines gebornen v. Boineburg [2]). Im Anfange des vierzehnten Jahrhunderts findet man zwei Gebrüder v. Brandenfels, welche wahrscheinlich Söhne eines der vorgenannten Brüder waren. Ritter Hermann mit seinem ungenannten Bruder bezeugte 1301 eine Urkunde des Grafen Otto v. Bilstein; im J. 1303 wurde Hermann in einem zwischen dem Landgrafen Albert von Thüringen und dem Abte Heinrich V. von Fulda geschlossenen Vertrage als Obmann der darin bestimmten Schiedsrichter bestellt und findet sich 1305 am 17. Februar nochmals zu Cassel [3]). Im J. 1326 war diese Familie jedoch schon erloschen. Zwei Urkunden erweisen dieses; nach der ersten von 1326 verkaufte Ludwig v. Frankenstein dem Abte Heinrich von Fulda viele seiner Güter, unter andern auch alle diejenigen, welche ihm von Hermann v. Brandenfels aufgestorben; obgleich die übrigen Güter namentlich aufgeführt werden, so werden diese jedoch nicht näher bezeichnet [4]). Nach der zweiten Urkunde vom J. 1330 verkaufte derselbe Ludwig v. Frankenstein wieder einen bedeutenden Theil seiner Güter der

Abtei Fulda und unter diesen auch das Dorf Stadtfeld mit zwei Fischereien und allem, was die v. Brandenfels daselbst besessen hätten⁵). Die hier verkauften Güter waren augenscheinlich heimgefallene Lehne; auch das Schloß fiel den Landgrafen von Thüringen als Lehnsherren heim. Nur in den Allodien und Kunkellehen wurden sie von den v. Boineburg beerbt, welche noch im J. 1389 den damaligen Besitzern des Schlosses Brandenfels dessen Zubehörungen, welche nicht thüringisches, sondern fuldisches Lehen waren, für eine bestimmte Summe verkauften. Es gehörten hierzu Rechte und Güter in der Stadt Sontra und der sogenannte Rinkgau mit den Dörfern Unhausen, Markershausen, Nesselröden, Breitzbach und Berlichsgruben. Jene spätern Besitzer waren die Treusche v. Buttlar, welche dasselbe als Erbburglehn von Thüringen erhalten. Seit der Mitte des vierzehnten Jahrhunderts findet man sie in diesem Besitze; in einer Chroniken-Nachricht vom J. 1368 wird zuerst Andreas von Buttlar als auf Brandenfels wohnend bezeichnet. Er war Hauptmann der Stadt Nordhausen, und als diese mit den Grafen v. Hohenstein wegen des Schlosses Schnabelburg in eine Fehde gerieth, fing Andreas in einem Gefechte den jungen Grafen Heinrich v. Hohenstein, welcher, da er bemerkte, daß er nicht erkannt werde, listig genug war, sich für einen Heinrich v. Kelbra auszugeben, so daß ihn Andreas, da er von diesem kein großes Lösegeld zu erwarten hatte, nach abgenommenem Gelübde des Gefängnisses wieder die Freiheit gab. Später erfuhr man zwar seinen wahren Namen, aber er weigerte sich nun, sich zu stellen⁶).

313

In dem Kampfe, der zwischen der Regentin Hessens, der Herzogin Sophie von Brabant, und dem Markgrafen Heinrich dem Erlauchten von Meissen wegen des Besitzes von Thüringen und Hessen geführt wurde, wurde auch die Burg Brandenfels, die sich damals in hessischen Händen befand, belagert; dieses geschah im J. 1260; doch vermochte sie der Markgraf nicht zu ersteigen, da sich die aus Hessen und Hennebergern bestehende Besatzung tapfer vertheidigte [7]). Später kam die Burg jedoch in thüringische Hände, ob durch Vertrag oder durch die Waffen ist unbekannt. Landgraf Albrecht von Thüringen übergab 1289 seinem, mit der berüchtigten Kunigunde von Eisenberg erzeugten, Sohne Apitz nicht allein die Schlösser Tenneberg, Brandenburg und Wildeck, sondern auch unsern Brandenfels [8]); ja er wollte selbst diesem, seinem Lieblinge, zum Nachtheile seiner ehelichen Söhne, die schon mit Sachsen und Meissen versehen waren, ganz Thüringen zuwenden. Apitz starb um's J. 1300 und, wie es scheint, ohne Leibeserben.

Als der neuerwählte Erzbischof von Magdeburg, Heidecke von Erfa, im J. 1326 — also schon nach dem Aussterben der v. Brandenfels — an den päbstlichen Hof nach Avignon reisen wollte, um sich dort die Bestätigung zu holen, fingen ihn in der Gegend von Eisenach, in der Hoffnung eines reichen Lösegeldes, Wilhelm v. Buchenau und Otto v. Stotternheim [9]) und führten ihn nach Brandenfels in Gewahrsam; aber vergeblich, „denn es war „niemandt, der Inen lösen wollte, die thumherren hilten „Inen vor einen monch und keinen Bischoff, die munche

„hilten Jnen vor einen Bischof und keinen munch, verach=
„ten Jnen von beyden Theilen." So hielten den unglück=
lichen Greis die Räuber anderthalb Jahre auf Branden=
fels gefangen; erst nach deren Verlaufe, da sie sahen, daß
Niemand ihn lösen wollte und ihre glänzenden Hoffnungen
nicht erfüllt wurden, setzten sie ihn wieder, im J. 1327,
in Freiheit. Er wollte nun von Eisenach seine Reise fort=
setzen, aber eine Krankheit warf ihn aufs Lager und been=
dete nach kurzer Dauer sein Leben. Die Strafe der Räuber
bestand in einer öffentlichen Büßung, welche sie in Rom
(durch eine s. g. Römerfahrt) und Deutschland verrichten
mußten[10]. Um's J. 1383 machten sich die Besitzer des
Brandenfelses für die Umgegend besonders furchtbar,
indem sie das Geschäft des damaligen Adels, Räuberei,
stärker als je trieben. Lange und ungestört setzten sie die=
ses Unwesen fort, und ihre Kühnheit hob sich von Tag zu
Tage, so daß sie in ihrem Uebermuthe beinahe täglich vor
Kreuzburg und Eisenach erschienen, und mitnahmen, was
sich ihnen darbot. Die häufigen Klagen bewogen endlich
Landgrafen Balthasar von Thüringen, sich mit den freien
Reichsstädten Mühlhausen, Nordhausen und Erfurt zur
Züchtigung der Räuber zu verbinden. Bald erschien auch
unter Anführung des Landgrafen ein starker Haufen, wohl=
versehen mit Belagerungs=Geschützen, vor dem Schlosse
Brandenfels und forderte dessen Oeffnung; da diese
verweigert wurde, begann die Belagerung; rings um die
Burg herum wurde nun der Wald gefällt und man rückte
hierauf von der einzig zugangbaren Seite, auf dem oben er=
wähnten Bergrücken her, gegen das Schloß. Bald bra=

chen die Geschosse der Blieden und Steinbüchsen große Löcher in dessen Mauern, nur ein rascher Angriff und es wäre erobert gewesen; doch dazu kam es nicht. Der benachbarte Adel wollte in dieser Noth seine Freunde nicht verlassen; mit den Waffen das Schloß zu entsetzen, war jedoch zu gefährlich; er wandte sich deshalb vermittelnd an den Landgrafen, und seine Bemühungen waren nicht fruchtlos; es kam ein Vergleich zu Stande. Die v. Buttlar versprachen eidlich, Frieden zu halten, sowohl gegen den Landgrafen, als auch gegen die Städte Mühlhausen, Erfurt und Nordhausen, und dem Ersteren in seinen Fehden Hülfe zu leisten. Nachdem der Landgraf, zum Zeichen des Siegs, sein Panier auf den Zinnen des Schlosses aufgepflanzt hatte, zog er mit seinem Heere wieder ab [11]).

Kurz vor oder nach jener Belagerung, jedoch in demselben J. 1383, verkaufte Herting Treusch v. Buttlar die Hälfte seines Ganerbentheils an der Burg Brandenfels an seine Vettern Hans und Hermann v. Colmatsch für 600 Goldgulden. Nur seine Stallung im Burggraben und sein Gut zu Markershausen, nahm er davon aus. 1387 wurde dieser Vertrag erneuert und auch ein Herting Treusch v. Buttlar als Mitkäufer genannt. Dieser kam darüber mit Andreas Treusch v. B. in Streitigkeiten, weshalb er sich 1395 mit jenen v. Colmatsch zu gegenseitiger Hülfe auf so lange verband, bis ihre Burggenossen und die Gekornen des Burgfriedens dieselben entschieden. Auch Hermann v. Colmatsch gerieth später mit Christoph und Werner Treusch v. B. in Irrungen wegen des Brandenfelses, die 1402 durch Schiedsrichter beigelegt wurden. Jener Herting oder Hertnid T. v. B. bewilligte 1390 dem Grafen Heinrich v. Henneberg die Oeffnung an seinem Ganerbentheil auf Brandenfels und erhielt dafür ein Burglehen auf dem Schlosse Wasungen, bestehend in jährlich einem halben Fuder Wein. Auch schon aus früherer Zeit (1325) besaß die Familie ein Burglehen in der Stadt Eschwege [12]).

Von nun an bietet sich eine große Lücke in der Geschichte der Burg dar; wahrscheinlich waren ihre Besitzer, durch die Gefahr von 1383 belehrt, zu einem ruhigern, aber auch edlern Wirken zurückgekehrt, so daß die Geschichte nichts von ihnen aufzuzeichnen vermochte, womit ihre Stammburg in Berührung gekommen wäre; erst im sechszehnten Jahrhundert erscheint uns diese wieder. Mehrere Zwistigkeiten, die sich zwischen Hessen und Sachsen wegen des Klosters Frauensee erhoben, brachten auch Streitigkeiten, welche über die Lehnsherrlichkeit des Schlosses Brandenfels entstanden waren, zur Sprache; wegen beider kam 1540 zwischen dem Kurfürsten Johann Friedrich und Herzog Johann Ernst von Sachsen, so wie dem Landgrafen Philipp von Hessen ein Vergleich zu Stande. Sowohl die Treusche v. Buttlar, als auch die v. Colmatsch, Mitbesitzer des Schlosses, sollten von nun an ihre Burglehen bei Sachsen und Hessen zugleich muthen und von Jedem empfangen; auch die Dörfer Renda, Willerhausen, Nesselröden, Engelau, Rabenau, Klein- und Groß-Herda, Hasenau, Iffta ꝛc. sollten sächsisch-hessisches Lehn seyn, nur, daß Hessen die Lehnshoheit über dieselben, außer Spieher, Pferdsdorf und Iffta, über welche sie Sachsen zustehen, ausüben sollte[13]). Diese Dörfer waren früher fuldisches Lehn, und erst im Jahre zuvor an Hessen gekommen; Zwistigkeiten, die zwischen Hessen und der Abtei Fulda über das Schloß und die Herrschaft Haune entstanden waren, wurden durch einen Vergleich vom J. 1539 beigelegt, in welchem die Abtei die Lehnshoheit über jene Dörfer an Hessen abtrat, und dieses dagegen auf Haune verzichtete[14]).

Die v. Colmatsch besaßen ein Fünftheil am Schlosse Brandenfels, worüber sie mit den Treuschen in öftern Streitigkeiten lagen. Besonders war dieses im sechszehnten Jahrhundert der Fall. Nachdem sich beide Familien schon 1524 wegen Güter zu Wommen verglichen, kam auch 1526 ein Vergleich wegen des Schlosses Brandenfels zu Stande; hiernach sollten die v. Colmatsch ein Fünftel desselben an allen gemeinen Plätzen innerhalb des Burggrabens haben, wogegen sie aber auch ein Fünftel aller Kosten für Bauten an den Häusern und Befestigungswerken tragen sollten. Doch bald erhoben sich neue Streitigkeiten wegen Brandenfels, Markershausen, Wommen 2c., welche erst, nachdem 1532 ein versuchter Vergleich gescheitert war, 1537 von der fürstlichen Canzlei zu Cassel entschieden wurden. Endlich 1550 trat Georg v. Colmatsch seinen Burgsitz zu Brandenfels mit seinem Vorwerke zu Markershausen den Treuschen gegen deren Güter in Wommen ab[15]).

Das Schloß Brandenfels wurde nicht, wie ein neuerer Schriftsteller angibt, im Bauernkriege zerstört, sondern es bestand, wie zum Theil auch schon das oben Gesagte zeigt, noch weit später. Die Zeit seines Verfalles scheint in die erste Hälfte des siebenzehnten Jahrhunderts zu fallen, denn eine eigentliche Zerstörung durch Waffengewalt erlitt es nicht; vielmehr wurde dasselbe, durch das Herabziehen seiner Bewohner in das Thal, einer allmäligen, besonders der Zeit und dem Wetter überlassenen Zerstörung, Preis gegeben, wie dieses bei vielen Burgen der Fall war.

Die Familie der Treusche v. Buttlar theilt sich in mehrere Linien, die sich nach ihren verschiedenen Besitzungen benennen und durch Carl's Treusch v. Buttlar vier Söhne entstanden; Rudolph Reinhard wurde der Stammvater der Altenfelder, Moritz Christian der der Holzhäuser und Nesselröder, Heinrich der der Markerhäuser und Christoph der der Willershäuser Linie, wovon die letztere jedoch im Mannsstamm ausgestorben ist. Ob die Treusche v. Buttlar eine Linie der v. Buttlar sind, ist unbekannt. Ihr Wappen — im rothen Felde eine silberne, mit den Tragbändern nach der Rechten gekehrten Butte, die sich auch zuweilen umgestürzet findet, und ein mit drei Straußfedern gezierter Helm — hat Aehnlichkeit mit dem der Herren v. Buttlar und unterscheidet sich nur dadurch, daß dessen Butte stets aufrecht steht und die Tragbänder nur nach links gekehrt sind, sowie durch das Hifthorn über dem Helme, welches bei dem Wappen der Treusche fehlt.

Die v. Colmatsch, deren Stammsitz mir unbekannt ist, finden sich seit dem dreizehnten Jahrhundert. Im J. 1247 findet sich ein Heinrich Colmatsch [17]; 1339 wird Friedrich v. C. mit Lehngütern in Richelsdorf und einem Burggute zu Gerstungen von Fulda beliehen, worin er sich noch 1360 findet [18]); Hans und Hermann, Gebrüder v. C., werden 1392 mit einem Gute zu Herleshausen von der Aebtissin des Klosters Kaufungen beliehen, welches sie von Heimbrad v. Boineburg erkauft [19]); jener Hermann wurde 1385 mit mehreren Andern vom Landgrafen Hermann von Hessen beim Kaiser verklagt, mit welchem er sich jedoch später wieder aussöhnte, denn derselbe Fürst verpfändete ihm noch die Burg Ziegenberg an der Werra [20]). In den obigen fuldischen Lehnen folgten 1431 die Gebrüder Burchard und Conrad, sowie 1452 Conrad, 1463 Hermann und 1475 Heinrich v. Colmatsch [21]). Jenem Burchard, Ritter, war mit Gottschalk v. Buchenau ein Theil von Geisa und Rockenstuhl verpfändet [22]). Im J. 1497 bekennt Agnes, Fürstin von Anhalt, Aebtissin zu Kaufungen, daß sie Burchard v. Colmatsch mit dem Dorfe Wommen, mit Gericht und Recht im Dorfe, Hofe und Felde, mit dem Wenigensteine und dem Bilsteine und mit einem Gute von 6½ Hufe Landes zu dem Hain bei Herleshausen beliehen habe [23]). Mit Georg v. C., Statthalter zu Marburg, starb die Familie im J. 1552 aus. Seine Wittwe Anne geb. v. Wangenheim und seine Tochter Brigitta, verehelichte v. Hopfgarten, wurden noch 1564 mit einigen seiner Güter vom Landgrafen beliehen.

Anmerkungen.

Die beigefügte Ansicht des Schlosses Brandenfels ist einem, mir durch die Güte des Herrn Barons Treusch von Buttlar zu Altenfeld mitgetheilten Porzellan-Gemälde entnommen.

1) Die hessischen und thüringschen Chronisten, wie Gerstenberger, Riedesel, Rohe, Spangenberg, Bangen, Becherer, Spalatinus, Rivander, Falkenstein, Ursinus u. a. geben Nachstehendes, nur oft in der Rechtschreibung abweichendes, Verzeichniß der erbauten Burgen: Krachenberg und Goldenstein von den v. Eschwege, Malittenburg von den v. Stockhausen, Kalenberg von den v. Wangenheim, Steinfurt von den v. Kaistadt, Straßenau von Ritter Hermann Stranz (al. Schwarz und Strauß), Lichtenwald von den v. Lupniz und Brandenfels von den ehrbaren Leuten auf der Werra, welche sich zusammengeworfen. Nur das Chronicon Thuringicum in Schoettgen. et Kreisig. Dipl. et Script. Hist. Germ. T. I. p. 97 weicht davon ab; dieses sagt: „da buweten dy v. Wan=
„genheym den Hörsilberg, dy v. Tulstetn Steynforst, Herr
„Hermann Strancz der ritter Straßinowe gelegen by
„Schonowe, dy v. Lupinzce die Malittenborg pobir Fisch=
„bach, dy v. Erffa Luchtinwalt, dy v. Kobestetn Scharf=
„sinberg, dy v. Frankinsteyn Waldinborg. Dy Hessin
„dy buwetin Brandinfelß, das warin dy von
„Boymelborg, dy v. Dreforte by Kragenborg vnd
„andir vel sloß vmme Ysenache, dy wordin vffgeschlagin
„vnd auch kemmenatin, das zcu vel werde als uß zcu
„richten." Die Angabe dieses Chronisten könnte zwar, als allein stehend, nicht genügen, würde sie nicht noch durch einige Gründe unterstützt. Familien=Urkunden sind freilich von den v. Brandenfels nicht bekannt, sie erscheinen nur in Zeugenunterschriften und hierbei zugleich als

Burgmannen auf der Boineburg. Hier wäre also kein Grund für ihren boineburgschen Ursprung zu finden; nur aus der Lage der Burg Brandenfels läßt sich derselbe führen. Die Besitzungen der v. Boineburg dehnten sich ehemals viel weiter um ihre alte Stammburg, als noch gegenwärtig, aus, und auch der Ring= oder Rinkgau, der eine Cent des Netergaus gewesen zu seyn scheint und dessen Name sich noch bis auf die Gegenwart erhalten hat, gehörte dazu. Dieser Ringgau umschloß auch die Gegend um den Brandenfels; der Burgberg war also auch boineburgisch und konnte von keinem andern bebaut werden, als von der Familie v. Boineburg. — Nachdem schon die Treusche v. Buttlar in dem Besitze des Schlosses waren, verkauften die v. Boineburg=Hohnstein denselben im J. 1389 — wie auch im Texte bemerkt — außer ihren Gütern in der Stadt Sontra, auch jenen Ringgau mit den Dörfern Unhausen, Nesselröden, Breitzbach, Markershausen und Berlichsgruben als Lehen. (S. den Artikel Boineburg in Ersch's und Gruber's Encyklopädie rc.) Jedes Schloß hatte seine Zubehörungen, die stets in dessen Nähe lagen. Das Dorf Markershausen, welches dicht am Fuße des Burgberges liegt, konnte insbesondere wohl Niemand anders gehören, als den Besitzern der über demselben liegenden Burg; da nun diese thüringsches Lehen, jenes Dorf aber nebst den übrigen genannten, geistliches (fuldisches) Lehen, wenn nicht damals noch Allodium oder freies Eigen war, so fiel nach dem Erlöschen der v. B. natürlich nur die Burg an Thüringen, jene Dörfer hingegen an die nächsten Erben, welche, wie man aus dem gedachten Verkaufe sieht, die v. Boineburg gewesen.

2) Beide Urkunden sind noch ungedruckt. Die erstere, durch welche Graf Gottfried das Kloster Kappel mit dem Zehn=

ten in Frielingen entschädigte, ist ausgestellt in Boumeneburg — in crastino sanct. innocent. und wurde von Hermann v. Boineburg gen. Goldacker, Hermann Trott, Heimerad v. Brandenfels, Bodo d. j. und andern Burgmannen in Boineburg bezeugt. — Durch die zweite von 1275 VII. Kal. Aug. vollzog der Abt Heinrich von Hersfeld ein von seinem sel. Bruder Botho miles de Bomeneburg an das Kloster Germerode geschehenes Vermächtniß, wobei als Zeugen waren: Ritter Botho d. ä. v. Boineburg und dessen Sohn Botho, Heimerad Ritter v. Brandenfels und dessen Bruder Conrad, Gottfried advocatus ante valvam u. a.

3) Wenk. Ukbch. II. S. 249 u. 255, Estor. orig. p. 314 et Schannat. C. P. H. F. p. 221.
4) Spangenb. henneb. Chr. v. Heim, II. S. 432.
5) Schultes, dipl. Gesch. d. H. Henneberg, II. Ukbch. S. 96. Wie es scheint, gab es auch noch eine andere Familie v. Brandenfels, wenigstens findet man in Annal. Corb. ap. Paulini p. 415 unterm J. 1421 eine corveische Nonne Luttrud v. Brantfels genannt.
6) Beinahe alle thüring. Chr. erzählen diesen Vorfall.
7) Spangenb. henneb. Chr. fol. 117, u. Chron. Thur. ap. Menke S. K. G. III. p. 1295.
8) Galletti's Gesch. Thüring. III. S. 54.
9) Eine, jedoch sehr unvollständige Geschichte der v. Stotternheim s. in Dominicus's Erfurt u. d. erfurtsche Gebiet 1793, III. S. 117. Schon im J. 1182 findet sich Albert v. St. und noch jetzt blüht die Familie.
10) Handschr. Chr. u. Excerpta Saxon. etc. ex Monacho Pirnesi ap. Menke, p. 1535. Nach letztern wurden die v. St. aus Thüringen verwiesen und hätten sich in der Lausitz niedergelassen. S. auch Rathmann's Gesch. Magde-

11) Handschr. Chr., Falkenstein's Erfurt S. 275, Schoett. et Kreisig. I. p. 104, u. Rothe's thür. Chr. ap. Menke, II. p. 1810.
12) Schultes dipl. Gesch. des H. Henneb. II. Ubch. S. 181 u. Orig. Urk. im kurheff. H.= u. St.=Archiv.
13) Schannat. P. Cl. Fuld. p. 113. Lünig's Corp. jur. feud. Germ. I. p. 1183.
14) Sch. Pr. Cl. F. p. 113.
15) Ungedr. Urkunden.
16) Hochhut's Vorzeit und Gegenwart d. St. Eschwege, S. 19. Auch ist eine Beraubung Eschwege's durch die v. Buttlar, wie hier und in einer handschr. Geschichte von Eschwege angegeben wird, nicht denkbar, da sie Burgmannen daselbst waren.
17) Schumachers Nachr. z. sächs. Gesch. 5te Samml. S. 48.
18) Sch. Cl. F. p. 120.
19) Kaufunger Copialb.
20) v. Rommel's hess. Gesch. II. Anmerk. S. 157.
21) Sch. c. l.
22) Sch. C. P. H. F. p. 332.
23) Kaufunger Copialb.

Nachtrag
zu der vorstehenden Geschichte der Burg Brandenfels.

Nachdem die vorstehende Geschichte des Branden=felses schon bearbeitet war, finde ich noch eine Urkunde, durch welche sich die Zeit des Erlöschens der v. Bran=denfels genauer bestimmen läßt. Landgraf Albrecht von

Thüringen stellte dieselbe 1305 am Tage St. Albini oder dem 21. Juny auf dem Schlosse Wartburg aus und bekennt darin, daß er die Vogtei in Behringen, welche Hermann v. Brandenfels vormals inne gehabt, Albrecht und Friedrich, dessen Bruder, und Ludwig, deren Vetter, Herren in Wangenheim, zugeeignet habe. Auch verspricht er ihnen seinen Schutz. (Origin. Hochadl. Wangenheimscher Gerichte zu Großenbehringen; eine Uebersetzung ins Deutsche steht in Madelungs Beitr. z. Erläuterung u. Ergänzung d. Geschichte d. St. Gotha S. 176.) Hermann, mit dem seine Familie erlosch, starb also zwischen dem 17. Febr. und 21. Juny 1305.

XIII.
Weidelberg.
Mit einer Ansicht.

— drinnen ist es öd' und stille,
Im Hofe hohes Gras die Fülle,
Im Graben quillt das Wasser nimmer,
Im Haus ist Treppe nicht, noch Zimmer,
Ringsum die Epheuranken schleichen,
Zugvögel durch die Fenster streichen.
Uhland.

13.

Weidelberg*).

Auf der südwestlichen Grenze von Niederhessen, in der Nähe des zum Kreisamt Wolfhagen gehörigen Dorfes Ippinghausen, ragen über einem hohen waldigen Berggipfel die Trümmer des ehemaligen festen Schlosses Weidelberg oder Weidelburg hervor, von denen man einen großen Theil von Niederhessen und des nahe angrenzenden Fürstenthums Waldeck übersieht.

Ueber den ersten Erbauer jenes Schlosses gibt kein Chronist sichere Kunde; die ältesten Nachrichten, welche wir darüber besitzen, reichen hinauf bis zur Mitte des dreizehnten Jahrhunderts und hiermit beginnt für dasselbe

---

*) Die nachstehende Geschichte des Weidelberg's ist, außer mehreren von mir gemachten Abänderungen und Zusätzen von Sr. Excellenz dem Herrn Generallieutenant Freiherrn v. Dalwigk zu Darmstadt bearbeitet und durch dessen Güte mir zur Aufnahme mitgetheilt worden.   G. L.

WENDELSBURG.

in historischer Beziehung, wegen der schweren Kriege, welche darum geführt wurden, eine merkwürdige Epoche in der hessischen Geschichte, welche uns Folgendes darüber mittheilt.

Auf der nahe liegenden, jetzt beinahe ganz verschwundenen, Naumburg wohnte schon im zwölften Jahrhundert ein reiches Grafengeschlecht, v. Naumburg (Nûwenburg, de novo castro) genannt, welches jedoch schon im dreizehnten Jahrhundert wieder erlosch. Dieses besaß in dem benachbarten Hessen mehrere Güter und Lehen, namentlich auch das Schloß Weidelberg nahe an der Grenze des waldeckschen Städtchens Freienhagen und des Augustiner Nonnenklosters Hönscheid.

Volkwin's Sohn, Widekind I., der vom J. 1216 — 1261 vorkommt, erhielt sich noch im Besitze seiner Schlösser und vererbte sie auf seinen Sohn Volkwin II.; da aber letzterer nur minderjährige Kinder hinterließ, so erlaubte sich sein Bruder Widekind II., Domherr zu Halberstadt, eine Freiheit, die man von einem zum geistlichen Stande getretenen Stammgliede kaum erwarten sollte; er verkaufte nämlich die beiden Schlösser Naumburg und Weidelberg nebst den dazu gehörigen Bezirken im J. 1265 um 1500 Mark Silber oder 2000 Mark cöllnische Pfennige an Landgraf Heinrich I., das Kind von Hessen genannt, doch unter der Bedingung, daß seines Bruders Söhne, im Falle sie dereinst den Verkauf nicht genehmigen sollten, ihren Antheil gegen verhältnißmäßigen Abgang am Kaufschilling wieder zurücknehmen könnten und daß die ganze Kaufhandlung nur in so fern gültig seyn sollte, als Landgraf Heinrich noch vor Walpurgis (1. Mai) des nämlichen Jahres, wegen des ausbehaltenen Zahlungs-Termins, Bürgschaft stellen würde. Diesen Termin muß der Landgraf nicht eingehalten haben, denn eben der halberstädtische Domherr Widekind verkaufte im folgenden J. 1266 seine Hälfte an gedachten Schlössern um 400 Mark Pfennige an den Erzbischof Werner von Mainz aus dem Dynasten-Geschlechte v. Eppstein, und versprach in Ansehung seiner noch unmündigen Bruders-Söhne, daß sie ihren Antheil, wenn sie ihn ja verpfänden oder verkaufen wollten, vor allen andern dem Erzstift und zwar nicht höher, als um 700 Mark anbieten sollten [1]. Es muß auch diese Bedingung nachher in Erfüllung gegangen seyn, weil man das Erzstift wenige Jahre nachher im alleinigen Besitze der beiden Schlösser findet.

Hessen war zu jener Zeit, gleich mancher andern deutschen Provinz, durch verderbliche Fehden hart mitgenommen worden; die angeborne Tapferkeit seiner Bewohner, und ihr kriegerischer Sinn reizte sie nur zu oft an solchen Fehden Theil zu nehmen. Oft hatten sie es mit auswärtigen Fürsten und Edelleuten zu thun und besonders waren die Mainzer ihre unversöhnlichsten Feinde; diese verheerten alles, was sie erreichen konnten, so oft es ihnen gelang, ins Hessische einzudringen, und da der größte Theil von Hessen zur Mainzer Diöcese gehörte, die Erzbischöfe aber oft ihr Ansehn mißbrauchten, weltliche Gegenstände vor ihr Gericht zogen, sobald sie sich in ihrer geistlichen

Gewalt beschränkt sahen, so entstanden hierüber oft sehr
verderbliche Fehden, woran die mainzische und hessische
Ritterschaft in der Regel sehr thätigen Antheil nahm.
Jene Verkäufe von Naumburg und Weidelberg an
Mainz belebten aufs neue den alten tiefgewurzelten Hader
und fachten ihn bald zu hellen Kriegesflammen an. Land=
graf Heinrich, verbunden mit dem Herzoge Albrecht von
Braunschweig und der Gräfin Mathilde v. Waldeck, fiel
im Frühjahre 1273 ins Mainzische, eroberte außer der
Weidelburg, auch die Schlösser Naumburg und Hei=
ligenberg, letzteres und die Weidelburg zerstörend. Zu
schwach dem Landgrafen kräftigen Widerstand zu leisten,
griff der Erzbischof zu den geistlichen Waffen und schleu=
derte unterm 22. Mai 1273 über den Landgrafen und
seine Bundesgenossen den Bannstrahl und belegte das Land
mit dem Interdict [2]), ja er vermochte selbst den Kaiser
Rudolph von Habsburg, daß dieser 1274 die Reichsacht
aussprach. Doch Heinrich wich nicht. Jene Mittel der
Ohnmacht hatten durch zu häufigen Mißbrauch schon zu
viel von ihrer Wirkung verloren; nur der Reichsacht
suchte sich der Landgraf zu entledigen; er näherte sich dem
Kaiser und erwarb sich den Dank desselben durch die Theil=
nahme an dem Kriege gegen den König Ottokar von Böh=
men. Im J. 1277 hob Rudolph die Acht wieder auf,
und nun, von dieser befreit, zwang der Landgraf mit ei=
nem Heere seiner wackern Hessen vor Fritzlar den Erzbi=
schof, der den nachgesuchten Frieden noch vor Kurzem nicht
hoch genug anzuschlagen wußte, zu einem Frieden, wie er
ihn wollte.

Im J. 1379 stritten sich Ludwig, Landgraf von Thüringen, und Adolph, Graf von Nassau, um den erzbischöflichen Stuhl von Mainz. Ludwig, ein Bruder des Landgrafen Friedrich des Strengen von Thüringen, vorher Bischof zu Halberstadt und Bamberg, war vom Pabste Gregor XI. im J. 1374 als Erzbischof von Mainz anerkannt; Adolph von Nassau, Bischof von Speier, aber schon 1373, also ein Jahr früher, zum Administrator des Erzstifts erwählt. Ludwig, um seine Partei zu verstärken, übertrug nun seine hessischen Lehngüter, so weit sie unter dem Schutz des Erzstifts standen, dem Landgrafen Hermann zu Hessen, seinem Bundesgenossen, und trat ihm zugleich das Schloß Weidelberg ab[3].

Für den Landgrafen, welchem insbesondere daran gelegen war, das damals wieder hergestellte gute Vernehmen zwischen Hessen und Waldeck noch mehr befestigt zu sehen, um den Einfällen des damals sich bildenden Hörnerbundes, an dessen Spitze Conrad Spiegel zum Desenberg, die v. Hatzfeld, v. Löwenstein ꝛc. standen, Einhalt zu thun, konnte der Besitz jener Burg, nahe an der waldeckschen Grenze, nicht anders als erwünscht seyn; er errichtete daher auch Sonntags nach Maria Himmelfahrt, oder nach unserer lieben Frauen Tage, Würzweihe, (den 18. August 1380) mit Heinrich IV., der Eiserne genannt, und Adolph II., Grafen zu Waldeck, Vater und Sohn, einen doppelten Burgfrieden, den einen über die Burg Fürsteneck, den andern über die Weidelburg. Der erstere bezeichnete die Grenze von der Burg an bis in die Furth durch die Elbe nach Hönscheid zu, dann dieselbe Furth hinab bis gegen den Hof zum Weidelberge und von da den Grund hinauf, an den von der Naumburg führenden Weg bis wieder in die vorgenannte Furth zu Hönscheid. Etwa vorfallende Zwistigkeiten zwischen beiderseitigen im Burgfrieden begriffenen Unterthanen, sollten durch zwei von jeder Seite zu bestellende Schiedsrichter, denen sie beiderseits Ludwig v. Wildungen als Obmann an die Seite setzten, ausgemacht werden; im Falle des Burgfriedensbruchs aber sollte der schuldige Theil in des andern nächstliegendes Schloß mit 12 Pferden einreiten und bis zu ausgemachter Sache da bleiben⁴).

In dem Burgfrieden über die Weidelburg von dem nämlichen Jahre 1380 kommen die obgenannten drei Verbündeten überein, daß sie zu mehrerer Sicherheit ihrer Länder mit einander die Weidelburg wieder aufbauen und mit einem neuen Burgbaue versehen wollten, und wenn sie die Burg mit Planken und Schlossen befestigt und schloßhaftig gemacht haben würden, so sollte die Burg in zwei gleiche Theile unter sie vertheilt werden. Auch wollten sie mit einander eine Ringmauer um die Burg und darzu Thor, Brunnen, Graben und Wege bauen und machen, die Burg mit Hausleuten, Pförtnern und Wächtern sämmtlich besetzen und diese gleich mit einander beköstigen und ihnen lohnen; ferner wollten sie auf der Burg mit einander als rechte Ganerben im Burgfrieden und in Burghute sitzen; auch ihre beiderseitigen Amtleute, die sie auf diese Burg setzten, sollten unter einander einen Burgfrieden und eine Burghut zu halten geloben. Würde auch irgend Krieg oder Ansprache ihnen beiden oder einem von ihnen wegen dieser Burg und ihres Baues entstehen, von wem das wäre, des sollte ihrer einer dem andern treulich helfen wehren und verantworten mit seinen Landen und Leuten und aller seiner Macht; und nähmen sie von den Sachen und dem Kriege Schaden, als von Gefängniß oder Niederlage wegen, den Schaden sollte jeglicher von ihnen für sich und die Seinigen stehen; Vortheil aber, den sie auch nähmen, wollten sie gleich theilen nach Anzahl der gewaffneten Leute, die jeglicher von ihnen auf die Zeit auf dem Felde hätte. Käme es auch also zum Kriege, so sollten des einen Schlosse dem andern zu allen seinen Nöthen und zu seinem Besten offen seyn, so lange der Krieg währe [5]).

Als im J. 1382 Ludwig, Landgraf von Thüringen und Markgraf von Meissen, welcher sich zwei Jahre zuvor mit seinem Nebenbuhler Adolph von Nassau um den erzbischöflichen Stuhl zu Mainz gestritten hatte, starb, so scheint der letztere, der nun im unangefochtenen Besitze des Erzbisthums war, die frühere Abtretung der Weidelburg an Hessen nicht genehmigt, im Gegentheil ihre Zurückgabe verlangt zu haben. So kam dann 1382 ein Vertrag zu Stande, zufolge dessen die Weidelburg niedergebrochen wurde. Erst nach sechzehn Jahren, im J. 1398, wurde sie, wahrscheinlich durch Mainz, wieder hergestellt [6]).

Im J. 1400 fiel durch die mörderische Hand der Ritter Friedrich v. Hertingshausen und Kunzmann v. Falkenberg der Herzog Friedrich von Braunschweig bei dem hessischen Dorfe Kleinenglis und bald erhob sich ein Krieg gegen jene Mörder und deren Leiter und wahrscheinlichen Anstifter der blutigen That, den Erzbischof Johann II. von Mainz. Im J. 1403 zog der hessische Landgraf Hermann mit seinen Verbündeten, den Herzögen von Braunschweig und den Landgrafen von Thüringen, vor die Naumburg, beschossen dieselbe heftig und warfen Feuer hinein und verwüsteten die benachbarten mainzischen Dörfer; bei dieser Gelegenheit blieb auch die benachbarte Weidelburg nicht verschont und wurde, wenn nicht ganz verwüstet, doch sehr beschädigt [7]). Erst im J. 1405 kam eine Sühne zu Stande. Bei den dieser vorhergehenden Verhandlungen waren auch Streitigkeiten über den Besitz der Weidelburg zwischen Hessen und Mainz zur Sprache gekommen. Die Burg wurde deshalb den Theidingsleuten, dem Grafen Heinrich V. von Waldeck und Adolph von Nassau, so lange zu treuen Händen übergeben, bis dieselben entschieden, welcher, ob der Landgraf oder der Erzbischof, das gegründetste und vollständigste Recht an derselben habe [8]). Wahrscheinlich wurde dem Erzstifte und dem Grafen v. Waldeck der Besitz der Burg zuerkannt; denn Erzbischof Conrad III. von Mainz bestätigt und erneuert in einer im J. 1431 am Freitage in der Pfingstwoche zu Wisbaden ausgestellten Urkunde, einen früherhin zwischen weiland seinem Vorgänger dem Erzbischof Johann und dem Ritter Friedrich v. Hertingshausen und seinen Söhnen Hermann und Berthold abgeschlossenen Vertrag, die Verpfändung der Weidelburg und Naumburg an solche betreffend, und erklärt zugleich darin, daß, da genannte v. Hertingshausen nicht mehr am Leben seyen und nur Berthold einen noch minderjährigen Sohn Friedrich hinterlassen habe, welcher hinsichtlich seines jugendlichen Alters seinen Obliegenheiten als Burgmann und Vasall noch kein Genüge leisten könne, so habe er, der Erzbischof, Reinharden v. Dalwigk d. ä., Oheim Friedrichs v. Hertingshausen, die Vormundschaft über denselben übertragen und ihn an Friedrich's, seines Neffen, Statt, zu des Erzstifts Amtmann zu Weidelburg und Naumburg bestellt; woran auch Reinhard einen Theil als Burg- und Pfandlehen besaß [9]. Es müssen wegen dieser Pfandschaft schon früher Irrungen entstanden seyn, denn genannter Erzbischof Conrad und Graf Heinrich V. von Waldeck vereinigten sich im J. 1422 auf Cäcilientag zu Wiesbaden: sie wollten, da ihnen als rechtmäßigen Lehnherren von Seiten der Gebrüder Hermann und Berthold v. Hertingshausen und ihres Schwagers Reinhard v. Dalwigk das Oeffnungsrecht auf der Naumburg verweigert worden sey, gemeinschaftlich mit gewaffneter Hand ihr Recht geltend machen. Zu dem Ende sollte er, der Erzbischof, vorerst 20 und Graf Heinrich 10 Gewaffnete in die Stadt Naumburg legen, und im Falle eine Fehde hierüber ausbrechen sollte, so solle der erzbischöfliche Amtmann von Wolmershausen zu Battenberg, sowie des Grafen Heinrich Diener und Getreuer Hans Haucke bestimmen, wie viel jeder Theil noch weitere Verstärkung an Leuten dahin abzuschikken habe [10]. Jene Zwistigkeiten scheinen jedoch friedlich beigelegt worden zu seyn, da wir auch später noch Berthold's v. Hertingshausen einzigen Sohn, Friedrich, und Reinharden v. Dalwigk im Besitze der Naumburg sehen.

Da die Schicksale der Naumburg und Weidelburg genau mit einander verwebt sind, so mußte der Verfasser dieses Aufsatzes, um nicht den Zusammenhang der Geschichte aus den Augen zu verlieren, auch das, was in Beziehung der erstgenannten Burg bemerkt zu werden verdient, nothwendig mit aufnehmen. Nun folgt aber die Periode, wo die Weidelburg von Reinhard v. Dalwigk d. ä. und Friedrich v. Hertingshausen dem Landgrafen Ludwig I. von Hessen, genannt der Friedsame, zu Lehn aufgetragen wird; der Inhalt der darüber ausgefertigten Urkunde, so wie solche dem Verfasser im Auszug aus dem kurfürstlichen Archive mitgetheilt wurde, lautet, wie folgt:

Im J. 1437 am Sonntag nach Maria Himmelfahrt, trug Reinhard v. Dalwigk d. ä. und Friedrich v. Hertingshausen die Weidelburg mit allem Zubehör [11], desgleichen einen Zehnten zu Hertingshausen, den unterhalb Borken gelegenen Hof zu Herboldshausen, das Dorf Holzhausen mit allen Appertinenzien (den, denen v. Grifta zugehörigen, achten Theil ausgenommen) dem Landgrafen Ludwig von Hessen zu Lehn auf, und empfingen von demselben alle diese Güter wieder zu rechtem Mannlehn zurück, zu welchen der Landgraf weiter noch als Lehn hinzufügte: die Dörfer Balhorn und Isthe mit allen Zubehörungen an Feld, Wasser und Weide, ausgenommen die Jagd und Wildbahn im Balhorner Walde; ferner die Wüstung Ippinghausen sammt dem Gericht, worunter der Weidelberg mit begriffen war; desgleichen die Wüstung zu Dodenhausen, Zabenhausen, Brundersen, mit dem Gericht zu Hetmershausen, den Zehnten zu Dodenhausen oberhalb Allendorf gelegen, mit Motzlar und der Wüstung zu Uffenhausen. Für diese Lehnstücke mußten Dalwigk und Hertingshausen auf alle ihre Rechte, so sie an den Dörfern und Gerichten zu Brunslar, Buchenwerda, Dennhausen, Dietershausen und zu Deute hatten, Verzicht leisten und dem Landgrafen versprechen, ihm bei allen Vorfällen als treue Vasallen beizustehen, wobei er sich das Oeffnungsrecht auf die Weidelburg vorbehielt. Es wurde zugleich die Clausel angehängt, daß, wenn Dalwigk und Hertingshausen die Fürsten zu Hessen befehden würden, sie ihrer Güter verlustig seyn sollten.

Der Erzbischof Dietrich von Mainz, aus dem Geschlechte der Schenke von Erbach, ließ sich den zwischen dem Landgrafen Ludwig, Reinhard v. Dalwigk und Friedrich v. Hertingshausen abgeschlossenen Vertrag, wodurch letztere sich auch dem hessischen Lehnhofe unterworfen, wie es scheint, ruhig gefallen, wenigstens führt kein Chronist das Gegentheil an. Bei dem längst genährten Wunsch jenes Prälaten, mit Hessen einen dauerhaften Frieden zu schließen, hielt er es wahrscheinlich auch nicht für rathsam, sich mit dem Landgrafen, jenes Gegenstandes wegen, in eine neue Fehde einzulassen, die ihn von seinem vorgesteckten Ziele noch weiter entfernt haben würde. Auch war Erzbischof Dietrich zu friedlich gesinnt, um auf Gerathewohl ein Wagstück zu unternehmen, welches für ihn eben so unglückliche Resultate haben konnte, wie für seinen Vorgänger, den Erzbischof Conrad III., welcher im J. 1427 den 10. August in der Schlacht bei Fulda durch Landgraf Ludwig eine große Niederlage erlitt und selbst auf eine schimpfliche Weise die Flucht ergreifen mußte. Da auch bald hernach 1439 eine für Hessen und das Erzstift Mainz sehr erwünschte Epoche eintrat, indem der Landgraf die durch den Grafen Johann v. Ziegenhain erledigte Stelle eines Landvogts oder Oberamtmanns über des Erzstifts Besitzungen in Hessen unter dem Titel eines Schirmvogts oder Vertheidigers angenommen und zu dem Ende mit dem Erzbischof zu Friedberg ein Schutz- und Trutzbündniß auf ewige Tage geschlossen hatte, so konnte es unter so günstigen Umständen dem Erzbischofe wohl ziemlich gleichgültig seyn, unter wessen Schutz sich die Weidelburg befand. Graf Otto III. von Waldeck (Landauer Linie) hatte sich bereits früher (1431) dem Schutz des Landgrafen unterworfen, und demselben seinen ganzen Erbantheil an der Grafschaft Waldeck aufgetragen; also fanden wegen der neuen Lehnverhältnisse hinsichtlich der Weidelburg auch von Seiten des Grafen von Waldeck keine Hindernisse Statt.

Während Landgraf Ludwig und Erzbischof Dietrich bemüht waren, ihren Ländern die Früchte eines dem Ansehen nach dauerhaften Friedens genießen zu lassen und alle innern Privatfehden und Streitigkeiten beizulegen, wurde im J. 1442 die Ruhe in Hessen auf einmal wieder gestört. Dieses geht aus folgender Erzählung hervor, welche mit der Geschichte der Weidelburg genau zusammenhängt, und einen Begriff von der fehlerhaften Verfassung der damaligen Zeit gibt, indem oft der Fürst trotz aller Bemühungen es nicht dahin bringen konnte, die Quellen der Unruhen in seinem Lande zu verstopfen. Reinhard v. Dalwigk d. ä., welcher oben schon mehremale vorkommt, Lehn- und Burgmann auf der Weidelburg, war einer der kühnsten Ritter seiner Zeit, aber voll unruhigen Geistes, der ihn nie lange im friedlichen Genusse seiner Besitzungen ließ. Wegen seines Reichthums und großen Aufwands, denn er hielt immer 2—3 Edelleute und über 20 reisige Pferde auf seiner Burg, erregte er Eifersucht und Neid unter dem benachbarten Adel. Dieser Reinhard verwickelte sich mit mehreren mainzischen und hessischen Rittern in eine ernsthafte Fehde, welche zwar Landgraf Ludwig 1442 durch einen Vergleich zu beendigen suchte, allein ohne Erfolg, denn die Fehde begann von neuem und heftiger als zuvor. Schon im J. 1443 wird er mit seinem Neffen Friedrich v. Hertingshausen, welcher die Naumburg in der Nachbarschaft des Weidelberg's inne hatte, des Landfriedensbruchs beschuldigt. Landgraf Ludwig verband sich daher mit dem Erzbischof Dietrich von Mainz, um diesen Fehden und Verheerungen ein Ende zu machen, und im Vertrage wurde ausgemacht, daß nach Eroberung der Burgen die Naumburg Mainz allein, die Weidelburg aber Hessen und Mainz gemeinschaftlich besitzen sollten. Landgraf Ludwig rückte hierauf mit hessischen und mainzischen Völkern vor die Weidelburg und Reinhard wurde durch seine Freunde bewogen, die Burg nach einer kurzen Belagerung bedingungsweise zu übergeben und sich bis zu ausgemachter Sache in Amöneburg, Höchst am Main oder Königstein zu stellen. Im folgenden Jahre kam durch die zu Schiedsrichtern gewählten Ritter, Hermann Riedesel, Philipp v. Kronenberg, Sittig v. Berlepsch, Oberamtmann des Lahnstroms, und Johann v. Erlenbach, Vicedom zu Aschaffenburg, ein Vergleich zu Stande. Jene Fehde, welche, da sich Reinhard's Gegner die Bundesherren nannten, unter dem Namen der Bundesherrenfehde bekannt ist, wurde durch die eben erzählten Ereignisse nicht unterbrochen, sie wurde im Gegentheil nur mit noch erneuerter Hitze fortgeführt, und, wurden auch eine Menge Vergleichs-Versuche gemacht, so kamen sie doch selten zu Stande; und wo dieses geschah, hatten die geschlossenen Sühnen keinen Bestand, sondern wurden durch die Leidenschaftlichkeit der Parteien nur zu bald wieder verletzt. Erst im J. 1452 kam eine ernstliche Vereinigung zu Stande. Aber noch vor diesem Zeitpunkte hatten Reinhard und Friedrich von neuem die Rache des Landgrafen und des Erzbischofs aufgefordert. Es war im J. 1448, als hessische und mainzische Truppen gegen den Weidelberg und die Naumburg zogen und diese Burgen zum zweitenmale eroberten. Hoch erzürnt war der Landgraf über die beiden Friedensstörer und nur durch die Vermittlung der Herzogin Agnes von Braunschweig, welche damals bei ihrem Bruder, dem Landgrafen, lebte, wurden beide wieder begnadigt; auf die Weidelburg mit allen dazu gehörigen Lehen und Dörfern mußten aber Dalwigk und Hertingshausen gegen den Landgrafen verzichten und sich mit einigen Zehnten und Höfen zu Hertingshausen, Herboldshausen und Holzhausen begnügen, worüber der Landgraf sich das Recht vorbehielt, solche mit 6000 Gulden zu lösen. Die Weidelburg wurde nun Hessen und Mainz aufgelassen, und Reinhard verlebte, nach einer

Sage, den Reſt ſeiner Tage auf der Naumburg, wo er 1461 geſtorben ſeyn ſoll [12]).

Im J. 1488 am Sonnabend nach diem Conversionis St. Pauli übergab Landgraf Wilhelm d. ä. zu Heſſen die Weidelburg nebſt der Wüſtung Ippinghauſen an den Ritter Philipp v. Bicken als Pfandlehen und zwei Jahre nachher (1490) verkaufte er die Burg mit allen Zubehörungen wiederkäuflich für 2000 Gulden an ſeinen Bruder Landgraf Wilhelm den Mittlern, nachdem derſelbe ſolche von Philipp v. Bicken für 600 Gulden eingelöſt hatte, welche am Kaufſchilling abgingen.

Im J. 1545 hat Waldeck ſeine Anſprüche an der Weidelburg erneuert und vor fürſtlich heſſiſchen Räthen zu Wolfhagen geltend zu machen geſucht, aber folgenden Beſcheid darauf erhalten [13]):

„Heſſen geſtehe Waldeck an dem Hauſe Weidelberg nichts, denn Reinhard v. Dalwigk habe ſelbige wieder erbaut. Um ſeiner Verwirkung willen, ſey er von Mainz und Heſſen überzogen und durch die beiden Fürſten das Haus erobert, und ſeyen von ihnen lange Zeit hindurch Amtleute darauf verordnet worden. Nach der Hand habe Mainz ſeinen Antheil an Heſſen übergeben, und Heſſen den Berg lange Zeit allein inne gehabt und Amtleute darauf verordnet, ohne der Grafen von Waldeck Einrede. — Weil nun keine Anzeige noch Beweis vorhanden, daß Heſſen und Waldeck der erſten Vereinigung von An. 1380 wirklich nachgekommen und das Haus miteinander erbaut haben, auch ſchwerlich kann dargethan werden, daß Waldeck jemals die Poſſeſſion daran bekommen, ſondern vielmehr durch vorgemeldete Briefe und Handlungen erscheint, daß Mainz und Hessen sich des Schlosses Weidelberg ohne Zuthun der Grafen von Waldeck angemaßt und deshalb einbekommen, Waldeck auch solches mit Stillschweigen hat geschehen lassen, so ist vermuthlich, daß die erste zwischen Hessen und Waldeck aufgerichtete Vereinigung niemals ins Werk gebracht worden, und im Fall sie wirklich vollzogen, so hätte sich doch Waldeck mit so langem Stillschweigen und Nachlässigkeit seiner Gerechtigkeit entsetzt; darum sey nicht rathsam, daß sich Waldeck nunmehr wider Hessen des Schlosses und Hauses Weidelberg halber in Rechtfertigung begebe, quia praescriptione excluditur." Der Autor setzt noch hinzu, Waldeck habe zugleich den Gebrauch der nachbarlichen Laub- und Grashude prätendirt wegen des Hofes und Klosters Hönscheid.

Die Weidelburg scheint demnach zu jener Zeit noch bewohnt worden zu seyn. Ihr letzter Besitzer mag Christoph Wolf von Gudenberg gewesen seyn; denn eine alte Specification der hessischen Vasallen auf der casselschen Bibliothek, aus dem siebenzehnten Jahrhundert, schreibt diesem die Weidelburg mit dem Berge und ihrem Zubehör nebst der Wüstung Jppinghausen zu. Die Zeit läßt sich aber nicht genau angeben. Nach den Zeichnungen von Dilich und Merian, wo man die Weidelburg auf der Ansicht von Wolfhagen sieht, lag sie schon im Anfange des siebenzehnten Jahrhunderts in Trümmern, und nach dem Zeugnisse der hessischen Zeitrechnung war sie 1696 schon mit hohen Bäumen bewachsen.

So schauen denn schon Jahrhunderte die Trümmer der Weidelburg still und friedlich in die weite Gegend.

Wann und wodurch sie in diesen Zustand versetzt wurden, ist nicht bekannt; doch scheint dieses nicht gewaltsam geschehen zu seyn, vielmehr durch allmäligen, durch Vernachlässigung beförderten, Verfall.

Hoch über alle benachbarte Höhen strebt der Burgberg zu den Wolken empor. Sein westlicher Fuß berührt die waldeckſche Grenze und nördlich und östlich umspült ihn die Elbe, ein sich bei Fritzlar in die Edder ergießender Bach. Bis zur Mitte seines Abhanges umziehen den Schloßberg schlechte Rottländer, die sich zum Theil in Terrassen herabsenken. Wen nicht jugendliche Kraft den steilen Fußpfad hinantreibt, den führt ein schneckenförmiger Fahrweg, selbst zu Wagen bequem, zu dem lohnenden Ziele. Da wo der Wald voll hochstämmiger Buchen beginnt, werden die Abhänge steiler und die Mühen des Steigens größer. Oben angelangt, sieht man sich in einer labyrinthähnlichen Wildniß; will man von dem gangbaren Pfade abtreten, so muß man sich durch Gebüsche, über Mauertrümmer und Felsenmassen fortarbeiten und das Unangenehme des Stürzens nicht achten.

Ein deutliches Bild dieser Burgtrümmer zu geben, hat große Schwierigkeiten, denn der Zusammenhang der einzelnen Theile und ihr Zweck läßt sich oft nur noch errathen, aber nicht mit Bestimmtheit angeben; es ist zu schwierig, sich einen Ueberblick über das Ganze zu verschaffen; die vielen hohen Bäume, das dichte Gebüsche, der Umfang und die Zerstücklung der Mauern, sowie deren oft nothwendiges Erklettern, alles dieses sind so viele Hindernisse, daß man Stunden braucht, um sich nur einen etwas erklärenden Grundriß entwerfen zu können.

Das Ganze bestand, so viel man jetzt noch sieht, aus zwei Hauptgebäuden, die gegen einander über liegen und durch zwei Mauern verbunden werden, welche eine starke Ringmauer umschlingt, die sich auf der Seite nach Osten verdoppelt.

Das Schloß hatte zwei Hauptthore, welche einander gegenüber, gegen Norden und Süden, liegen. Das letztere ist das noch am besten erhaltene und führt unter einem Thurme hinweg, der unten eine viereckte Form hat, oben aber eine runde annimmt, dessen Höhe jedoch das Thor nur um wenige Fuß übersteigt. Rechts von diesem Thore aus, geht gegen Norden die äußere Ringmauer mit vier Halbthürmen oder Rondelen; mit ihrer Fronte blickt sie nach Osten oder nach Hessen und hat zum Theil noch an 15 Fuß Höhe. An ihrem nördlichen Ende, da wo sie einen runden Eckthurm hat, wendet sie sich gegen Westen und stößt an das Nordthor, welches gleichfalls durch einen Thurm führte, der aber beinahe völlig zerstört ist. Die Entfernung von einander beträgt an 210 Fuß, welche man auch als die beiläufige Länge des ganzen Schlosses annehmen kann. Mit dieser Mauer läuft zum Theil parallel eine zweite von einem Thore zum andern, so daß durch den zwischen beiden entstehenden Raum der erste Hof der Burg gebildet wird; nur bei dem südlichen Thore macht die Mauer einen Winkel und hat in ihrer Mitte einen runden Thurm, der sie jedoch nicht überragt. Durch ein Thor derselben gelangte man früher zu den Burggebäuden; doch ist jetzt davon jede Spur verschwunden und nur eine große Bresche bezeichnet noch den Ort desselben. Durch diese Bresche gelangt man in einen mit Trümmern angefüllten Raum und dann durch eine ähnliche in der dritten Mauer in den innersten Hof, der die beiden Schloßgebäude von einander trennt. Das gegen Norden liegende Gebäude, in dessen Inneres ein noch wohlerhaltenes Thor führt, bildet, gleichwie auch das andere, ein schiefes Viereck; es ist auch das geräumigste und hat in seinem Lichten an 45 Fuß Länge; noch ist es in seinen Mauern bis zum dritten Stocke erhalten und in der nordwestlichen Ecke seines Innern hat es noch die Trümmer eines Thurmes von 8 Fuß innern Durchmessers, welcher in die obern Gemächer des Gebäudes geführt zu haben scheint; von seiner schönen steinernen Wendeltreppe bemerkt man jetzt kaum noch die in die Mauern eingefügten Enden der Stufen, diese selbst sind augenscheinlich gewaltsam herabgeschlagen und geraubt worden. Da sich dieser Thurm nur an die Mauer des Gebäudes lehnt und mit derselben nicht die mindeste Verbindung hat, so wird man versucht, seine Erbauung in eine spätere Zeit, als die des Gebäudes zu setzen. — Dieses Gebäude wird durch zwei von seinen südlichen Ecken auslaufende etwa 40—50 Fuß lange ziemlich hohe Mauern mit dem kleinern südlichen Gebäude verbunden. Die östliche derselben ist die, durch deren Bresche man in das Innere gelangt. Der Eingang in dieses Gebäude ist kleiner als der des nördlichen, und gegen diesen wohl nur eine Pforte zu nennen. In seiner südöstlichen Ecke hat es gleichfalls einen Thurm, der aber in der Mauer selbst steht. Die Länge dieses Gebäudes im Lichten mag nicht über 30 und seine Breite etwa 25 Fuß betragen; es ist also in seinem Binnenraume weit beschränkter, als das Nordgebäude; dagegen erheben sich aber seine

Mauern um so höher und wie es scheint bis zur Höhe des ehemaligen Dachstuhls, denn noch zählt man an denselben vier Stockwerke und übertreibt wohl nicht, wenn man die schwindelnde Höhe zu wenigstens 80 Fuß anschlägt.

An beiden Gebäuden sieht man noch die steinernen großen Fensterbekleidungen, mit den gewöhnlichen steinernen Fenstersitzen, wie sie sich beinahe in allen Burgen finden, um von denselben bequem die Ferne durchschauen zu können. Zum Theil am dritten Stockwerke starren noch die Kragsteine mehrerer Balkone heraus und in schwindelnder Höhe ruhen noch große Quadern auf kleinen Stückchen von Mauern, jeden Augenblick mit dem Herabsturze drohend. In dem südlichen Gebäude ist auch noch ein Schornstein erhalten. — Im Innern der Gebäude erscheinen die Mauern weit niedriger, denn hohe Haufen von Schutt, in dem hochstämmige Bäume ihre Wurzeln eingeschlagen, haben den Boden zu sehr erhöht. Von den Kellern bemerkt man nichts und wie man aus der Unebenheit des Bodens schließen kann, müssen sie, wenigstens zum Theil, zusammengestürzt seyn.

Zwischen den beiden Hauptgebäuden scheinen, nach der Farbe der Steine zu schließen, an der östlichen Verbindungsmauer noch Gebäude gestanden zu haben; aber bestimmen läßt sich so wenig hierüber etwas, als über Mauern, die mit dem Südgebäude verbunden gewesen seyn müssen. So stößt unter andern an dessen südwestliche Ecke noch eine Mauer mit einem Thurme, der einen Durchgang hat und zu Gebäuden geführt zu haben scheint. Obgleich das Schloß keinen Hauptthurm besaß, so überbot es doch manches andere an trotzender Festigkeit. Von der Ostseite durch doppelte Ringmauern geschützt, umschlang dasselbe auch von den andern Seiten eine gleich starke Mauer, die mit der innern östlichen ein ziemlich regelmäßiges Viereck bildet. Die Befestigung vollendete ein tiefer Graben, der sich unter den Ringmauern hinzieht, ja, wie es scheint, trennte auch diese noch ein zweiter Graben von den Burggebäuden. Man muß über die vielen Thürme und Rondele und die Menge der Schießscharten staunen; ersterer hatte die Burg nicht weniger als 14 und letzterer zählt man gewiß über 200; alle Ringmauern, selbst die innere östliche, alle Thürme haben zwei Reihen von Scharten; eine Reihe von Kragsteinen, die zwischen den beiden Reihen hinläuft, scheint ein Gerüste oder eine andere Vorrichtung getragen zu haben, auf welche sich die Schützen hinter die oberste Reihe stellen konnten.

Alle Mauern sind fünf und mehr Fuß dick und von Basalt aufgeführt. Die Grundmauer der Gebäude ist Basaltfelsen, der selbst noch zum Theil die Mauer bildet und besonders vor dem Südthor sich in einem, die Ringmauern überstrebenden, mächtigen Blocke erhebt, der bald die Windmühle (wahrscheinlich von einer ehemals hier gestandenen Windmühle), bald der Freudenstein genannt wird.

Auf diesem Felsen, der ohne Mühe zu ersteigen ist, bietet sich dem Blicke eine weite große Aussicht dar, bei deren Anschaun jedes fühlende Herz sich mit hoher entzückender Freude füllt und sich dankend zu dem, der die Erde so schön schuf, emporschwingt. Den Vordergrund bildet eine Ebene im mannichfaltigsten Farbengemisch, dunkele Wälder wechseln mit wogenden Saaten und blühenden Wiesen, Bäche durchschlängeln im freundlichen Sonnenstrahle die Thäler, Dörfer glänzen aus dem Kranze ihrer Gärten herauf und ringsum, in der Nähe und Ferne, heben sich Gebirge in den verschiedensten Formen, bis blaue Nebel dem Auge Grenzen ziehen.

Nicht weniger als zehn Stunden weit kann das Auge die Umgegend überfliegen. Gegen Abend breitet sich fast die ganze Grafschaft Waldeck mit ihren Bergen, Städten und Dörfern dem forschenden Blicke aus und besonders treten die Schlösser Waldeck und Landau, jenes südwestlich und dieses nordwestlich, deutlich über den bewaldeten Höhen hervor, während der Name des ehemaligen Nonnenklosters Hönscheid, welches man in kleiner Entfernung sieht, daran erinnert, daß man dem Scheidepunkte der Höhen nahe ist, welche von dem waldecker Plateau, dem höchsten in Deutschland, sich nach den Flüssen hin abdachen. — Gegen Mittag blickt man bis nach Oberhessen, nahe sieht man Naumburg, weiter den Bühraberg, die Kalbsburg, einen auf der Hochebene südlich von Fritzlar liegenden Hof, den Homberg mit der an seinem Fuße liegenden Stadt, die Hundsburg, den Römersberg, den Löwenstein, den Kellerberg, den Knüll und andere hohe Punkte. Gegen Morgen überblickt man eine dreistündige Ebene mit mehreren Dörfern, der Schaumburg und den Höhen des Habichtswaldes. Südöstlich erblickt man den Schloßberg von Gudensberg, den hohen Thurm des Schlosses Felsberg, den Heiligenberg, die Höhen des Riedforstes und den Gipfel des Weißners. Endlich gegen Norden und Nordosten schauet man Wolfhagen, die Kugelburg bei Volkmarsen, den Desenberg, den Calenberg, die Malsburg, den Burghasunger Berg mit seinem hohen Thurme, dem letzten Reste seines alten Klosters, den Dörnberg und noch Berge hinter Hofgeismar. — Welche Gefühle steigen nicht im Busen auf, wenn man sich denkt, daß alle diese Basaltkegel, die sich dem Auge darbieten, wie man annimmt, einst Vulkane gewesen seyen. Die Kegelform und die Basaltmassen des Weidelberg's machen es wahrscheinlich, daß auch er einst zu diesen zerstörenden Phänomen der Natur gehörte; doch diese Zeiten liegen uns im undurchdringlichen Dunkel, und schon Jahrtausende vielleicht schloß sich ihr glühender Schlund und ließ keine Spur ihres Wirkens zurück.

Oft wird der Weidelberg von den Bewohnern der Umgegend besucht und aus den grauen Trümmern hallen dann Musik, und laute Töne der Freude und im frohen Reigen schwingt sich die Jugend. Dieses findet in dem Raume zwischen den beiden Thoren Statt, der noch am freiesten ist. Besonders geschieht dieses am Himmelfahrtstage, wo man sich auf der Höhe mit Sammeln von Kräutern beschäftigt, denen der Aberglaube, durch das Pflücken an diesem Tage, eine vorzügliche Heilkraft beilegt. — Aber auch Schätze andrer Art läßt der Wahn hier noch verborgen liegen. Einst hütete, so erzählt man in der Umgegend, ein Schäfer am Berge, da erschien ihm eine weißgekleidete wunderholde Jungfrau, die ihn durch stetes Winken zum Mitgehen bewog, und als er folgte, zeigte sie auf eine weiße Blume, die er brechen mußte, und führte ihn in die Burg und durch eine Pforte in ein Gewölbe. Hier lagen Haufen von Gold und Silber und reich, überreich war der glückliche Schäfer, denn die Jungfrau gab ihm zu verstehen, daß alle diese Reichthümer sein wären. Beladen

mit Schätzen wollte er zurückkehren, als sie ihn warnte
nicht das Beste zu vergessen; doch was konnte sich der Freu-
detrunkene noch besseres denken, als das was er schon hatte,
so ließ er die Blume zurück und verschwunden war Gold
und Silber, Jungfrau und Pforte, und der Reiche sah
sich betrübt wieder so arm, als früher [14]).

Anmerkungen.

1) Ledderhosen's kl. Schr. IV. S. 281. Wenk II. U. S. 197. —
Gud. C. d. I. p. 714.
2) Gud. C. d. I. p. 746. Die hess. Chronisten geben irrig das J.
1295 an; um diese Zeit lebte Hessen mit Mainz im Frieden und selbst freundschaftliche Verhältnisse waren unter
ihnen angeknüpft.
3) Joann. Res Mog. I. V. p. 686.
Die Weidelburg scheint eine eigene Burgmanns-
familie gehabt zu haben, worüber das Nähere, um nicht
die Geschichte zu unterbrechen, hier in den Anmerkungen
eine Stelle finden mag. — In einer Urkunde vom J. 1265,
welche Volkwin v. Naumburg für das Kloster Haina ausstellt, kommt ein Werner v. Wedelberg vor. (Kopps
histor. Nachr. v. d. H. v. Itter, Beil. S. 205). Nach
Joann. R. Mog. II. p. 544 findet sich 1225 ein Ditmar
miles v. Wedilberg, welcher vom St. Stephansstifte
zu Mainz einen Hof in Dieliche (Dillich bei Borken) zu
Lehn trug. 1367 gibt Adolph v. Itter seinen Consens
an die v. Wedelberge, ein Gut, welches sie zu Nuen-
burg (Naumburg) von ihm zu Lehn trugen, an das
Stift Volchardinghusen cediren zu dürfen. (Kopp's histor.
Nachr. v. d. H. v. Itter, S. 150.) — Zu den vorstehen-

den Gliedern der v. Weidelberg fügt der Herausgeber noch folgende, die er meistens in noch ungedruckten Urkunden fand: Johann und Werner Gebr. v. Wedelberg als Zeugen in einer von Conrad v. Elben 1242 zu Wolfhagen ausgestellten Urkunde. — Dieselben Brüder 1246 nochmals in Wolfhagen, Werner v. W. 1251 in einem zwischen dem Kloster Merxhausen und Conrad v. Elben in novo castro geschlossenen Vergleiche. — Johannes v. W. 1258 in einer Urkunde des Stadtraths und der Burgmannen zu Wolfhagen. — Derselbe 1265 in einer von Theoderich v. Blumenstein zu Wolfhagen ausgestellten Urkunde (Kuchenb. An. Has. XI. p. 156); 1270 bezeugte er zu Wolfhagen eine von Hartmann v. Berningshausen und eine andere von Theoderich v. Hain zu Naumburg ausgestellte Urkunde. — 1272 lebte Heinrich v. W. und Heinrich sein Sohn. — Theoderich v. W. findet sich 1349 als Vicar der Kirche in Wolfhagen (Kopp's Bruchst. z. Erläuterung d. deutschen Gesch. und Rechte II. p. 194) und 1399 ein Conrad Wedelberg v. Neuenberg als Geistlicher zu Fritzlar (Würdtwein D. et H. Mog. III. p. 510.

4) Aus dem Original im waldeckschen Archiv. Schminke Mon. Has. III. p. 277—281, wo jene Urkunde nur mit wenigen Abänderungen abgedruckt steht.

5) Aus den Originalen im kurhessischen Staatsarchiv u. dem waldeckschen Archive, gleichwie einer Abschrift im dalwigkschen Archiv Nr. XIII. Abgedruckt steht die Urkunde in Varnhagens Grundlage zur waldeckschen Geschichte. Urkb. S. 180—186.

6) Die hessischen Chronisten lassen eine, durch eine Fehde herbeigeführte Zerstörung vermuthen, sie sprechen sich wenigstens nicht deutlich aus; dagegen liest man in den Limburger Jahrbüchern, S. 82, aus welchen jene meistens

schöpften, mit klaren Worten: „In derselben Zeit (nämlich 1380) schlug Landgraf Herman von Hessen ein Burgk „auf dem Wedelberg, bey dem Stetlein Neuwenburgk, „ein Meil von Wolfen (Wolfhagen), vnd die Burgk ward „wider abgebrochen bey zweyen Jahren, vnd das ge= „schahe ohn noth vnd mit einer freundschafft „ward begriffen. Vnd auff demselben Bergk hatte „vor hundert Jahren ein Burgk auffgestanden, zur Farth „gelegen. Vf denselbigen Berg ward vber Sech= „zehn Jahr noch ein aufgeschlagen."

7) Gud. C. D. IV. p. 27.

8) Joann. R. M. I. p. 718.

9) Archivalnachricht.

10) Diese Urkunde befand sich noch 1745 im waldeckschen Archive zu Menringhausen in der Kirche.

11) Bekannt unter dem Namen des Gerichts Hagebucken.

12) Eine ausführlichere Erzählung dieser Ereignisse, insbesondere der Bundesherrenfehde, wird später in der Geschichte der v. Dalwigk gegeben werden.

13) Excerpirt aus H. Ulnerus Dr. jur. utriusq. Manuscript, welches im fürstl. waldeckschen Archive aufbewahrt wird, u. worin einige die Weidelburg betreffende Urkunden enthalten sind.

14) Die Beschreibung der Burg=Trümmer ist, unter anderem, ganz von dem Herausgeber geliefert.

XIV.
Schartenberg.

Noch Jahrhunderten zum Trotze
Stehe ich mit meinem Thurme,
Wenn nicht Menschen frevelnd stürzen
Meinen altergrauen Bau.

14.

Schartenberg.

Nördlich von Zierenberg, kaum ¾ Stunden von diesem Städtchen, lag auf einer nicht sehr beträchtlichen Höhe, die alte Burg Schartenberg.

Der Berg, auf welchem sich die Trümmer dieses Schlosses befinden, erhebt sich nahe über dem Hofe Rangen. Der Weg von Zierenberg aus führt durch das Schartenberger Thor, welches von jenem Schlosse den Namen hat, über die Warme und dann auf einem Fahrwege, an den zum Theil bewaldeten Abhängen des großen und kleinen Schreckenbergs hin. Auch vom Hofe Rangen führt ein Fußsteig hinauf, aber er ist nur sehr wenig betreten und durch dichtes Gebüsche und seine Steile sehr beschwerlich.

Nur auf der Nordseite hängt der Schloßberg mit den übrigen, sich längs der Warme hinziehenden Höhen sichtbar zusammen. Jäh senken sich seine dicht bewaldeten, besonders östlich und westlich unersteigbaren, Abhänge hinab und geben ihm dadurch einen wilden und rauhen Charakter.

Nur wenige Mauern und ein Thurm sind von der

ehemaligen Burg noch vorhanden und diese bestehen, was gewiß etwas seltenes ist, ganz aus — Kalksteinen (Muschelkalk). Man hatte dieses Gestein ganz in seiner Nähe; denn nicht allein am Burgberge, sondern auch an den übrigen Warmebergen bildet es die Hauptgebirgsmasse; aber dennoch muß man fragen, warum man kein dauerhafteres und festeres Material herbeischaffte, da insbesondere einige ganz nahe Berge, unter andern der große und kleine Schrekkenberg, Basalt in hinlänglicher Menge darboten.

Der Hauptüberrest der ehemaligen Burg ist ein runder, von schön behauenen Kalkstein-Quadern aufgeführter Thurm, dessen Höhe an siebenzig bis achtzig und der Durchmesser an fünf und dreißig Fuß halten mag. Nur in der Mitte seiner Höhe hat er eine Thüröffnung, durch welche man die Dicke der Mauer sieht, die jedenfalls an zehn Fuß beträgt. Auf der westlichen Seite dieses Thurmes läuft eine Mauer hin, die etwa an achtzig Fuß Länge, sowie zwölf Fuß Höhe und vier Fuß Dicke hat und in mehrere Stücke zerrissen ist; sie bildete, wie es scheint, die Grundmauer von Gebäuden, die sich an den Thurm lehnten, so daß man aus ihnen durch jene Thüröffnung in diesen gelangen konnte. Die Mauern des Thurmes zeigen zwar hiervon keine Merkmale, da diese Seite desselben sehr beschädigt ist. Wie so manchem zerfallenen Schlosse, ward auch ihm vor einigen Jahren das Schicksal der Vernichtung zugedacht, um die Steine anderswo verbrauchen zu können, und nur der Umstand, daß diese beim Herabstürzen in Brocken zerfielen, wie man leicht hätte voraussehen können, vermochte ihn zu erhalten. Wenn man durch jene Oeffnung in dem Thurme hinabsteigt, welches man nur vermittelst Leitern vermag, so soll man in bedeutende Kellergewölbe kommen. Früher soll auch eine Oeffnung am Boden gewesen seyn, durch welche man in die Gewölbe gelangen konnte, von der man jedoch jetzt keine Spur mehr bemerkt.

Auf den ersten Blick scheint die Burg sehr klein gewesen zu seyn, doch bei näherer Untersuchung ändert sich diese Meinung. So viel man aus den hier und da noch sichtbaren Grundmauern sehen kann, trat man südlich zuerst in einen Hof von etwa 100 Fuß Länge und 90 Fuß Breite und aus diesem in einen zweiten von 165 Fuß Länge und über 100 F. Breite, in welchem die Hauptgebäude lagen. Wahrscheinlich ist es, daß den jetzt öden, nur von Bäumen bewachsenen Boden jenes ersten Hofes auch Gebäude bedeckten, doch findet man keine Spur mehr hiervon. Die hier und da noch sichtbaren Mauerreste laufen dicht an den steilen Abhängen hin. Auch ein tiefer Graben ist noch sichtbar, der die Nord- und Ostseite rings umschließt.

Im Vordergrunde des zweiten Hofes, d. h. zwischen dem westlichen Abhange und dem Thurme, befinden sich, auf einem eben gemachten Platze, unter dem Schatten junger Buchen, Ruhebänke und Tische, die den Bewohnern Zierenberg's ihr Entstehen verdanken. An heitern Sommerabenden vergnügen sie sich dann oft mit Musik und Tanz und beleben die Grabesstille, die hier schon seit Jahrhunderten weilt.

Nur nach der Westseite ist eine Aussicht möglich und diese ist beschränkt. Man blickt hinab in das Thal, welches die Warme gleich einem Silberfaden durchschlängelt.

Ringsum heben sich hohe Berge, die den größten Theil der Aussicht versperren, so daß man nur Zierenberg, Ehlen, Burghasungen, Rangen, Laare und die Colonie Friedrichsaue sehen kann. Aber auch jene Berge geben durch die schöne grüne Farbe ihrer Wälder, besonders aber dadurch, daß mehrere einst Burgen trugen, deren Trümmer sie nun schmücken, einen eignen Reiz; so bilden die Malsburg, die beiden Gudenberge und der zwar kahle Hasungerberg mit seinem hohen Thurme und dann der hohe Bärenberg, der Escheberg, die Schreckenberge, die Habichtsberge u. a. eine meistens grüne Grenze.

Vom Schartenberge zieht sich ein zum Theil verschütteter Graben ins Thal herab, gleichwie auch von den gegenüber liegenden Gudenbergen, und beide scheinen mit einander verbunden gewesen zu seyn; auch findet sich noch ein anderer, diesen ähnlicher Graben, der seine Richtung gegen Grebenstein nimmt. Man nennt sie die Landwehrgräben und dieser Name widerspricht der Volksmeinung, die sie für bedeckte, nun aber verfallene Verbindungswege der nahen Schlösser hält und macht sie vielmehr zu Grenzlinien.

Das Schloß Schartenberg, welches in dem ehemals hessisch-sächsischen Gaue lag, gehört zu den ältesten Burgen des Hessenlandes. Schon im Anfange des zwölften Jahrhunderts findet sich sein Name, aber sicher war es nicht erst in dieser, sondern schon in weit früherer Zeit entstanden. Damals befand es sich in dem Besitze des Grafen Volkold v. d. Malsburg. Dieser hatte mit dem Grafen Udalrich v. Wartbach die Malsburg ererbt; letzterer hatte diese dem Erzstifte Mainz übergeben und sich dieselbe wieder zu Lehn geben lassen. Obgleich Volkold anfänglich mit dieser Uebertragung unzufrieden war und derselben widersprach, so folgte er später dennoch Udalrich's Beispiele. So übergab er im J. 1124 nicht allein seine Hälfte an der Malsburg, sondern auch das Schloß Schartenberg, mit allen den Gütern, welche er von einer gewissen Edelfrau Anna ererbt, der mainzischen Kirche und ließ sich damit belehnen [1]). Wer jene Anna gewesen und auf welche Weise Volkold deren Erbe geworden, ist nicht bekannt. Die Grafen v. d. Malsburg besaßen zugleich auch die Grafschaft Nidda in der Wetterau, deren Namen Volkold's Nachkommen bis zu ihrem Verschwinden führten. Wie es scheint, kamen die Schlösser Malsburg und Schartenberg noch vor dem Erlöschen jenes Grafengeschlechts völlig frei an das Erzstift Mainz. Dieses gab nun später das Schloß Schartenberg an die Grafen v. Dassel zu Lehn.

Graf Ludolph III. v. Dassel (1244 bis 1292), der viele Besitzungen seines reich begüterten Hauses veräußerte, verkaufte auch das Schloß Schartenberg, sammt einer Comitia, an den Bischof Simon v. Paderborn. Beide waren mainzisches Lehen und konnten deshalb ohne Einwilligung des Erzstifts nicht verkauft werden. Um diese zu erlangen, knüpfte Bischof Simon mit dem Erzbischofe Werner eine Unterhandlung an, die jedoch erst nach Simon's Tode durch seinen Nachfolger Otto beendet wurde. Dieser schloß 1279 mit dem Erzbischofe einen Vertrag, nach welchem er diesem die Hälfte der erkauften Stücke abtrat und der Erzbischof dagegen die Lehnsabhängigkeit der andern Hälfte aufhob. Auch versprach Otto, sich um den Ankauf des Schlosses Grebenstein zu bemühen, worüber sie sich dann ebenfalls vergleichen wollten [2]).

Mainz blieb nicht lange im Besitze seiner Hälfte. Als 1294 Gerhard Edler v. Eppenstein mit der Tochter Landgraf Heinrich I., Elisabeth (II.), vermählt wurde, gab sein Oheim Gerhard Erzbischof von Mainz ihm jene Hälfte mit der Bedingung zu Lehn, daß sie als seiner Gemahlin Morgengabe betrachtet und, würde ihre Ehe kinderlos seyn, dem hessischen Hause zufallen sollte [3]). Dieser Fall trat später in Wirklichkeit. Unwillkührlich drängt sich hier die Frage auf, wie der Erzbischof in einer Privatangelegenheit seiner Familie Güter seines Stiftes veräußern konnte? Es läßt sich dieses nicht anders erklären, als daß sein Vorfahr Werner, der gleichfalls ein v. Eppenstein war, den Ankauf des Schlosses aus eignen Mitteln bestritten hatte, entweder aus Mangel eines zureichenden Fonds, oder auch wohl, weil in jenen Vertrag das Domcapitel nicht einwilligen wollte.

Schon seit den frühesten Zeiten hatte die Familie v. Schartenberg als Erbburgmannen das Schloß im Besitze. Von dieser erkaufte 1294 Landgraf Heinrich I. ihren noch übrigen Antheil, nämlich drei Theile des Schlosses Schartenberg und die Hälfte des Hofes am kleinen Schreckenberge, nebst der dazu gehörenden Gerichtsbarkeit, nur das Gericht Ehrsten ausgenommen, für 660 Mark schwerer Pfennige Marburger Währung, wozu der Bischof von Paderborn seine Genehmigung als Lehnsherr ertheilte [4]). Zu dem völligen Besitze des Schlosses mangelte Hessen demnach nur noch ein Achtel, welches es erst später und auf unbekannte Weise erwarb. Die eine Hälfte trug es also von Mainz und die andere von Paderborn zu Lehn.

Als sich einst ein Gerücht von des Landgrafen Heinrich I. Tode durch Hessen verbreitet hatte und sein Sohn Otto schnell herbeieilte, um sich die Huldigung der Städte und Schlösser zu verschaffen, wird der Schartenberg unter den wenigen genannt, welche ihm dieselbe verweigerten [5]).

In den Lehnsstreitigkeiten des Landgrafen Otto mit Mainz wurden ihm durch ein, am 4. December 1324 in Mainzer Gaue, trotz aller seiner Protestationen, gehaltenes Manngericht, alle Lehngüter, welche sein verstorbener Bruder, Landgraf Johannes, vom Erzstifte gehabt, abgesprochen und die Bewohner der hierher gehörenden Orte ihres ihm geleisteten Eides entbunden. Hierzu gehörte auch der Schartenberg [6]). Obgleich dieses Urtheil nicht in Wirkung trat, so hatte es dennoch einen langwierigen Streit in seinen Folgen.

Im J. 1327 nahm Landgraf Otto den Grafen Heinrich v. Waldeck zu seinem Kriegshauptmann an und setzte ihm dafür Frankenberg, Wolfhagen und Schartenberg für 1500 Mk. S. als Pfänder ein. 1330 versprach Graf Heinrich, den Schartenberg dem Landgrafen Heinrich ohne Widerrede gegen Zahlung der Pfandsumme zurück zu geben.

Im J. 1344 ernannte Landgraf Heinrich II. und sein Sohn Otto die Gebrüder Rau, Herbord und Rau v. Pappenheim, die ihnen das Schloß Canstein geöffnet, zu Erbburgmännern auf Schartenberg [7]).

Im J. 1359 verpfändete derselbe Landgraf Heinrich das Schloß an Stephan und Hermann v. Schartenberg, deren Familie zu den ältesten des hessischen Sachsens gehörte. Die Familie v. Schartenberg gehörte zum niedern Adel und war eng verbunden durch Familienbanden und durch Gütergemeinschaft mit ihren Nachbarn, den v. Malsburg, v. Falkenberg und v. Gudenberg. Zur Aufstellung einer vollständigen und zusammenhängenden Geschlechtsfolge fehlen die hinlänglichen Hülfsmittel, wie dieses gewöhnlich bei Familien der Fall ist, die schon so früh ausgingen.

Stephan (I.) und Dietrich (I.) bezeugten schon 1149 eine Urkunde zu Lippoldsberg an der Weser [8]); in gleicher Eigenschaft findet sich ersterer in einer Urkunde Heinrich des Löwen, Herzogs von Sachsen und Baiern, für das Kloster Weissenstein vom J. 1163 [9]). Wahrscheinlich sind jene beiden Brüder dieselben, welcher schon im J. 1145 blos unter ihrem Familiennamen gedacht wird. Man liest nämlich in den westphälischen Geschichtsbüchern, daß in dem genannten Jahre die v. Schartenberg und v. Reseberg (an der Edder unfern Frankenberg) nebst noch mehreren andern vom Adel, gedungen waren, die Bürger der Feste Eresburg, welche von dem Abte von Corvei und dem Grafen Volkwin v. Schwalenberg belagert wurde, zu unterstützen; doch noch ehe sie dieselbe entsetzen konnten, erstieg sie der Graf im wilden Sturme und brannte sie, nach einem schrecklichen Blutbade, nieder [10]).

Im Anfang des dreizehnten Jahrhunderts lebten die Gebrüder Hermann (I.), Stephan (II.), Ditmar (I.)

und Adelung (I.) v. Schartenberg, wahrscheinlich Söhne eines der vorgenannten Brüder.

Hermann (I.) bezeugte 1203 eine Urkunde des Bischofs von Paderborn [11]) und erscheint 1209 mit seinem Bruder Stephan als Gerichtsherren der Comitiae Meschere (Meifer) [12]). Beide Brüder besaßen sieben Mansen zu Sieberhausen (Syburgehusen), nördlich von der Malsburg, als paderbornisches Lehen. Im J. 1210 gaben sie dieselben in die Hände des Bischofs Bernhard von Paderborn zurück, welcher dieselben nun dem Kloster Amelunxenborn übertrug und die v. Schartenberg mit Gütern im Dorfe Oberduverberg entschädigte. Später entstand über diesen Güterwechsel Streit, der erst 1241 dadurch beigelegt wurde, daß beide Brüder auf ihre Ansprüche verzichteten [13]).

Im J. 1213 verheerte die Diemelgegend eine blutige Fehde, oder vielmehr eine Menge einzelner Fehden. Das Ganze der verwickelten Streitigkeiten zu überschauen, genüget die einzige Urkunde nicht, welche uns davon allein Nachricht gibt. Die v. Schartenberg waren nicht allein mit ihren Nachbarn in Fehde, sondern selbst unter sich in ihrer Familie im ernsthaftesten Hader.

Jene beiden, Hermann und Stephan, stritten mit ihren Brüdern Ditmar und Adelung. Erstere fehdeten ferner, verbunden mit den v. Curtenich, gegen Theoderich Groppe v. Gudenberg und dessen Brüder; ferner gegen den Grafen Gottfried (v. Ziegenhain?) und Giso v. Gudenberg; mit Hülfe der v. Brakel gegen die mit Gottschalk v. Pirmont verbündeten v. Gudenberg, und

auch noch die Wolfe, die Groppe v. Gudenberg und deren
Stammverwandte, die v. Gudenberg, theils unter sich,
theils gegen die v. Gasterfeld, v. Breitenbach u. a. Man
kann sich die Drangsale und das Unglück dieser Gegenden
denken, wenn man das Durcheinanderliegen der Besitzun=
gen dieser Ritter und insbesondere die Nähe des Schar=
tenberg's mit den Gudenbergen, die nur ein enges Thal
trennt, weiß. Mit Mord, Brand und jeglicher Verwüstung
wurde sich gegenseitig geschadet. So viel man sehen kann,
betraf der Streit der v. Schartenberg unter sich ver=
schiedene Erbgüter und der mit den v. Gudenberg einen
Zehnten zu Wettesingen. Hermann und Stephan v.
Schartenberg hatten selbst die Brüder Ditmar und
Adelung aus ihrem Wohnsitze (wahrscheinlich auf dem
Schartenberge) vertrieben und diesen in Besitz genommen;
auch Hermann Groppe's Burgsitz war zerstört worden.
Schon war eine Vereinigung und Sühne zwischen dem
Grafen Gottfried und Giso v. Gudenberg mit den v.
Schartenberg zu Gudensberg zu Stande gekommen,
aber so wenig diese, als eine andere zwischen den Groppen
und den v. Gasterfeld zum Hart geschlossene, hatten eini=
gen Bestand gehabt. Das Unheil wurde so arg, daß end=
lich der Erzbischof Sifried von Mainz mit Hülfe der Gra=
fen v. Ziegenhain, v. Waldeck, v. Wegebach und v. Schaum=
burg sich zwischen die Parteien legte und einen Stillstand
der Fehde zuwege brachte. Auf den 5. Sept. 1213 wurde
nach Fritzlar ein Sühnetag angesetzt. Außer dem Erzbi=
schofe, jenen Grafen und den Parteien selbst, erschienen
noch viele andere Edle und Ritter. Hier wurde nun fest=

gesetzt, daß die Fehde beendet und zwei Richter zur Untersuchung der gegenseitigen Ansprüche und Forderungen ernannt werden sollten. Könnten diese aber binnen 6 Wochen ihren Zweck nicht erreichen, dann sollte die Sache an den Erzbischof gehen, der binnen 18 Wochen seinen Spruch abgeben sollte. Auch wurde hier bestimmt, daß den Gebrüdern Ditmar und Adelung ihr Haus wieder zurückgegeben werden, die bei Gudensberg geschlossene Sühne ihre Kraft behalten und einiges andere gütlich und brüderlich, und wo nicht, durch besondere unter ihren Nachbarn gewählte Schiedsrichter, ausgeglichen werden sollte [14]. Die vorgenannten Gebrüder Hermann, Stephan, Ditmar und Adelung v. Sch. lebten alle noch 1223, und neben ihnen lebten auch noch zwei andere Brüder, Stephan (III.) und Albert (I.) [15], deren Verwandtschaftsverhältniß zu einander sich nicht näher bestimmen läßt.

Wie es scheint hinterließ nur Hermann (I.) Söhne: 1) Ditmar (II.), welcher 4 Söhne hatte: Adelung (II.), Adelung (III.), Conrad und Theodrich oder Dietrich (II.); 2) Albert (II.), dessen Hausfrau Mechtilde hieß; der 3) ist nicht namentlich bekannt, er hinterließ aber 2 Söhne: Werner und Albert (III.), und 4) Hermann (II.), der Stephan (III.) zum Sohne hatte. Alle diese, welche, wie sie sich ausdrücken, sämmtlich durch Erbrecht zur Familie v. Schartenberg gehörten („qui secundum jus hereditarium sumus de cognatione de scardenberch"), verkauften ihre Zehnten zu Wernesberg und Remmenchhausen, nebst 2 Hufen zu Lefringhausen für 8 Mk. S., dem Kloster Arolsen; wozu 1240 Graf Adolph v. Waldeck als Lehnsherr seine Einwilligung gab [16]).

Adelung (III.) hatte schon 1236 eine Verzichtleistung auf die obenerwähnten Güter zu Sieberhausen ausgestellt [17], und verbürgte sich 1253 mit Theodrich Groppe v. Schartenberg und Werner v. Gudenberg für Eberhard Wolf v. Gudenberg, wegen eines Güterversatzes an das Kloster Arolsen [18]). Adelung's Bruder

Conrad, der 1275 eine zu Giselwerder ausgestellte Urkunde bezeugte, besaß mit Stephan v. d. Malsburg gewisse Activlehen in Gemeinschaft, welche er diesem 1283 verkaufte [19]).

Albert (wahrscheinlich der II.) findet sich 1240 und 1241 zu Hofgeismar und war 1245 Bürge bei einem Güter-Verkaufe des Vogts Hermann v. Ziegenberg [20]). 1246 befand er sich in dem Gefolge des deutschen Kaisers Heinrich Raspe (des letzten Landgrafen von Thüringen und Hessen) zu Hochheim und deshalb wahrscheinlich auch schon zu der Zeit, als dieser in derselben Stadt zum Kaiser erwählt wurde. Auch 1252 befand er sich in dieser Gegend, wo er mit mehreren seiner Nachbarn in einem Kriegslager bei Frankfurt (in Castris juxta Frankinvort) eine Urkunde des Grafen Heinrich von Waldeck bezeugte [21]). 1247 war er in dem Gefolge des Bischofs Conrad von Paderborn und später zu Hofgeismar. Er lebte noch 1256 [22]).

Stephan (IV.) findet sich 1242 in dem Besitze eines Viertheils des Hofs Offenhausen bei Merxhausen; die andern Theile besaßen die Grafen Ludwig v. Wildungen, Albert und Ludwig v. Bilstein und Hermann v. Schauenburg, welche mit einander verwandt und durch Erbschaft zu diesen Stücken gelangt waren. In der diesen Besitz betreffenden Urkunde werden unter den Zeugen, als zur Familie v. Schartenberg gehörend, Roland und Thammo, Gebrüder, und Hermann, Ditmar, Greif, Adelung u. a. genannt[23]). Wie deren Verhältniß zur Familie v. Sch. war, ist nicht zu erklären. 1247 findet sich Stephan zu Hofgeismar und in dem Gefolge des Bischofs Conrad von Paderborn[24]). 1276 war er schon todt; dagegen lebte aber sein Vater noch und stellte in j. J. mit seinen Enkeln (nepotibus), Stephan's Söhnen: Stephan (V.), Johannes (I.), Theodrich (III.) und Albert (III.), zu Höxter eine Urkunde aus, worin diese erklärten, daß schon ihre Voreltern auf ihre Ansprüche an Steberhausen verzichtet hätten[25]). Die drei ersten jener Brüder verkauften 1294 ihren Antheil an der Burg Schartenberg. Johannes trat in den geistlichen Stand und findet sich 1339 als Pfarrer zu Grifte an der Fulda; er war seinem Vicepleban Conrad 21 Mk. S. schuldig geworden und gab dafür in j. J. demselben seine Pfarre mit ihren Einkünften auf drei Jahre ein.

Stephan (V.), Ritter, wurde 1291 vom Grafen Gottfried von Ziegenhain mit den Gütern in der Schemmermark (unfern Melsungen), welche früher Hermann Meisenbug zu Lehn gehabt, belehnt, und erkaufte 1298 zwei Mansen Land zu Metze. Er hinterließ bei seinem

Tode 3 Kinder: Albert (IV.), Hermann (III.) und Mechtilde, von denen der erstere schon 1298 genannt wird und die beiden letztern sich dem geistlichen Stande weihten. J. J. 1317 schenkten die beiden Brüder Albert, Knappe, und Hermann, Presbyter, dem Kloster Weissenstein eine Hufe in Ehrsten, von der ihre Schwester Mechtilde, Nonne in dem genannten Kloster, lebenslänglich die Nutzniessung haben sollte, nach ihrem Tode aber sollten die Einkünfte derselben zu einem Seelgeräthe verwendet werden. Mechtilde lebte noch 1332 und erkaufte mit ihrer geistlichen Schwester Elisabeth v. Weimar von Heinrich v. Sirsen verschiedene Gefälle zu Sirsen, einem ausgegangenen Dorfe bei Weimar, unfern Cassel.

Im J. 1283 verzichtete zu Hofgeismar ein Hermann (IV.) v. Sch. mit seinen Söhnen: Hermann (V.), Geistlicher, Wezelin und Albert (IV.), auf den Dritttheil einer Hufe zu Nordgeismar gegen das Kloster Lippoldsberg. Sowohl diesen, als auch einem Conrad v. Sch., der 1291 in Gemeinschaft mit Stephan und Gerlach v. Falkenberg demselben Kloster ein jährliches Gefälle von 1 Mk. aus dem Dorfe Ludenbeck, welches sie von den v. Schöneberg zu Lehn trugen, verkaufte[26]), lässt sich kein sicherer Platz in dem Familienbande anweisen.

Später lebten die Gebrüder Stephan (VI.) und Hermann (IV.), gleichwie die Gebrüder Sifried, Johannes (II.) und Heinrich, welche beide letztern mit ihres nicht genannten Bruders Sohne Stephan (VII.) 1339 erscheinen[27]).

Die v. Schartenberg saßen schon seit früher in

einer Gütergemeinschaft mit den v. Malsburg und v. Falkenberg; woher diese aber entstanden, ist nicht bekannt. Schon um's Jahr 1312 hatten sie darüber einen Vertrag errichtet, den die Gebrüder Stephan und Hermann v. d. Malsburg mit ihren Söhnen, die Gebrüder Stephan und Gerlach v. Falkenberg und Stephan, Ritter, und Hermann, Gebrüder, sowie Johann und Heinrich, Gebrüder, Knappen v. Schartenberg, im J. 1340 dahin erneuerten, daß sie wegen ihrer, von ihren beiderseitigen Voreltern v. Schartenberg herrührenden, Gesammtlehngüter, so sie insgesammt zu verlehnen, sich freundlich geschieden und verglichen hätten, daß die v. d. M. und v. F. die eine Hälfte und die v. Sch. die andere Hälfte derselben zu belehnen haben, und was von denselben heimfalle, sie in demselben Verhältnisse unter sich vertheilen sollten. 1342 verkauften dieselben v. Sch. den vierten Theil ihres Zehntens zu Westuffeln für 100 Mk. schw. Pfennige und 1344 dem Kloster Breitenau Gefälle zu Waldau und Volthain für 22 Pfund[28]).

Hermann (VI.) findet sich zuerst 1323[29]), sowie sein Bruder Stephan (VI.) zuerst 1332. Letzterer focht 1346 auf der Seite des Landgrafen gegen das Erzstift Mainz und fiel mit noch drei andern Edelleuten in Gefangenschaft; die v. Falkenberg (bei Homberg) und v. Hertingshausen hatten ihre Verwahrung übernommen und versprachen, nur dem Erzbischofe das Lösegeld zu geben[30]). 1353 verschrieben beide Brüder ihrem Capellan Simon einige Gefälle zu Escheberg und Rangen. 1354 erhielt Stephan vom Erzbischofe Gerlach den Auftrag, sich das mainzische Schloß

Haldessen von dem Landgrafen Heinrich übergeben zu lassen und damit nach seinem eigenen Willen zu verfahren. Als 1358 Landgraf Heinrich mit Bischof Simon von Paderborn ein Bündniß schloß, ernannte ihn derselbe, für etwa entstehende Streitigkeiten, zum Schiedsrichter. Beide Brüder besaßen in Gemeinschaft mit dem Kloster Kaufungen das Patronatrecht über die Kirche in Ehrsten, welche ein Filial der demselben Kloster gehörigen Kirche zu Meinbressen war; 1361 verglichen sie sich mit dem Kloster dahin, daß ihnen dasselbe das Patronat gänzlich abtrat und sie dafür dem Pfarrer in Mainbressen jährlich 3 Malter Fruchtgülte aus dem dasigen Felde überwiesen. Stephan war 1362 hessischer Landvogt; 1367 war er Schiedsrichter in den Streitigkeiten des Landgrafen Heinrich mit dem Erzbischofe Gerlach von Mainz; als solchen findet man ihn auch in des erstern Bündnisse mit Braunschweig, sowie auch 1371 in einem Vertrage desselben mit Waldeck, genannt. 1370 verkaufte er mit seinem Bruder den vierten Theil ihrer Zehnten zu Altenfeld und Altenwinterbüren für 32 Mk. schw. Pf. Kurz vor dem J. 1359 hatte ihnen Landgraf Heinrich das Schloß und Amt Schartenberg nebst 50 Malter Korngülte zu Zierenberg, welche sie von Dietrich Runst und Thilo v. Uslacht für 702 Mk. S. an sich gelöst hatten, versetzt. 1359 versprachen sie 100 Mk. am Thurme, den Mauern ꝛc. zu verbauen.

Ich gehe nun zu den schon oben erwähnten Gebrüdern Sifried, Johannes (II.) und Heinrich über. Sifried oder Sivord war Geistlicher und 1339 zum Abte von Helmarshausen erwählt worden, welcher Würde er jedoch schon 1340 wieder entsagte. Er lebte noch 1364, in welchem Jahre er in einer Urkunde bekannte, daß sein Bruder Johann, ihn, als er noch Abt gewesen, mit der Stadt Geismar, wegen des in dem Kriege zwischen dem Erzbischofe von Mainz und den v. Schöneberg zu Stelen, Deissel ꝛc. verursachten Schadens verglichen habe und er deshalb die Stadt Geismar von allem lossprech. — 1345 verkaufte Johannes, Knappe, in Gemeinschaft mit seiner Gattin Kunigunde, sowie deren Schwester Jutta und seinem Sohne Hermann (VII.), alle seine Güter zu Swallingenhusen dem Kloster Merxhausen. Er starb vor dem Jahre 1375; sein Bruder Heinrich findet sich dagegen schon nach 1361 nicht mehr.

Hermann (VII.), Knappe, schenkte 1375 zum Seelenheile seiner Eltern der Kirche in Ehrsten eine Hufe Land. Die Urkunde hierüber ist am St. Lucastage d. J. auf der Burg Schartenberg ausgestellt. Da seine Vettern, die obengenannten Stephan und Hermann, ohne Kinder verstorben waren, so hatte er dieselben beerbt. Unter dieser Erbschaft befand sich auch die Burg Schartenberg. Schon 1376 erneuerten die Landgrafen Heinrich und Hermann den Pfandschaftsvertrag. Hermann und seine Gattin Luzie versprachen, daß sie das, was jene von den ihnen zum Verbauen angewiesenen 100 Mk., kundlich noch nicht verbaut hätten, noch verbauen wollten, insbesondere an dem Thurme, den Mauern, Gräben und andern Befestigungswerken. Mehrere benachbarte Wälder und ein Viertel der Vogtei Uffeln werden als Zubehörungsstücke der Burg bezeichnet. Die Landgrafen überließen ihm nicht allein auch den Zehnten von Zierenberg für dieses Jahr, sondern ernannten ihn auch zum Amtmann über die Aemter Zierenberg, Wolfhagen und Freienhagen und versetzten ihm die Wüstung, das Linde genannt, für 88 Mk. 1377 wies ihm Landgraf Hermann eine jährliche Rente von 10 Mk. auf die Bede von Zierenberg an. Auch war ihm der hessische Antheil an der Herrschaft Itter versetzt. Nachdem er noch 1382 mit Thilo Wolf und Friedrich v. Hertingshausen dem Landgrafen Hermann versprochen, 200 kl. Goldgulden an Berlt Hrn. v. Beuren zu zahlen, starb er wenig später, entweder noch im J. 1382 oder im Anfange des J. 1383. Da er der einzige noch übrige Sproß seiner Familie war, und keine Kinder hatte, erlosch mit ihm die Familie v. Schartenberg. Seine Wittwe Luzie erlaubte 1383 dem Landgrafen Hermann mit den v. d. Malsburg wegen des Gutes, auf welches ihr Gatte ihr 50 Malter Korngülte zur Leibzucht verschrieben, zu unterhandeln. Im J. 1394 machte dieselbe ihr Testament, in welchem sie insbesondere die fritzlarsche Geistlichkeit wohl bedenkt und endlich ihre Kleidungsstücke und andere Gegenstände, wie Bankpfühle ꝛc., unter ihre Dienerinnen vertheilt [31]).

Später erscheinen zwar noch einige Edelleute unter dem Namen v. Schartenberg, so 1400 Hans und 1514 Baltzer [32]); doch diese gehörten nicht zu der Familie v. Sch., sondern mögen diesen Namen als Burgmannen auf Schartenberg geführt haben.

Das Wappen der v. Schartenberg hatte in seinem Schilde einen monströsen Kopf, ein wirkliches Zerrbild, unter dem sich zwei menschliche Arme emporhoben. Es ist dieses Wappenbild ganz der v. malsburgschen Helmzierde gleich. Wenn man diese Wappenähnlichkeit mit den so engen Verbindungen dieser Familien und das späte Auftreten der v. d. Malsburg zusammenfaßt, so läßt sich die Vermuthung, daß die Familie v. Malsburg eine Linie der v. Schartenberg seyn könnte, nicht wohl unterdrücken. Aber Beweise dafür lassen sich nicht aufstellen; wenigstens reichen die mir bis jetzt zu Gesicht gekommenen Nachrichten, die auf eine solche Abstammung hinzudeuten scheinen, nicht dazu hin.

Nachdem, wie wir oben gesehen haben, das Schloß Schartenberg von Stephan und Hermann v. Schartenberg auf deren Vetter Hermann übergegangen war, fiel dasselbe durch dessen Tod 1382 oder 1383 dem Landgrafen wieder heim.

Im J. 1388 wurde Otto Groppe v. Gudenberg mit dem Hause bei dem Thurme der obersten Burg Schartenberg, welches früher Albert und dessen Sohn Stephan v. Schartenberg besessen, sowie mit einer Hofstätte auf der untersten Burg und einer auf dem Rode vor der Burg, vom Landgrafen beliehen und zwar mit der Bestimmung, daß auf den Fall, daß sein Bruder Ludolph stürbe, ihm die Wahl zwischen den genannten Stücken und dessen Burgsitz zu Grebenstein, frei stehen sollte. Schon seit früher hatten die Groppen (lat. olla) v. Gudenberg Antheil an dem Schartenberg; denn schon Theodrich Groppe v. Gudenberg, der zwischen den J. 1226 und 1256 lebte und Vogt der Kirche zu Escheberg war, nannte sich gewöhnlich Th. G. miles de Schartenberg, und auch 1348 verkaufte der Knappe Groppe v. Gudenberg mit seiner Gattin und seinen Söhnen an einen Zierenberger Bürger 2 Malter Gefälle und drei Viertel des Zehntens hinter dem Schlosse Schartenberg, auf dem Hagen genannt. Im J. 1395 versetzte Landgraf Hermann an den Ritter Friedrich v. Hertingshausen die Hälfte des Schlosses Schartenberg und der Stadt Zierenberg und setzte ihn über die andere Hälfte zu seinem Amtmann ein, so daß er drei Theile aller Renten zc. für sich einnehmen und nur den vierten Theil den landgräflichen Kellnern und Knechten folgen lassen sollte. Im folgenden Jahre errichtete der Landgraf mit Friedrich v. H. einen Burgfrieden und zwar auf dem Schartenberg und in der St. Zierenberg, soweit deren Gräben und Zäune gingen. Die Grenze desselben wurde folgendermaßen bestimmt: von Zierenberg den Fahrweg bis zum Dorfe Rangen, durch dasselbe hindurch, über die Warme bis zum Kreuzwege, von da bis an die Lipperlith, das Brunnerthal hindurch bis zu den Gumpelerschen und zum Frankenteich, zu Diebbach durch das Heineholz bis zum Fahrweg, der nach Schartenberg, um die beiden Schreckenberge bis nach Zierenberg, geht. Nachdem jedoch Friedrich v. H. 1400 zum Mörder des Herzogs Friedrich von Braunschweig und dadurch zum Landfriedensbrecher wurde, zog der Landgraf alle die Güter, welche derselbe von ihm zu Lehn und als Pfandschaft besaß, ein und erst seinen Söhnen Hermann und Ber=

thold gab er dieselben wieder zurück. Nur Berthold hinterließ einen Sohn Friedrich, auf den und seines Vaters Schwester Agnes, verehelicht mit dem bekannten Reinhard von Dalwigk, die Güter seiner Familie mit der Pfandschaft am Schartenberg übergingen. Von diesen ging die Burg Schartenberg um's J. 1442 auf den paderbornischen Marschall Johann Spiegel d. ä. zu Desenberg über, von welchem Landgraf Ludwig dieselbe mit 1400 Gulden im J. 1445 wieder einlöste.

Im J. 1472 erhielt der Bruder der Landgrafen Ludwig II. und Heinrich III., Hermann, der sich dem geistlichen Stande gewidmet und später zum Kurfürsten von Köln erwählt wurde, unter mehreren andern Schlössern, auch das Schloß Schartenberg, zu seiner Abfindung angewiesen. Nachdem derselbe 1484 es wieder zurückgegeben, verpfändete Landgraf Wilhelm d. ä. dasselbe mit den Mühlen an der Warme, der Hälfte der Dörfer Westuffeln und Obermeisser ꝛc. an Dietrich v. Schachten, Amtmann auf der Burg Schöneberg, für 1400 rh. Gulden. Landgraf Wilhelm der Mittlere gab hierzu 1490 seine Bestätigung und wies Dietrich an, 200 Gulden am Schlosse zu verbauen. Diese Pfandschaft bestand bis zum J. 1500. In den Streitigkeiten des Landgrafen Wilhelm des Mittlern mit dem Herzoge von Braunschweig wegen der Herrschaft Plesse, wurde Dietrich v. Plesse, der diese von Hessen zu Lehn trug, so sehr von jenem Herzoge bedrängt, daß der Landgraf im J. 1500 das Schloß Plesse besetzte und demselben, außer Grebenau, auch das Schloß und

Amt Schartenberg auf acht Jahre einräumte. Nach deren Ablaufe wurden 1508 beide, Schloß und Amt, an Thilo Wolf v. Gudenberg für 4000 rh. Goldgulden versetzt. Die letzten bekannten Inhaber der Burg waren Eckebrecht und Hermann v. d. Malsburg, denen dieselbe mit dem dazu gehörenden Amte im J. 1521 für die Summe von 4000 Goldgulden, welche sie für den Landgrafen an jenen Thilo gezahlt, verpfändet wurde. 1523 wurde die Pfandschaft auf Hermann allein übertragen und der Pfandschilling durch 1000 Gulden Gnadengeld, auf 5000 Gulden erhöht [33]). Wann die Ablösung von demselben erfolgte, ist so wenig, wie die spätere Geschichte des Schlosses, bekannt. Sein Name erscheint als solches nicht wieder und die Fragen: wie lange dasselbe bewohnt wurde? wodurch und wann es zerstört wurde? müssen deshalb unbeantwortet bleiben.

Nachträglich habe ich noch Einiges zu erwähnen, welches Gerstenberger erzählt. Dieser berichtet nämlich, daß Landgraf Heinrich III. auf einem Zuge gegen die Paderbörner im J. 1473 das Vieh vor dem Schartenberge genommen und 1474 auf einem andern Zuge gegen Linse und Volkmarsen, denselben habe zerstören lassen. Schon aus dem Vorhergehenden ersieht man, daß diese Erzählung entweder ungegründet oder auf ein anderes paderbornisches Schloß zu beziehen sey.

Außer dem Amte, dessen Ursprung sich schon in der alten Comicia Meschere (Meiser) finden läßt, gehörte auch ein Freistuhl oder Fehmgericht zum Schartenberge. Um diese Zeit und auch schon früher hatten einzelne Fürsten, um dem Umsichgreifen der Freigerichte Grenzen setzen zu können, sich selbst mit solchen vom Kaiser belehnen lassen, wobei sie zugleich den Freigrafen zur kaiserlichen Bestätigung vorschlugen. So ließ auch 1385 Landgraf Hermann sich vom Kaiser Wenzel mit Freistühlen unter den Linden vor dem Schlosse Grebenstein, vor Zierenberg und vor dem Schlosse Schartenberg belehnen und Christian v. Wollmar zum Freigrafen bestellen. Dieses Freigericht bestand bis zum allmäligen Eingang der übrigen, wovon sich jedoch kein bestimmter Zeitpunkt angeben läßt.

Anmerkungen.

1) Gud. C. d. I. p. 64. Aus den Worten der Urkunde: „et aliud integrum adjacens castellum, quod Scartenberc vocatur, cum determinata omni prediorum possessione, qui fuerat cujusdam Domine Ane in ministerialibus etc.", läßt sich zwar nicht mit Sicherheit schließen, ob auch der Schartenberg zu den Gütern gehört habe, welche Volkold von der Anna ererbt. In der Geschichte der Malsburg wird umständlicher von den Grafen v. d. Malsburg geredet werden.

In der oben benannten Urkunde heißt es zwar statt Scartenberg — Scarpenberg; dieses ist aber ein Fehler, und daß hier nur Schartenberg und kein anderes Schloß gemeint seyn kann, darüber kann kein Zweifel obwalten. Durch einen ähnlichen Fehler in einer Urkunde ap. Würdtw. nova subsid. dipl. V. p. 90 könnte man versucht werden, ein Schloß David beim Scharten-

berg zu ſuchen, wenn nicht Joann. S. Rer. Mog. ſtatt prope Schartenberg, prope Scharfenstein in Eichsfeldiae hätte.
2) Gud. C. d. I. p. 774.
3) Kuchenb. A. H. C. XII. p. 401.
4) Orig. Urk. im kurh. H.- u. St.-Archiv. Im Auszug ſteht die Urk. in Wenk's h. L. G. II. Ukbch. S. 237, wo es aber: „die Hälfte des Schloſſes zum kleinen Schartenberg" ſtatt, wie in der Original-Urkunde, „nostre curie in paruo Szrekenberg" heißt.
5) Die heſſ. Chroniſten.
6) Wenk U. II. S. 208.
7) O. U. im H.- u. St.-Archiv.
8) Gud. C. d. I. p. 191.
9) Juſti's heſſ. Denkw. IV. 1. Abth. S. 38.
10) Schaten Ann. Paderb. I. p. 762 et Falke C. Trad. Corb. p. 221. — Zu derſelben Zeit, im J. 1143, finden ſich die mainz. Miniſterialen Stephan und Dietrich v. d. Malesburg, Gebrüder. Sollten das wohl mit den gleichnamigen Gebr. v. Schartenberg ein und dieſelben Perſonen ſeyn?
11) Schaten I. p. 940.
12) Kopp's heſſ. Gerichts-Verf. I. U. S. 112. u. eine ungedr. Urkunde.
13) Falke p. 898.
14) Gud. C. d. I. p. 126.
15) Ibid. p. 484.
16) Wigand's weſtph. Archiv III. 1. Heft S. 92. — Remmenchhauſen iſt ein ausgegangener Ort bei Arolſen. Lefringhauſen iſt jetzt eine fürſtl. Meierei zwiſchen Arolſen und Landau.
17) Falke C. d. Corb. p. 567.
18) Wigand's Archiv I. 3. S. 93.

19) Scheib Mant. doc. p. 422. Martin's Nachr. von Niederhessen II. 3. S. 375.
20) Gud. I. p. 565 et 590. Wolf's Gesch. d. Eichsfeldes I. U. S. 22.
21) Falke p. 404. Wigand's Archiv I. 2. S. 64.
22) Schaten A. P. I. p. 55 et 89. Scheib Mant. d. p. 441.
23) O. Urk. im kurh. H.- u. St.-Archiv.
24) Schaten I. p. 55. Scheib Mant. doc. p. 441.
25) Falke p. 877.
26) O. Urk. im kurh. H.- u. St.-Archiv.
27) Falke C. T. C. p. 888.
28) Alte abschriftl. u. O. Urk. im kurh. H.- u. St.-Archiv.
29) Gud. III. p. 201.
30) Würdtw. Subsid. dipl. Mog. I. p. 670.
31) O. Urk. im kurh. H.- u. St.-Archiv.
32) Kopp's hess. G. V. I. S. 64. Entdeckter Ungrund Nr. 80 et Estor. orig. j. pub. Has. p. 382.
33) O. Urk. im H.- u. St.-Archiv u. Urk.-Auszüge im Repert. des hess. Gesammtarchivs zu Ziegenhain.

XV.
Rauschenberg.

. . . . . . Alles und das Stärkste,
Was ehern für Jahrtausende gebaut,
Es sinkt zusammen vor dem mächt'gen Tritt
Des immer neu aufstrebenden Geschlechtes.
Was eine Zeit auch noch so fest erschuf,
Nicht länger lebt es, als sie selber lebet.
v. Maltitz.

15.

Rauschenberg.

In einer der gebirgigern Gegenden des kurhessischen Oberhessens, nicht fern von dem Flüßchen Wohra, zieht sich das Städtchen Rauschenberg an dem südöstlichen Abhange eines mit hohen Tannen bewaldeten Hügels hinauf, auf dem die Trümmer des gleichnamigen Schlosses liegen.

Wer diesen Hügel schon vor mehreren Jahren bestiegen hat und ihn jetzt wieder besucht, erkennt ihn nicht mehr. Wo ihm damals wilde Gebüsche und unebene Wege das Steigen erschwerten, da findet er jetzt schön gebahnte Pfade, die sich zwischen Blumenanlagen hinziehen, und einladende Ruhesitze. Auch die Bergfläche, die früher den Anblick einer Wildniß voll Trümmer darbot, ist jetzt eben und gleich und selbst mit einem Tanzplatze geziert. Dieses alles geschah durch die Honoratioren des Städtchens, die sich hier einen nahen und angenehmen Vergnügungsort schufen. Daß diese Anlagen den Trümmern geschadet haben und durch sie manche noch vom Zahne der Zeit verschont gebliebene Grundmauer verschwunden, ist nicht zu bezweifeln; denn manches, was noch vor ihrem Entstehen war, ist nicht mehr. So sah man früher noch die Grundmauern des Wachthauses und den Brunnen.

Von dem Schlosse selbst ist nicht mehr viel erhalten. Wie man vermuthen kann und die Sage auch bestätigt, nahm es den größten Theil der oberen Fläche ein, an deren Abhange es sich ringsum in einer Widerlagsmauer bis zum eigentlichen Schloßhofe herabsenkte. Diese Mauer, welche zugleich die Grundmauer war, zieht sich besonders an der Nord- und Nordostseite hin und erhebt sich hier immer noch sechs bis sieben Fuß über die obere Fläche.

Der noch am meisten erhaltene Theil der Ruine sind die Trümmer der ehemaligen Schloßkapelle, die auf der südlichen Seite des Burgstättels liegen. Aber auch von ihr sind nur noch die Außenmauern erhalten und nur noch einige Stücke von Gradbögen geben Zeugniß von ihrem ehemaligen Zwecke. Sie ist viereckig und erhebt sich in ihren dicken Mauern noch etwa vierzig Fuß. Warum man die ganze Seite, in welcher sich der Eingang befand, abgebrochen hat, kann ich nicht sagen; denn daß es wegen der Gefahr eines Einsturzes geschehen seyn sollte, muß man bezweifeln, da die Mauern noch sehr fest waren. Unter diesem Gebäude befindet sich ein Keller, den man, seit die Anlagen bestehen, aufgeräumt hat und wieder benutzt. Bei Dilich und Zeiler befindet sich eine Ansicht des Schlosses aus dem Anfange des siebenzehnten Jahrhunderts, nach welcher die Capelle mit ihrem schlanken gothischen Thürmchen etwas abgesondert vom Schlosse stand, und dieses einen runden Thurm hatte, von dem sich jetzt auch nicht die mindeste Spur mehr zeigt.

Die Aussicht, ohnedem durch die hohen Tannen, die sogar die Oberfläche bedecken, sehr beschränkt, ist unbedeutend, obgleich man bei heiterem Wetter das Vogelsgebirge erkennen soll.

Das Schloß Rauschenberg, nach dessen Erbauung erst durch allmälige Ansiedelung die Stadt entstanden seyn mag, gehörte mit dieser zu den Besitzungen der Grafen von Ziegenhain, welche sie von der Abtei Fulda zu Lehn trugen. Sie finden sich zwar erst im J. 1254, wo ein ziegenhainscher Ministerial und Truchses (Dapifer) in Rauschenberg genannt wird[1]), aber gewiß bestanden sie schon früher, denn auch schon 1219 nennt sich ein fritzlarscher Domherr Conrad von Rauschenberg[2]).

Kurz nach dem Tode der Grafen Gottfried und Berthold von Ziegenhain entstand ein Streit zwischen deren Söhnen, Ludwig und Gottfried, der 1258 durch die Vermittlung des Erzbischofs Gerhard von Mainz, des Bischofs Simon von Paderborn und der Aebte von Fulda und Hersfeld beigelegt wurde. Neben mehreren andern Orten findet man auch Rauschenberg genannt, welches dem Grafen Gottfried verbleiben sollte[3]). Nachdem dieser 1271 gestorben, scheint dessen Wittwe Hedwig, eine geborne Gräfin von Castell, ihren Wittwensitz im Schlosse zu Rauschenberg aufgeschlagen zu haben, denn sie nannte sich sogar von Rauschenberg. Als im J. 1277 ein Ludwig gen. Schleier zu Rauschenberg (Rausenberg) seiner Eigenthums-Rechte auf mehrere Zehnten zum Besten des Klosters Haina entsagte, bezeugte sie diese Urkunde unter dem Namen Hedwig von Rauschenberg. In demselben Jahre stellte auch ihr Sohn, Graf Gottfried V. von Ziegenhain, daselbst (Roschkinberg) eine Urkunde aus⁴). Und auch in dem vorhergehenden J. 1276 stellte Friedrich v. Schlitz hier (Rusgensberg) einen Revers aus, wegen eines Burglehns, das derselbe von der Gräfin Hedwig und ihrem Sohne Gottfried auf Treisa erhalten hatte⁵). Mehrere andere Urkunden, welche hier von ziegenhainschen Grafen ausgestellt, nicht zu gedenken.

Die Wittwe dieses Gottfried V. vermählte sich nach seinem Tode mit Philipp d. ä. Herrn zu Falkenstein und Münzenberg. Sie war, wenigstens zum Theil, Erbin ihres verstorbenen Gatten und setzte sich deshalb 1318 mit dem Grafen Johann I. von Ziegenhain und seiner Gemahlin Lukarde wegen Rauschenberg durch eine Theilung aus einander. Nach dieser sollte jeder Theil vom Schlosse und der Stadt eine Hälfte besitzen und darin seinen besondern Beamten halten. Auch wegen der Gefälle wurden verschiedene Bestimmungen getroffen⁷).

Im J. 1339 bestellte jener Graf Johann, Heinrich Riedesel zum Burgmann im Schlosse Rauschenberg⁸) und bestimmte 1345 dasselbe mit der Stadt seiner zweiten Gemahlin Adelheid von Arnsburg zum Wittwensitze, für 3300 Pfund Heller⁹).

Im J. 1371 findet sich die Landgräfin Elisabeth, geb. v. Cleve, im theilweisen Besitze des Schlosses. Graf Gottfried v. Ziegenhain hatte ihr zwei Drittel desselben für 5377 fl. versetzt, und diese, da sie es nicht selbst bewohnen konnte, dasselbe in die Hände des Ritters Kraft Vogt von Frohnhausen gegeben [10]).

Als im J. 1456 der letzte Graf Johann II. v. Ziegenhain starb und sein Geschlecht dadurch erlosch, fielen alle Besitzungen desselben, also auch Rauschenberg, vermöge der früher geschlossenen Verträge, an Hessen, dessen Landgrafen die Burg nun meistens als Jagdschloß benutzten. Im J. 1478 am 2. July starb auf demselben Landgraf Ludwig, der älteste Sohn Heinrich III.; er war erst achtzehn Jahre alt und hatte seinen Tod durch das damals gebräuchliche zu heftige Schnüren herbeigeführt. Auch sein Bruder Wilhelm d. j. oder III. starb auf dem Schlosse Rauschenberg. Ein leidenschaftlicher Jagdliebhaber, überließ er, noch mehr als sein Vater Heinrich III., die Leitung der Regierung seinem Hofmeister Hans v. Dörnberg. Nicht das rauheste, wildeste Wetter, noch Unglücksfälle und Kränklichkeit vermochten seine Leidenschaft zu zügeln. So stürzte er am 15. October 1493 im Dorfe Cölbe, unfern Marburg, mit seinem Pferde und fiel dabei den Arm aus dem Gelenke, mit dessen Wiedereinrückung man bis zum 18. d. M. zubrachte. Seit seiner Vermählung im J. 1496 kränkelte er meistens, und Gelübde schienen ihn nun oft zu ernsteren, eines Fürsten würdigeren Beschäftigungen führen zu wollen; aber solche Selbstversprechen hatten keine Dauer, sie verstärkten nur seine Leidenschaft, damit diese mit erneuerter Kraft hervorbrechen konnte. Am 14. Februar 1500 jagte er in dem Walde bei Rauschenberg. Bei rascher Verfolgung eines Hirsches stürzte sein Pferd und ein alter Bruchschaden wurde durch das Heraustreten des Eingeweides so sehr verschlimmert, daß man ihn halb todt auf das Schloß Rauschenberg brachte, wo er denn auch nach drei Tagen, am 17. Februar, verschied.

Der dreißigjährige Krieg stürzte endlich das Schloß Rauschenberg in Trümmer. Nachdem im J. 1646 der darmstädtische General Graf Eberstein die Niederhessen besiegt, eroberte und zerstörte er auch dieses Schloß. Bei dem Aufräumen des Schuttes fand man aus dieser Zeit noch Küchengeräthschaften und sogar noch Brod.

Anmerkungen.

1) Kuchenb. A. H. C. p. 314.
2) Gud. C. dip. III. p. 866.
3) Wenk II. U. S. 184.
4) Das. S. 211.
5) Ungedr. Urk.
6) Wenk III. U. S. 144.
7) Gud. C. d. III. p. 156.
8) Wenk II. U. S. 348.
9) Schannat P. Cl. F. p. 220.
10) Ungedr. Urk.

Berichtigungen.

Seite 6 Zeile 10 von oben l. statt Comes — Comites.
= 32 = 11 = unten = = lebenden — belebenden.
= 159 = 10 = = = = konnte — konnten.
= 161 = 12 = = = fehlen der eingeklammerten Stelle die Anführungszeichen „ — ".
= 225 = 7 = oben l. st. viereckichten — viereckigten.